汉藏语名词性结构的对比研究

刘鸿勇 著

A COMPARATIVE STUDY OF SINO-TIBETAN NOMINAL STRUCTURES

上海教育出版社
SHANGHAI EDUCATIONAL PUBLISHING HOUSE

目　　录

前　言

这本《汉藏语名词性结构的对比研究》在生成语法的理论框架下，探讨名词性结构的句法和语义问题。从语料涵盖的范围来看，本书涉及汉语普通话、粤方言、吴方言、凉山彝语、腊罗彝语、景颇语、湘西苗语、乳源勉语等。

我一直认为语言学家和建筑设计师具有很多相似之处。建筑设计师捕捉生活的灵感，通过计算演绎，最终设计出楼宇蓝图。语言学家感悟生活中语言的气息，循此气息，在精神世界构筑理论大厦。楼宇的设计和理论的建构不仅要讲究美观实用，还需经得起狂风暴雨的考验。宏伟的语言学理论犹如殿堂，想要登堂入室，在现代语言学各流派宛如迷宫般的深奥理论中觅得路径，除了决心和毅力之外，还需要有好的领路人以及标识清晰的地图作为指引。

生成语法理论秉承唯理主义的语言哲学观，通过形式化的方式，力求简洁准确地阐释人类语言的生成机制。生成语法理论认为，每个人的大脑中天生有一套普遍语法，具体表现为全世界所有语言都必须遵守的普遍语法原则，这些原则是天生的，不用靠后天学习。人类 7000 多种不同的语言都遵守这些普遍语法原则。生成语法研究的终极目标之一就是要完全破解这些普遍语法原则。每个人出生的时候，大脑里除了有这些普遍语法原则之外，还有许多尚未赋值的参数。儿童语言习得过程就是参数设置过程。给这些参数赋值之后，每种语言便呈现出各自不同的具体面貌，例如，英语和汉语之所以是两种不同的语言，就是因为它们具有两套不同的参数设置。这些参数涉及语言的方方面面。生成语法研究的另一个终极目标是,弄清楚儿童需要设置多少个参数值才能完全掌握一种语言。这两个终极目标实现之时,我们就可以让机器具有和人类一样的语言能力了。要实现生成语法的这两大终极目标,有多种不同的方法,语言比较就是其中之一。在语言比较的过程中,我们可以从语言的共性中逐步领悟到普遍语法原则的存在,从不同语言的特点中慢慢摸索出语言间的参数差异。

中国是汉藏语的故乡,语言资源极其丰富,除汉语普通话之外,还有各地汉语方言和不同民族使用的民族语。不同的民族往往使用不同的方式来认知世界。每种语言都可看成是人们认识世界的一种独特的方式,是文化多样性的表现。在生成语法"原则与参数"理论视野下,对汉藏语不同语言进行比较研究,不仅能揭示不同语言的特点,也能窥探到隐藏在人类语言深层的普遍语法原则。

中国有不少民族语言学研究者,特别是这一领域的研究生,对生成语法理论有兴趣,在修读了相关课程后,都希望能把学到的生成语法理论运用到民族语的分析中去。这本书是我在这方面的一个尝试。这本书不是一本生成语法的入门教材,不过,为了方便读者的阅读,我会在相应章节中简单介绍本书中使用到的生成语法理论。本书是一本在生成语法框架下的汉藏语语法研究专著,详细梳理了名词性结构研究中许多核心问题的来龙去脉,对理论框架进行了介绍,对重点文献进行了评述,对核心观点进行了辨析。

本书的具体内容分为两大部分,第一部分探讨名词性结构的语义,第二部分探讨名词性结构的句法表现。具体而言,本书第二章讨论的是名词性结构的语义。充当论元的名词性结构必须具有指涉意义。名词性结构的指涉意义包括定指、不定指和类指,不定指又分为特指和非特指。汉藏语诸语言往往缺乏冠词系统,其名词性结构,尤其是光杆名词的指涉意义需依靠具体的话语语境而定，情况较为复杂。第二章详细介绍名词性结构的语义分析，从英汉对比的角度，剖析定指、不定指和类指等核心语义概念，并以汉语为例，对光杆名词和数量结构进行了详细的语义分析。第三章讨论的是简单名词性结构的内部构成。简单名词性结构由名词、数词、量词、指示词、定指标记等成分构成，这些成分在景颇语、凉山彝语、腊罗彝语、湘西苗语和乳源勉语中呈现出不同的组合方式。第四章讨论的是复杂名词性结构的内部构成。本书的核心观点是，汉藏语系大部分语言中的关系结构本质上是名物化结构。名物化标记附着在关系从句上，形成具有指涉意义的名物化结构。

名词性结构由于牵涉众多的功能范畴，例如名词的单复数标记、量词、数词、指示词、定冠词、不定冠词、领属标记、关系化标记、格标记、名物化标记，形式丰富多样，搭配上汉藏语各语言不同的语序参数设置，句法分析显得格外困难。另外，形式语言学理论是以英语为主要参考语言建立起来的，运用到汉藏语时，往往会捉襟见肘，例如汉藏语普遍使用名物化标记来构成关系结构，并不使用疑问词这类的关系化标记。这些都是运用形式句法分析汉藏语名词性结构中遇到的困难。不过，这也是一个研究契机。这些困难让我们从汉藏语的角度重新审视形式句法理论，在材料的驱动下为汉藏语名词性结构寻找到最恰当的理论解释。

虽然本书既不是对单一语言进行参考语法式的全面考察，也不是针对上百种语言进行的类型学考察，但本书尝试在内容的深度上和语料的广度上作最大限度的突破。从内容上看，本书详细考察了汉语普通话、粤方言、吴方言、景颇语、凉山彝语、腊罗彝语、湘西苗语、乳源勉语中的名词性结构。这些语言分属汉藏语系汉语族、藏缅语族、苗瑶语族。选取几种有代表性的语言进行深入研究，既可以让我们看到语言间的差异，也能让我们避免“把陌生语言中一些不相关的结构放在一起进行比较”的危险。至于这样的尝试是否行得通，还希望读者不吝批评指教。

第一章　引　　论

语言是人们用来传情达意的工具。不管是说明一个动作，还是描述一种状态或属性，都离不开被陈述的对象，即句子的主语或宾语。充当主语或宾语的成分往往是名词性结构。汉藏语名词性结构的形式极其丰富，不同形式之间又存在微妙的语义差异，是语言研究中的宝藏。在形式句法学和形式语义学的理论框架下，本书集中讨论汉藏语名词性结构的一些句法语义现象，希望能把形式语言学和中国少数民族语言研究结合起来，发展这个新的研究方向。

1.1　关于名词性结构

1.1.1　名词性结构的形式和意义

本书的研究对象是名词性结构。①名词性结构可以充当谓语，构成名词谓语句，但多数情况下，名词性结构充当论元。带一个论元的动词就是所谓的一元动词（例如：死、来、哭、笑），而所谓的二

---

① 在生成语法中，名词性结构和名词短语是两个不同的概念。邓思颖（2019：64）对两者作了如下区分：名词短语应该定义为由名词作为中心语所形成的短语，也就是一个“光杆名词”（bare noun），没有其他的修饰成分。不过，“名词短语”一词也有可能用来指包含数词、量词的“数量名”短语。为了避免歧义，只有由名词中心语所形成的短语才称为“名词短语”，其他包含数量词或限定词的结构则称为“名词性结构”。本书采用邓思颖的这一观点。

元动词就是带两个论元的动词(例如:吃、喝、读、写)。动词带论元的个数即事件所涉及的对象的个数。①“我昨天吃了两个苹果”这句话中,事件所涉及的两个对象是“我”和“两个苹果”,“吃”是一个二元动词,带有两个论元,其中,“我”是动词“吃”的域外论元,充当主语;“两个苹果”是动词“吃”的域内论元,充当宾语。本书只研究充当论元的名词性结构。充当论元的名词性结构具有指涉意义,语义上指向事件中所涉及的对象。

从结构上看,汉语中能充当论元的名词性结构可以是人称代词、(数)量名结构、指量(名)结构、量化词结构、领属结构、名物化结构、关系结构以及这些结构的各种变体形式。

(1) a. 她来了。
b. 她昨天买了本字典。
c. 这个苹果很红,那个还是青的。
d. 我的书包破了一个洞。
e. 她买的书包很好看,我买的实在太难看了。
f. 踢足球的留下,打篮球的可以走了。
g. 她认识三个会弹钢琴的学生。
h. 三个人吃得完五碗饭。
i. 有三个人吃了五碗饭。
j. 有个警察来找过你。
k. 每个男人都喜欢一个女人。
l. 所有学生一律不许离开学校。

① 论元的个数不是指具体多少个人或物参与到事件中,而是指动词带几个独立的语法单位。如“我看见了三个人”这句话所表达的事件虽然牵涉四个人,但作宾语的名词性结构“三个人”只能整体上看成一个论元。

例(1)中这些句子中的划线成分,是现代汉语中各类能充当论元的名词性结构,形式上复杂多样,语义上也各有不同。对现代汉语中诸如此类的名词性结构进行句法和语义分析,是本书的主要内容之一。

对名词性结构进行考察,我们需要从最基本的单位——光杆名词入手。光杆名词是指没有和数量词或指示词组合的"光秃秃"的名词。汉语的光杆名词能否独立充当论元呢? 要回答这个问题,我们先来看一个英汉对比的例子。

(2) a. * Apple is on the table.
b. There is an apple on the table.
c. The apple is on the table.
d. 苹果在桌上。
e. 桌上有个苹果。

我们知道(2a)中的光杆名词"apple"是不能充当主语的,这是因为英语中的光杆可数名词表达的是一个属性,是一个以现实世界中所有苹果为元素的集合。如果要表达"某个具有苹果属性的个体在桌子上"这个命题,我们需要从苹果的集合中挑出一个来。英语中不定冠词"a/an"的作用,就是将该属性投射为现实世界中一个具有此类属性的无定的个体;而定冠词"the"的作用是将该属性投射为现实世界中一个具有此类属性,并且说话双方都可辨识的定指个体。汉语中没有冠词系统,那汉语是如何表达论元的定指、不定指、类指等指涉意义的呢? 我们可以从(2e)观察到,汉语的量名结构在宾语位置表示的就是不定指意义。如果在主语位置表示定指意义,可直接使用光杆名词,如(2d)所示。但这就出现了一个问题:为什么英语中光杆形式的单数可数名词不能充当论元,但汉语中的光杆名词可以呢？要回答这个问题，有两种不同的思路。第一种思路是认为名词在英语和汉语中的语义不同，在英语中，光杆名词表示的是属性，只能充当谓词；而在汉语中，光杆名词不表示属性，本身就能充当类指论元。例如，在（3a）中，光杆名词“恐龙”直接充当类指谓词“灭绝”的论元。在（3b）中，英语的光杆名词“dinosaur”不能充当类指谓词“be extinct”的论元，必须使用名词的复数形式或者使用定冠词，如（3c）和（3d）所示。

（3） a. 恐龙很早以前就灭绝了。
b. * Dinosaur is extinct.
c. Dinosaurs are extinct.
d. The dinosaur is extinct.

第二种思路是认为名词在所有语言中都是表示属性，都不能直接充当论元。汉语中光杆名词可以充当论元，是因为在名词前面存在一个类似于英语冠词的隐性成分，可以把属性转换成个体。依据这样的思路，例句（2d）中的主语“苹果”表面上看起来是一个光杆名词，其实是包含一个隐性定冠词。这两种思路都有一定的道理，但第一种思路很难解释为什么名词在不同语言中会有不同的语义内容。第二种思路回避了这个问题，将论元指涉意义的不同归咎于功能范畴的语音形式在不同语言中到底是显性的还是隐性的。

名词性结构在不同语言中往往有不同的句法形式，数词、量词（classifier）、量化词（quantifier）、指示词、限定词之间呈现出多变的语序以及复杂的内部逻辑关系。在语言对比中，我们能发现很多在单一语言中无法发现的现象和规律。从 20 世纪 80 年代开始，名词性结构一直是句法和语义研究的热点之一。

1.1.2 名词性结构研究的核心问题

自20世纪80年代开始,从论元的指涉意义入手,大家开始对名词性结构的形式和意义展开深入研究。研究主要围绕以下几个核心问题展开。

1.1.2.1 名词性结构的指涉意义

陈平(1987)在讨论汉语名词性结构的指涉意义(referential meaning)的时候,引入了基于功能主义的名词性结构的指称系统,将名词性结构的指称意义分为四组概念:有指/无指、定指/不定指、实指/虚指(特指/非特指)、通指/单指。目前,在讨论汉语名词性结构的指涉意义时,基本上仍沿用这些术语。这些术语的具体内容如下。

"有指"是指名词性结构的指称对象是语境中的实体;"无指"是指名词性结构的指称对象不是语境中的实体。例如:

(4) a. 有三个人吃得完五碗饭,他们都很胖。
    b. 三个人吃得完五碗饭(,*他们都很胖)。

在(4a)中,"三个人"是有指的,指称语境中的实体,因此,可以用代词"他们"回指。在(4b)中,"三个人"并不指向语境中的实体,无法用代词"他们"回指,因此,(4b)中的"三个人"是无指的。①

"定指/不定指"和"实指/虚指"都是"有指"的下位概念。"定指/不定指"(definite/indefinite)是从听话人的角度出发:"定

① 蔡维天(Tsai 2001)对(4b)中"三个人"的指称给出了不同的分析,认为"三个人"是有指的,为不定指中的特指。蔡维天(Tsai 2001)的分析无法解释这类句子中包含的数量关系,因此,我们不采用蔡维天(Tsai 2001)的观点,而是采用李艳惠(A. Li 1998)和邓思颖(2019)的观点,认为这类句子中的"三个人"不具有无定(不定指)意义,而具有数量意义。前人对汉语中这类数目短语的研究请参看本书§3.4中的详细介绍。

指”是指听话人能够辨识指称对象，“不定指”是指听话人不能辨识指称对象。例如：

(5) a. 狗正在过马路。
b. 昨天我在马路上看见了一条狗。
c. 我想去弄一条狗来看家护院。
d. 那条狗全身都是黑色的。

在(5a)中，“狗”是定指的，说话人和听话人在会话场景下都能辨识出“狗”的指称对象。在(5b)中，“一条狗”的指称对象，说话人能够辨识，但是听话人无从知晓，显然这里它是一个不定指短语。在(5c)中，“一条狗”的指称对象，不仅听话人不能辨识，连说话人也不清楚，它也是一个不定指短语。在(5d)中，“那条狗”的指称对象说话人和听话人都能够辨识，它具有定指性。

“实指/虚指”是从说话人的角度出发的。“实指”是指说话人能够辨识指称对象，“虚指”是指说话人不能够辨识指称对象。“实指/虚指”在后来的文献中也被称为“特指/非特指”(specific/non-specific)。具体而言，当某个名词性结构的所指对象是语境里实际存在的个体时，该名词性结构具有实指意义。当某个名词性结构的所指对象是一个虚泛的概念时，其实体在语境里也许存在，也许不存在，该名词性结构具有虚指意义。例如：

(6) a. 张三想娶一个法国女人。她是他的秘书。
b. 张三想娶一个法国女人，所以他开始学习法语。

从(6a)和(6b)，我们可知“张三想娶一个法国女人”是一个有歧义的句子。如果说话人知道有这么一个法国女人，张三想娶她，那么

"一个法国女人"就是指语境中实际存在的一个对象,因此,它是"实指",也被称为"特指"(specific)。如果说话人知道张三不想娶中国女人,而是想娶法国女人,这种情况下,说话人并不清楚"一个法国女人"具体指向哪个个体,此时的"一个法国女人"是"虚指",也被称为"非特指"(non-specific)。英语中的不定指名词性结构同样存在这样的区别。例如:

(7) a. Zhang San wants to marry a French woman. She is his secretary.
张三想娶一个法国女人。她是他的秘书。
∃x(French woman(x) & Zhang San wants to marry x)
(存在一个个体 x, x 具有"法国女人"的属性,并且张三想娶 x)

b. Zhang San wants to marry a French woman, so he started to learn French.
张三想娶一个法国女人,所以他开始学习法语。
Zhang San wants to $[_{VP}$ ∃x (marry (Z, x) & French woman(x))]
(张三想娶一个 x, x 具有"法国女人"的属性)

不定指名词性结构作特指解读的时候,在逻辑层需要将它提升,使得特指解读具有宽域解读(wide scope interpretation)的特点,如(7a)所示。不定指名词性结构作非特指解读的时候,只需要在动词短语(VP)内部进行解读,不需要将它提升,因此,非特指具有窄域解读(narrow scope interpretation)的特点,如(7b)所示。①

① 关于不定指短语在逻辑层的辖域歧义(scope ambiguity),可以参看凯特·科恩(Kate Kearns 2011:75)§3.5 中的详细讨论。

“通指”是指名词性结构的指称对象是一类事物，也被称为“类指”。“单指”是指名词性结构的指称对象是原子个体（atomic entity）。例如：

(8) a. 恐龙灭绝了。
　　b. 熊猫正躲在树上睡觉呢。

(8a)中的谓语动词“灭绝”是一个类指谓词，只能选择类指意义的名词性结构作主语，该句主语“恐龙”为类指义解读，整个句子为一个通指句（generic sentence）。(8b)中的谓语“正躲在树上睡觉”描述的是一个具体的场景，主语“熊猫”只有个体义解读，整个句子为一个场景句（episodic sentence）。

1.1.2.2 名词性结构的句法投射

在Abney（1987）之前，学者多认为充当论元的名词性结构就是名词短语，功能性成分the无需投射成独立的短语。例如：

(9) a. The little baby is sleeping.
　　小婴儿正在睡觉。
　　b.

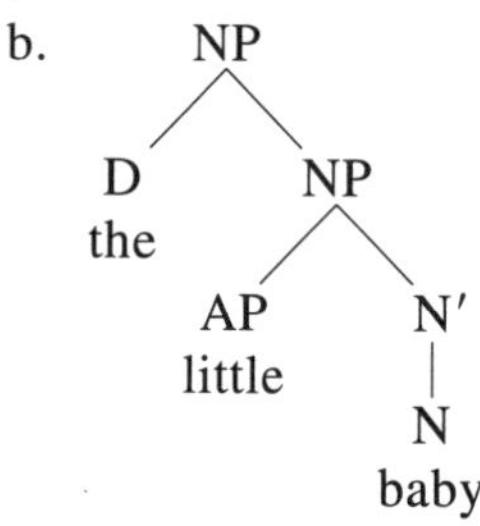

这种分析实际上违背了投射原则（the projection principle），即每一个词（不论是实词还是虚词）都需要独立投射成一个短语，并且只

能投射成一个短语。Abney(1987)修改了(9b)这种分析,他认为定冠词作为限定词也需要投射成独立的限定词短语(determiner phrase,简称 DP)。

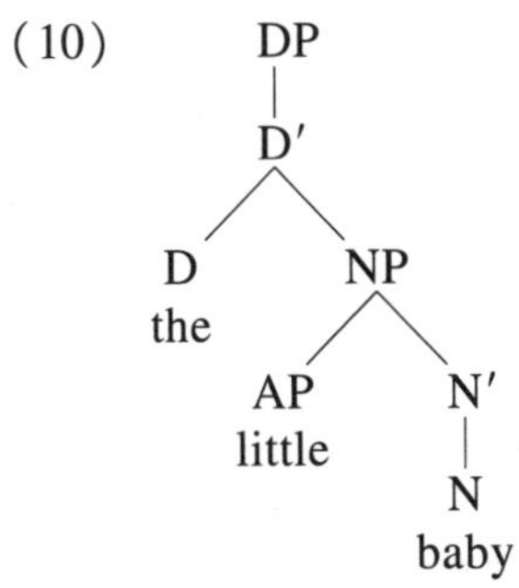

Abney(1987)进而提出"限定词短语假设"(DP hypothesis),认为充当句子论元的名词性结构不是名词短语(NP),而是限定词短语(DP)。Longobardi(1994)在对各类名词性结构广泛研究的基础上,进一步证明了只有限定词短语才能充当论元。他认为名词性结构作论元时,即使没有显性的限定词,也存在一个零形式的限定词(D)。他注意到英语和意大利语中,能充当论元的光杆名词只能是专有名词、名词的复数形式和不可数名词,而不能是可数名词的单数形式。例如:

(11) a. Ho trovato Gianni.
I found Gianni
'I found Gianni.'
我找到了吉安尼。

b. Ho trovato amici.
I found friends

'I found friends.'
我找到了朋友们。

c. Ho trovato acqua.
I found water
'I found water.'
我找到了水。

d. * Ho trovato amico.
I found friend
Intended meaning:'I found a friend.'
拟表达:我找到了一个朋友。

为什么可数名词的单数形式不能充当论元呢? Longobardi(1994)认为这是因为可数名词的单数形式无法表示类指。限定词作为算子约束变量,变量的值域由名词的外延构成,体现为名词所表示的类(kinds)。在英语和意大利语中,名词的复数形式和不可数名词都可以表示类指,因此,能够用来定义变量的值域。但是,可数名词的单数形式无法表示类指,因此,不能用来定义变量的值域。如果把限定词短语的内部结构看成[$_{DP}$D [$_{NP}$N]],当 D 是零形式的限定词时,N 就必须是表示类指的光杆名词。D 是约束变量 x 的算子,而 N 的功能是限制 x 的类别,逻辑式如(12b)所示。

(12) a. [D[N]]
b. Dx, such that x belongs to the class of Ns

至于专有名词,它们虽然和可数名词的单数形式一样,无法指称类,但是专有名词本身就具有强烈的定指性,可以认为专有名词已经从 N 移动到了 D 的位置,专有名词本身就投射成一个 DP,可以充当论元。

与英语和意大利语不同,汉语不存在冠词系统。汉语名词性结构的限定性往往通过指示词表达。另外,汉语中不存在复数标记,但存在数量词。这些差异促使大家开始思考汉语中名词性结构的内部关系。汤志真(Tang 1990)认为汉语中充当论元的名词性结构具有如下内部构造:

(13) a. $[_{DP}$ D $[_{NumP}$ Num $[_{ClP}$ Cl $[_{NP}$ N$]]]]$
那 三 本 书

b. DP
D NumP
那
Num ClP
三
Cl NP
本
N
书

这样的结构直观地反映了汉语名词性结构的线性语序,为大多数研究者所接受,但这样的结构存在一个缺点,即无法解释数词和量词之间的依存关系。在(13b)中,数词并不能和量词构成一个句法成分,而只能和量词短语(ClP)构成数词短语(NumP),这一问题导致近些年来大家开始思考"数量名"结构的内部构造到底是"(数+量)+名"还是"数+(量+名)",即所谓的"量词左向分析"和"量词右向分析"的争论。

(14) a. b.

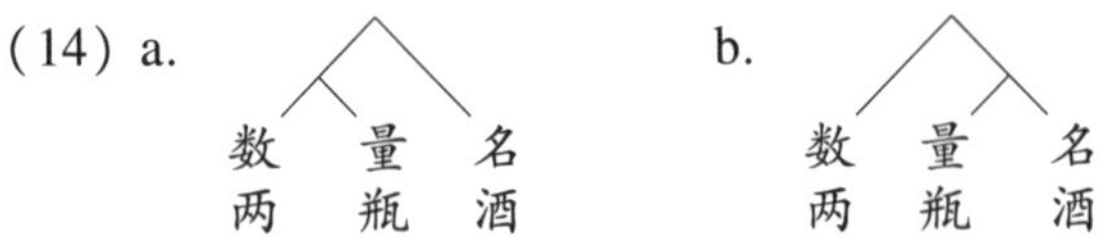

传统汉语研究一般都认为汉语量词和数词组合成数量短语充当修饰语,修饰其后的名词,整个"数量名"结构是一个偏正短语,如(14a)所示。但大部分生成语言学家都认为汉语量词和名词先组合成量词短语,然后再和数词组合成数词短语,如(14b)所示。郑礼珊、司马翎(Cheng & Sybesma 1999)和李艳惠(A. Li 1999)均支持量词右向分析,认为量词和名词先组合成量词短语。李旭平(X. Li 2013)则认为(14a)这样的量词左向分析表示的是数量解读,而(14b)这样的量词右向分析表示的是个体解读。

(15) a. 地上洒了两瓶酒。
b. 他手上提着两瓶酒。

(15a)中的"两瓶酒"表示的是两瓶那么多的酒,说话现场可以没有酒瓶的存在,但(15b)中的"两瓶酒"表示的是个体,所指为他手上提着的东西。

在名词性结构的句法研究中,有一个非常有意思的现象,那就是出现在主语位置的"数量名"结构。李艳惠、陆丙甫(2002)提出汉语的"数量名"结构存在指称和数量两种不同的解读。汉语中的"数量名"结构一般被视为不定指结构,往往不会出现在主语或话题位置,因为这些位置不允许不定指名词性结构。例如:

(16) a. *三个学生去了北京。
b. *三个学生很聪明。

“数量名”结构作个体解读时,表示的是不定指。邓思颖(2019:74)认为在这种情况下,整个名词性结构的指涉性来自具有不定指特征[-def]的零形式限定词(Ø),整个结构是限定词短语。

(17)
```
        DP
       /  \
      D    NumP
      Ø   /    \
        Num     ClP
        三     /   \
              Cl    NP
              本     |
                     N
                     书
```

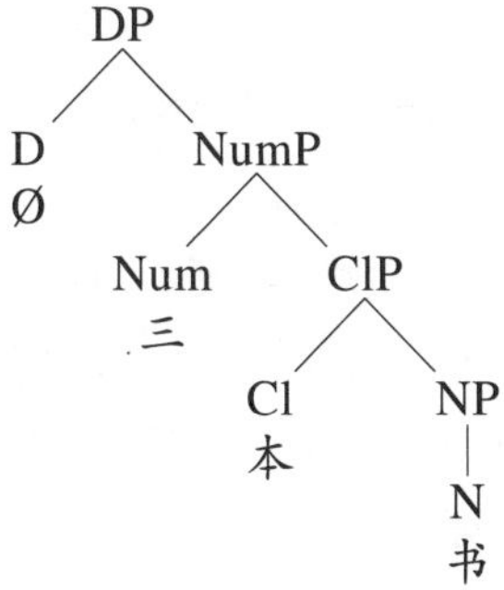

蔡维天(Tsai 2001)发现“数量名”结构有时也可出现在主语或话题位置。在下列四种情况下,“数量名”结构均可出现在主语位置。

(18) a. 五个人吃不完/吃得完十碗饭。
b. 三个步兵可以/能/应该/必须带九份口粮。
c. 六个人睡两张床/两张床睡六个人。
d. 两张床够睡六个人/两张床够六个人睡。

李艳惠、陆丙甫(2002)认为“数量名”结构出现在主语位置是受到限制的,它一定会涉及数量概念。(18a)中的“吃得完/吃不完”表示一定数量的学生和一定数量的食物之间的对应关系。(18d)中的“够”本身就是一个数量谓词,往往选择数词短语充当论元。能充当主语的“数量名”结构没有个体指称,只有数量解读。

作数量解读时,“数量名”结构能够位于主语位置,不具有个

体指称,既不能被代词指代,也不能约束“自己”。例如:

(19) a. 三个人吃得完十个鸡蛋。(*他们都很饿。)
b. 三个人抬得动一架(*自己的)钢琴。

例(19)中的“数量名”结构只能处理成数目短语,而不能处理成限定词短语。数目短语的本质属性到底是什么?它的语义显然和单纯的数词不同,也不同于具有个体解读的限定词短语,似乎可看成是数词解读和个体解读的杂糅体。包含数目短语的句子,其谓语不是数量谓词(例如:大于、小于、等于、足够),而是普通的动作义谓词。我们知道动作义谓词需要选取个体义论元而非数量义论元,从语义上看,此类句子的论元结构和题元结构的实现方式着实让人迷惑不解,值得深入研究。①

1.1.2.3 定语从句的类型学分析

定语从句也往往被称为关系从句,其类型学分析主要涉及“关系从句的标记手段”和“名词短语可及性等级序列”这两方面。汉语关系从句的标记手段方面,早期的代表作是朱德熙对汉语“的”的研究。朱德熙(1966)将普通话的泛用定语标记“的”分为三类:副词性后附成分“$的_1$”、形容词性后附成分“$的_2$”、名词性后附成分“$的_3$”。方言研究中,关系化标记不仅仅限于定语标记“的”,很多成分都可充当定语标记。譬如,唐正大(2008)调查了关中永寿话的关系结构,发现该方言的关系结构使用了五种不同的关系化标记:“的”、指示成分“这/兀”、数量组合、量词、带有体意义的趋向补语“下”。

---

① 关于论元结构理论,请参考顾阳(1994)。关于题元结构理论,请参考黄正德(2007)。

在一些汉语方言中，量词兼有定指标记和定语从句标记这两种功能（石汝杰、刘丹青 1985；施其生 1996；周小兵 1997；刘丹青 2005；陈玉洁 2007）。陈玉洁（2007）给出了量词发展为定语标记的几个条件：一是量名结构能够独立使用，即量词发展出有定或无定的类冠词功能；二是量词必须位于修饰语与核心名词中间。对于第一个条件，刘丹青（2005）曾指出，量词作关系化标记仅见于部分量词功能发达的南方方言，如吴语、粤语，这些语言中的量词具有定冠词的功能。广州话的量名结构，以有定为显著意义，量词符合居中条件，已经发展为稳定的关系化标记。量词单独作关系化标记的定语从句在广州话中是非常普遍的，其对主句和从句的谓语性质没有特殊的要求，是使用频率非常高的一种关系化标记。例如：

（20） a. 佢哋开间药材铺生意兴隆。他们开的那间药材店生意兴隆。

b. 你琴日要批货补齐啦！你昨天要的那批货补齐啦！

语言类型学研究表明很多语言在生成关系结构时，中心语存在一定的提取限制。Keenan & Comrie（1977）针对这一现象提出了“名词短语可及性等级序列”（noun phrase accessibility hierarchy）。该理论假设句子中的各类论元被提取为关系结构中的中心语时，需要遵循以下等级序列：主语>直接宾语>间接宾语>工具格论元>属格论元>比较基准。在进行关系化操作时，位于等级序列左侧的成分在提取时所受到的限制比右侧成分小，越往右的成分所受的提取限制越大。如果等级序列中一个可及性较低的成分可以被关系化，那么所有在它左边的成分都可以被关系化。在这一理论框架下，众多学者考察了不同语言中的关系化现象（黄成龙 2008；吴芙芸 2011；许余龙 2012；吴秀菊 2013；高莲花

2013；赫如意 2018；卜维美等 2019），结论基本上都符合“名词短语可及性等级序列”。

在汉语关系从句的研究中，许余龙（2012）指出汉语关系化手段采用前置策略，基本遵循名词短语可及性等级序列。汉语的关系化具有主语属格语和宾语属格语之间的不对称现象，因此许余龙（2012）对汉语的主语属格语、宾语属格语做出了区分，将汉语中的名词短语可及性等级序列调整为：主语>主语属格语>直接宾语>间接宾语>旁格>宾语属格语>比较宾语。

在藏缅语研究中，黄成龙（2008）讨论了羌语的三类关系化手段。无中心词关系从句和中心词外置关系从句通常用留空手段；中心词内置关系从句和双中心词关系从句一般保留完整名词；非施事名词被关系化时，一般用非名物化结构，中心词和关系从句之间的同指名词短语由体标记来体现。与英语和汉语一样，羌语中几乎所有的题元角色，如施事者、受事者、经验者、接受者、受益者、领属、工具、起点、处所、时间、比较主体都可以被关系化。在苗瑶语研究中，吴秀菊（2013）对勾良苗语关系从句进行了分析。勾良苗语有后置型和前置型两类关系从句，二者在关系化标记、语法结构、语义特点、语用方面存在很大的差异。提取中心语时，后置型关系从句只能提取主语和旁格论元两种成分；前置型可提取除领属定语之外的其他所有成分。

1.1.2.4 量词的多功能性

量词的多功能性主要涉及方言中量词的用法。施其生（1996）指出广州话的量词具有定指标记的功能。广州话量名短语能够充当主语、定语、宾语等多种句法成分（邓思颖 2015）。石毓智（2002）论述了量词、指示词和结构助词之间的演化关系。陈玉洁（2007）指出在一些方言中，特别是在吴语和粤语中，量名结构能够单独使用并且表示定指意义，量词兼有类冠词和定语标记的功能,她认为量名结构能独立使用及量词发展出类冠词功能,是量词发展为定语标记的两大前提,并在此基础上提出了"量词→类冠词→定语标记"的语法化路径。

盛益民(2017)以37种汉语方言作为样本,对汉语方言中的定指"量名"结构进行了考察。他将"量名"结构分为准指示词型"量名"结构和准冠词型"量名"结构:准冠词型"量名"结构不能表距离指示,因此不能与另一个相同的"量名"结构或者对应的"指量名"结构进行对举区分;准指示词型"量名"结构可表距离指示,或者可纳入距离指示系统当中,因此可以进行对举。这两种类型在汉语方言中可以得到四种可能的分布样态:(1)北京型:两类均不存在;(2)上海型:两类都有;(3)广州型:只有准冠词型;(4)温州型:只有准指示词型。

准冠词型"量名"结构受关系从句修饰时,核心名词不能省略,这是因为冠词不能脱离名词单独存在,但是准指示词型"量名"结构受关系从句修饰的时候,核心名词可以省略,这是因为指示词本身就具有指代性,可以单独使用。例如:

(21) a. 广州话:*我琴日买本不见咗。拟表达:我昨天买的那本不见了。
b. 宁波话:渠来养只多少会吃啦!他正在养的那只很会吃!

量词的多功能性不仅仅体现在能充当定指标记或关系化标记。刘探宙、石定栩(2012)指出烟台话的量词除了能够表示定指、特指、类指之外,还能用来表达某些特定的主观意义。在许多语言中,量词本身包含了事物的形状、大小、功能、属性等语义特征,因此,在这些语言中,量词往往可以用来表达各种主观意义,如小称意义、褒贬意义、情感态度意义等。在中国南方某些语言中,量词可以和光杆名词一起出现在句首位置,起到话题标记的功能,有些量词还兼有类别词的功能，可以看成类指标记。

1.1.2.5 汉语关系结构的句法分析

关系结构的句法分析主要涉及各类关系结构的句法生成过程。关于关系结构的句法生成过程，主要有“移位说”和“基础生成说”。陈宗利、温宾利(2013)认为论元、话题、时间状语、地点状语的关系化是通过核心名词移位生成的，但是其他类型的状语和句子松散成分的关系化不涉及句法移位，核心名词是基础生成的(base-generated)。①

温宾利(2001)以英语、波兰语和印地语为例，根据有无名词性成分作中心语以及关系从句与中心语的结构关系，区分了四种关系结构：一般中心语关系结构、无中心语关系结构、轻中心语关系结构、并接关系结构。分别如下所示：

(22) a. I like the food that I ate yesterday.
我喜欢昨天吃的食物。
b. I eat what I like./I eat whatever I like.
我吃我喜欢的。
c. Jan spiewa [to[$_{RC}$ co Maria spiewa]].(波兰语)
John sings DEM what Mary sings
'John sings what Mary sings.'(字面意义：John sings that what Mary sings.)
约翰经常唱玛丽唱的。

① 关系结构中的核心名词基础生成是指核心名词充当主句动词的论元，而非从句动词的论元。例如，“他咳嗽的声音很大”这句话中包含关系结构“他咳嗽的声音”，其中核心名词“声音”是主句谓词“很大”的论元，而非从句谓词“咳嗽”的论元。与此不同，“他买的书很有趣”这句话包含关系结构“他买的书”，其中核心名词“书”是从句谓词“买”的论元，关系化过程是指将“书”从关系从句中移出。

c′. Co Maria spiewa to Jan spiewa.
what Mary sings DEM John sings
'What Mary sings, John sings.'
玛丽唱什么,约翰唱什么。

d. [$_{RC}$jis laRkiiNE$_i$ ji laRkeKO$_j$ dekhaa]
REL girl-ERG REL boy-ACC saw
[usNE$_i$ usKO$_j$ passand kiyaa] (印地语)
DEM-ERG DEM-ACC liked
'Which girl saw which boy, she liked him.'
谁(哪个姑娘)看见了谁(哪个小伙),谁就喜欢上谁。

(22a)是一般中心语关系结构,(22b)是无中心语关系结构(或称为自由关系结构),包含"what"的是定指自由关系结构,包含"whatever"的是不定指自由关系结构。(22c)是波兰语中的轻中心语关系结构,由"to"和关系从句"co Maria spiewa"构成("co"是wh-成分,相当于英语自由关系从句中的"what"),"to"是一个指示词(相当于英语的指示代词"that"),作关系从句的先行语。轻中心语关系结构有一个特点:主句和从句的语序相当自由,(22c)可以变为(22c′)。在(22c′)中,除了关系从句移到句首外,指示代词"to"从主句动词之后移到了主句主语之前。(22d)是印地语并接关系结构(correlative)的例子,在这种关系结构中,位于句首的关系从句各含两个关系化标记(jis 和 ji),主句中有两个指示代词(usNE 和 usKO)与之分别对应。

在这四类关系结构的分类基础上,温宾利(2001)讨论了汉语关系结构的类别。他认为汉语中不仅有一般关系结构,还有自由关系结构和并接关系结构。自由关系结构如(23a)所示。①温宾利(2001)认为这类结构中,“的”后面存在一个零形式的空范畴,也就是说,这类结构并不是通过删除核心名词构成的,原因是核心名词在很多情况下是不能省略的,例如“这是我曾经工作过的*(地方)”这句话中的核心名词“地方”就无法省略。温宾利(2001)认为汉语中像(23b)这样的结构相当于印地语中的并接关系结构,两者的区别是在第二个从句中,印地语使用指示代词,而汉语使用疑问词。

(23) a. 我相信他说的。

b. 谁拿到什么,谁就吃什么。

关系从句除了可以用来修饰个体之外,还可以用来修饰数量,即所谓的程度关系结构(degree/amount relatives)。如下所示:

(24) a. I took with me the three books that there were on the table.

我拿走了桌子上有的那三本书。

b. *I took with me the three books which there were on the table.

拟表达:我拿走了桌子上有的那三本书。

c. *I took with me three books that there were on the table.

拟表达:我拿走了桌子上有的那三本书。

---

① 汉语中像(23a)这样的无中心语关系结构也被称为无核关系从句(headless relative clause)。需要注意的是,英语的无中心语关系结构(自由关系结构)和汉语的无核关系从句存在一个很大的区别:英语的无中心语关系结构是由疑问词充当论元形成的关系结构,汉语的无核关系从句是由缺少一个论元的句子组成的“的”字结构。

程度关系结构具有以下三个特点(Grosu & Landman 1998;陈宗利、温宾利 2007):程度关系结构只能由“that”引导,不能由疑问词引导、核心名词必须是定指性的、核心名词不能受多重程度关系从句的修饰。率先讨论程度关系结构的是 Carlson(1977),由于程度关系结构涉及的主要是数量的多少,因此 Carlson 将其命名为数量关系结构(amount relatives)。(24a)中的关系从句 there were on the table 由“that”引导,句子成立;(24b)中的关系从句由“which”引导,句子不成立。Carlson(1977)认为程度关系结构不能由“which”引导,原因是“which”只能约束个体变量(individual variable),而受“which”约束的个体变量往往具有定指性,因此无法出现在 there be 存现句中。Grosu & Landman(1998)认为(24b)不成立的原因在于,存现句包含存在封闭(existential closure),能约束存现句中出现的个体变量,而“which”作为一个疑问算子,也需要约束该个体变量。①受到存在封闭约束的个体变量无法再受到别的算子的约束,因此,(24b)不成立。

接下来需要解释(24a)是如何获得数量解读意义的。让我们先来看关系从句的内部结构。在没有被关系化之前,句子为 there were three books on the table(桌子上有三本书)。这句话包含两个变量,一个是被限制为“书”的个体变量 x,一个是程度变量 d。个体变量 x 受到存在封闭的约束。关系化过程的本质就是程度变量被兰姆达抽象(λ-abstraction)的过程,兰姆达抽象后,程度变量受到兰姆达算子(λ-operator)的约束,表达式如(25c)所示,表达的是(25d)所示的一个关于程度的集合。

---

① 算子(operator)是用来约束变量(variable)的语法成分。常见的算子包括全称量词、存在量词、疑问算子、ι 算子,等等。没有被算子约束的变量是自由变量,而包含自由变量的命题是开放命题,开放命题本身是不完整的,不会有真值。想要让一个开放命题变成封闭命题,就需要使用算子来约束其中的自由变量。一个变量必须被一个算子约束,并且只能被一个算子约束。

（25） a. There were three books on the table.
桌子上有三本书。
b. (books) that there were(d-many) on the table.
桌子上一定数量的书
c. $\lambda d.\ \exists x[\mathrm{BOOKS}(x)\ \text{and}\ |x|=d \wedge \text{ON-THE-TABLE}(x)]$
d. the set of all degrees d such that there is a sum of d-many books on the table.
根据桌子上书的数量而构成的数的集合

从(25d)我们可以观察到,在(24a)这样的程度关系结构中,核心名词和关系从句之间并不是交集的关系,也就是说,程度关系从句与限制性关系从句(restrictive relative clause)不同。在程度关系结构中,核心名词在逻辑层是在关系从句内部得到阐释的。根据(25d),我们可知程度关系从句"that there were on the table"的指谓为一个程度集合。假如桌子上有4本书,那么这个集合为{1, 2, 3, 4}。这个集合是如何和(24a)中的其他成分在语义上进行组合的呢? Grosu & Landman(1998)重新定义了程度,他们认为程度不仅仅表示度量轴上的值,程度除了包含数值n之外,还应当包括个体变量x本身,以及个体变量的属性P。以"三本书"为例,"三"除了表示数值3之外,还包含个体变量x以及个体变量的属性,即$d=\langle n, P, x\rangle$。按照这样的思路,"三"的语义如(26a)所示,而"三本书"的语义如(26b)所示:

（26） a. 三$\rightarrow\lambda P\ \lambda x.\ P(x) \wedge \mathrm{DEGREE}_{P}(x)=\langle 3, P, x\rangle$
b. 三本书$\rightarrow\lambda x.$ 书$(x) \wedge \mathrm{DEGREE}_{书}(x)=\langle 3,$ 书$, x\rangle$

回到例(24),按照(26b),我们可以得到存在句 There were <u>three</u>

books on the table 的语义表达式,如(27b)所示。

(27) a. There were three books on the table.

b. $\exists x[\text{书}(x) \wedge \text{DEGREE}_{\text{书}}(x) = \langle 3, \text{书}, x\rangle \wedge \text{ON-THE-TABLE}(x)]$

在此基础上,将程度论元进行兰姆达抽象,得到(28a)。

(28) a. $\lambda d.\ \exists x[\text{书}(x) \wedge \text{DEGREE}_{\text{书}}(x) = d \wedge \text{ON-THE-TABLE}(x)]$
$= \{\langle |x|, \text{书}, x\rangle : \exists x\ \text{书}(x) \wedge \text{DEGREE}_{\text{书}}(x) = d \wedge \text{ON-THE TABLE}(x)\}$

b. the set of all measure triples, of which the object measured is a sum of books on the table.

假如桌子上只有三本书 a、b 和 c,那么(28b)表示的就是如下集合:{<1,书,a>, <1,书,b>, <1,书,c>, <2,书,a+b>, <2,书,a+c>, <2,书,b+c>, <3,书,a+b+c>}。虽然程度关系从句的语义为一个集合,但是整个关系结构必须取该集合中的最大值,否则,程度关系结构无法获得解读。这也就解释了程度关系结构为什么核心名词必须是定指性的,语义上表现为隐性的最大化算子,即从程度集合中挑选出最大值<3,书,a+b+c>,形式上表现为核心名词前必须出现定指成分。一个集合的最大值只能有一个,因此程度关系从句无法像限制性定语从句那样两个叠加在一起,共同限制核心名词的所指。例如:

(29) a. I lost the three books that my father gave me that I like

very much.

我父亲送给我的，我特别喜欢的那三本书不见了。

b. *I read the three books that there were on my desk yesterday that there were on my book shelf the day before yesterday.

拟表达：我读了昨天我书桌上有的、前天（还）在我书架上的那三本书。

（29a）中的“three books”，“that my father gave me”和“that I like very much”表示的是三个集合，三个集合的交集即是“the three books”的所指。例（29b）中的“that there were on my desk yesterday”和“that there were on my book shelf the day before yesterday”表示的是两个程度的集合，在最大化算子的作用下，两个集合的最大值要么是相同的，要么是不同的。将两个最大值叠加在一起，从语义上看，是没有意义的，因此（29b）是一个不合乎语法的结构。

1.1.2.6 限制性定语与描写性定语

目前对于汉语定语的讨论主要在于分类，存在“限制性/描写性”和“限制性/非限制性”两种分类方法。朱德熙（1982）提出汉语存在“限制性定语”和“描写性定语”的区分，前者是由简单形式构成；后者是由复杂形式构成。石定栩（2010）参照英语中“限制性定语”和“非限制性定语”的对立模式，提出前者可缩小中心语的所指范围，后者不缩小中心语的所指范围，并据此判定汉语中，所有的定语都会改变中心语的所指范围，因此，都属于限制性定语，而“描写性定语”的定义不清，这一概念在句法分析中没有实际意义。

张志恒（2016）在林若望（Lin 2003）的基础上，论证了汉语中确实也存在着非限制性的定语从句，即由个体性谓词和专有名词组成的定语从句。她认为专有名词本身既可以指称唯一的客体，还可以指称客体的多个阶段,前者是一个独元集,而后者是可以包含两个或多个成员的多元集合。如果修饰专有名词的是个体性谓语(individual-level predicate),那么这个专有名词表达的就是一个指称客体的独元集;如果修饰专有名词的是阶段性谓语(stage-level predicate),那么这个专有名词表达的就是一个指称阶段(stage)的集合。正是由于这样的对应关系,当定语从句修饰一个专有名词的时候,可以在语义上推导出限制性和非限制性两类不同的定语从句。个体性定语从句通常是非限制性解读,而阶段性定语从句则是限制性解读。造成这两种语义解读的直接原因是专有名词既可以指称个体,也可以指称个体在不同时间/空间呈现出的不同阶段。

1.1.2.7 汉语"的"的句法地位以及"NP 的 VP"名物化结构

关于汉语"的"的句法地位,主要是围绕汉语中的名物化结构、伪定语结构、动量结构展开的。例如:"这本书的出版""春天的到来""他的老师当得好""你走你的阳关道,我过我的独木桥""我学了三年的英语",等等(邓思颖 2006, 2008, 2009, 2019;黄正德 2008)。对于这些结构中"的"的句法属性,目前存在两派观点,一派认为"的"是中心词(司富珍 2004;熊仲儒 2005),另外一派则质疑"的"的中心语地位(周国光 2005, 2006)。

何元建、王玲玲(2007)基于类型学和生成语法理论,提出汉语的"NP 的 VP"是由相应的主谓结构或动宾结构通过名物化句法操作转换而来。他们认为汉语的名词没有相应的形态,无法判定结构中的动词是否已经名词化了,而且也没有证据表明这些动词属于兼类词,可以用作名词。他们发现用于主谓结构和述宾结构中的被动标记在名物化结构中没有发生变化,说明两者有转换关系。石定栩(2008, 2011)则提出相反的意见,认为"NP 的 VP"不是由相应的主谓结构或动宾结构转换而来,两者无句法上的派生关系。

把"的"作为中心语来处理,就必须弄清作为中心语的"的"到底具有什么样的语法属性。我们目前知道“的”具有名物化的功能,但从跨语言的角度来看,并不存在“名物化词”,也没有发现由“名物化词”投射而成的名物化短语。名物化标记往往由以下功能各异的语法成分充当:量词、复数标记、领格代词、限定词、格标记。例如:当量词充当名物化标记的时候,投射而成的是量词短语,量词短语本质上具有个体化(individuating)功能,使得量词具有了名物化标记的功能。从这个角度来看,名物化更像是一个副产品。如何处理现代汉语中的名物化现象,的确是一个难题。

1.2 形式语言学的理论框架

1.2.1 名词性结构的句法理论

自 Abney(1987)提出“限定词短语假设”以来,名词性结构的研究一直备受关注。英语中存在典型的限定词——冠词。汉语没有冠词系统,名词短语的指涉意义往往由数量词和指示词表达,汉语是否符合限定词短语假设呢? 汤志真(Tang 1990)对这一问题给出了肯定的答案,在对汉语名词性结构的讨论中揭示了量词型语言和非量词型语言在名词性结构上的差异。郑礼珊、司马翎(Cheng & Sybesma 1999)则进一步比较了同为量词型语言的汉语普通话和粤语的“数量名”结构,解释了粤语的量词在某些句法环境中具备限定词功能的原因。Borer(2005)通过考察不同语言名词性结构的句法特点,提出量词和复数标记为同一种语法范畴下不同语法表现形式的观点,回答了为什么汉语普通话中不存在复数标记的问题。

关于汉语名词性结构的生成句法研究,最重要的文献是郑礼珊、司马翎(Cheng & Sybesma 1999)和李艳惠(A.Li 1999)。这两篇文献奠定了汉语名词性结构句法研究的基础理论。下面简要地介绍这两篇重要文献。

郑礼珊、司马翎(Cheng & Sybesma 1999)详细讨论了汉语普通话和粤语中光杆名词和量名结构的句法分布和语义解读。他们注意到普通话和粤语中的光杆名词都具有多重解读。普通话中出现在动词后的光杆名词可以分别解读为不定指、定指和类指。例如:

(30) a. 张三买书去了。(普:不定指)
b. 张三喝完了汤。(普:定指)
c. 我喜欢狗。(普:类指)

普通话中出现在动词前的光杆名词可以分别解读为定指或类指,但是不能解读为不定指,如例(31)所示。

(31) a. 狗要过马路。(普:定指)
b. 狗今天特别听话。(普:定指)
c. 狗爱吃肉。(普:类指)

粤语和普通话最显著的不同表现在,粤语中动词后的光杆名词不能表示定指。粤语必须使用量名结构表示定指,(32b)中的“汤”如果是定指的,必须要加上量词“碗”。需要注意的是,粤语中宾语位置的量名结构有时候也可以表示不定指的意义。(32d)中的“本书”和普通话一样,也是表示不定指的。

(32) a. 张三去买书。(粤:不定指)
b. 张三饮完碗汤啦。(粤:定指)
c. 我中意狗。(粤:类指)

d. 我想去买本书。(粤:不定指)

粤语中出现在动词前的光杆名词只能解读为类指,如(33c)所示。

(33) a. *狗要过马路。拟表达:那条狗要过马路。
b. 只狗要过马路。(粤:定指)
c. 狗中意食肉。(粤:类指)

郑礼珊、司马翎(Cheng & Sybesma 1999)总结了普通话和粤语中光杆名词和量名结构的用法,如下表所示。①

	不定指	定 指	类 指
光杆名词	张三买书去了(普) 张三去买书(粤)	狗要过马路(普)	狗爱吃肉(普) 狗中意食肉(粤)
量名结构	我想去买本书(普) 我想去买本书(粤)	只狗要过马路(粤)	—

粤语和普通话最显著的区别是:表达定指意义时,普通话使用光杆名词,而粤语选择使用量名结构表达。根据"限定词短语假设",名词表示的是属性,是不能直接充当论元的,能充当论元的必须是限定词短语(Abney 1987; Szabolcsi 1994; Longobardi 1994)。郑礼珊、司马翎(Cheng & Sybesma 1999)认为普通话和粤语中充当论元的光杆名词不是真正意义上的光杆名词,至少需要投射成一个如例(34)这样的量词短语结构(ClP),其中量词(Cl)是一个具有零形式的空范畴。

① 郑礼珊、司马翎(Cheng & Sybesma 1999)原文表格中是没有例子的,为了读者阅读方便,笔者在表格中加入了相应的例句。

(34) ClP

Cl NP

N

普通话和粤语中具有不定指意义的光杆名词只能出现在宾语位置，这是因为零形式的量词必须要满足空范畴原则（empty category principle），即空范畴必须被上一级的中心词成分统领（c-command）。①零形式的量词在例（34）中起什么作用呢？郑礼珊、司马翎（Cheng & Sybesma 1999）认为粤语中的量词具有类似英语冠词的功能，能起到英语定冠词类似的指示（deictic）作用，并可将名词的指谓从集合转化为个体。

关于量名结构，郑礼珊、司马翎（Cheng & Sybesma 1999）认为表示定指的量名结构本质上是一个量词结构，量词具有 ι 算子的功能，如例（34）所示；而表示不定指的量名结构本质上是一个数量结构，具有零形式的数词，如例（35）所示。郑礼珊、司马翎（Cheng & Sybesma 1999）认为表示定指和不定指的光杆名词也同样具有例（34）和例（35）这样的结构。表示定指的光杆名词，需要将名词（N）移动到量词（Cl）位置，而表示不定指的光杆名词，需要先将名词（N）移动到量词（Cl）位置，然后再移动到数词（numeral）位置。

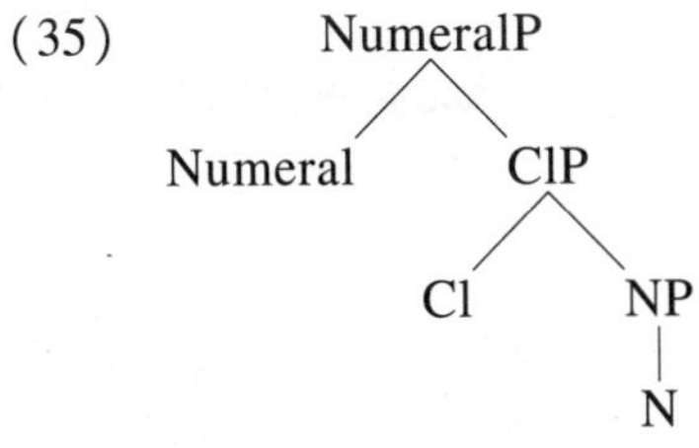

① 成分统领是指句法树上两个节点之间的一种关系，节点 A 成分统领它的姐妹节点 B 以及 B 的所有子节点。

为什么普通话的量名结构不能表示定指，这是因为普通话的量词必须要和数词结合，不允许光杆量词的存在，也就是说，普通话中，只要有量词出现，数词也一定会出现，不过数词“一”有时候是以零形式出现的。例如，普通话中“我买了本书”表达的就是“我买了一本书”这样的意思。普通话中不存在例(34)，只存在例(35)这样的结构。

李艳惠(A.Li 1999)则详细讨论了汉语中的“们”。她认为不同于英语中出现在名词词尾的复数标记-s，汉语中的“们”是生成于限定词(D)位置的复数标记。李艳惠(A.Li 1999)将“们”的语法属性总结如下：

(36) a. “们”可以接在单数人称代词、专有名词和部分普通名词之后；
b. 带“们”的普通名词表示定指，因此不能出现在存现句中(如：有几个学生没来/*有学生们没来/学生们没来)；
c. 带“们”的人称代词后面可以出现数量词，但之前不能出现数量词；带“们”的普通名词前后都不能出现数量词(如：*三个他们/他们三个；*三个学生们/*学生们三个)；
d. 专有名词之后加“们”，可以表示复数意义或集体意义。

单数人称代词和专有名词都属于限定词，基础生成在限定词的位置，“们”作为一个后缀，附着在这些限定词之后，说明“们”是在限定词位置的复数标记，(36a)得到解释。普通名词带“们”具有定指性，是因为这些普通名词经过了名词(N)到限定词(D)的移位，

(36b)得到解释。如果按照“限定词—数词—量词—名词”这样的语序,当“他们”出现在限定词的位置的时候,它后面自然可以出现数量词。“*学生们三个”中的“学生”无法跨过量词(Cl)和数词(Num)移动到限定词(D)位置上去,因此“学生们”后面不能接数量词,(36c)得到解释。专有名词后加“们”,可以有两个意思,例如:“小强们”既可以指一群人中的所有人都叫“小强”(复数意义),也可以指一群人中只有一个人叫“小强”,在这种情况下“小强们”指的是“小强所在的那群人”(集合意义)。

为什么英语中的复数标记-s作用在名词(N)上,但汉语中的复数标记“们”作用在限定词(D)上呢? 李艳惠(A.Li 1999)认为这与名词的单复数属性有关。她认为名词的单复数属性会投射成数词短语(NumP),具体结构如(37a)所示。按照这样的思路,英语中的“three students”就会投射成(37b)。

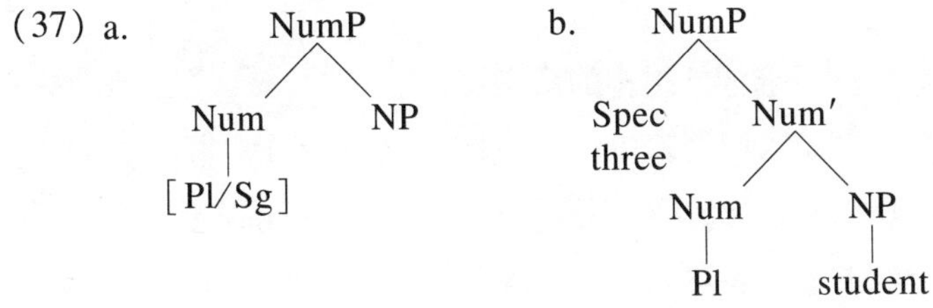

复数特征[Pl]在英语中的语音表现形式为“-s”,普通名词“student”会移动到数词(Num)的位置和“-s”结合成“students”,复数形式的“students”和位于指定语位置的数词“three”特征匹配。由于汉语中多了一层量词(Cl)的投射,因此汉语中“三个学生”的内部结构不同于例(37),具体内部结构如例(38)所示。

(38)

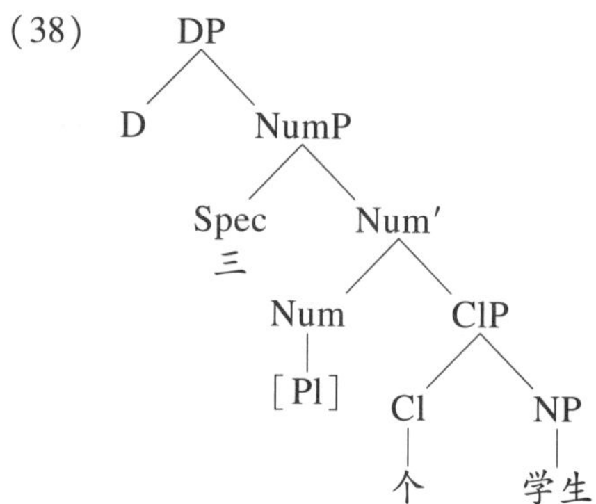

由于复数特征([Pl])和名词“学生”被量词“个”隔断了,[Pl]因此无法显示在名词上。为了得到解释,[Pl]只能向上移动,附着在诸如人称代词“我、你、他”这类的限定词上。如果“他”基础生成在限定词(D)位置,“们”向上移动并附着在“他”上,最终可形成“他们三个学生”这样的结构。

1.2.2 名词性结构的语义理论

语言是人们用来传情达意的工具。在日常生活中,人们在陈述事情的时候,经常需要使用陈述句。陈述句表达的是命题,人们以命题的形式表达思想。最简单的命题是原子命题(atomic proposition),由谓词和论元组成。例如:

(39) a. John made everything.

约翰创造了所有的东西。

b. MAKE(j, x)

c. $\forall x$ MAKE(j, x)

d. $\exists x$ MAKE(j, x)

(39a)中的"John"和"everything"指称方式不同。"John"是一个专有名词,指称的是客观世界中不变的个体,是常量。但"everything"不指称任何个体,而是对不同个体的总括。专有名词具有固定的指称。与专有名词不同,"this、that、it"这些代词的指称取决于它们所处的语境,它们的所指是可以变化的。当我们在分析包含量代词"everything"的命题时,我们需要使用与代词具有类似指称属性的个体变量(individual variable)。个体变量可以根据语境指称任何个体。使用个体变量,(39a)这样的命题可以表示为(39b)。(39b)中的个体变量 x 没有被算子约束,属于自由变量,整个命题是一个开放的命题,是无法判断真假的。我们可以用全称算子(也称为全称量词)或存在算子(也称为存在量词)来约束开放命题中的自由变量,从而形成完整的命题。(39c)中的全称量词约束了自由变量 x,整个命题的意思是对于任何一个个体 x,约翰创造了它,即约翰创造了世界上所有的个体,这正是(39a)的意思。(39d)中的存在量词同样约束了自由变量 x,整个命题的意思是存在一个个体 x,约翰创造了它,即约翰至少创造了一个个体,这是"John made something"这句话的意思。

个体变量可以用来帮助我们定义名词、动词、形容词的指谓(denotation)。

(40) a. $[\![\text{dog}]\!] = \lambda x.\ \text{DOG}(x)$

b. $[\![\text{bark}]\!] = \lambda x.\ \text{BARK}(x)$

c. $[\![\text{black}]\!] = \lambda x.\ \text{BLACK}(x)$

在(40a)中,DOG(x)表示的是"x 是狗"这样一个开放命题。我们可以使用兰姆达算子把这个开放命题变成一个谓词,(40a)表达的意思是:“狗”的指谓是由所有具有狗这种属性的个体组成的集合。有了这样的定义,我们就能很方便地计算出原子命题“阿黄是狗”的真值了:如果“阿黄”是“狗”这个集合中的一个成员,那这个命题就是真的。依据同样的方法,我们能计算“阿黄在叫”“阿黄是黑色的”这些原子命题的真值。

对于名词性结构的语义理论,目前影响力最大的是广义量词理论。广义量词理论的核心思想为:量词是集合和集合之间的关系。下面我们以“在那场战役中,所有士兵全死了”这句话为例,说明量词表示的是集合和集合之间的关系。“士兵”是指由具有战士属性的个体组成的集合,我们可以将其定义为A。“死”作为一个谓词,也表示一个集合,是由战场上死去的个体(人、战马或其他动物)组成的集合,我们可以将其定义为B。全称量词“所有”表示的是:集合 A 是集合 B 的子集(A⊆B),即如果 x 是集合 A 中的一个元素(士兵),那么 x 也必定是集合 B 中的一个元素。从这个简单的例子,我们不难发现,可以用集合的思想来解释自然语言中的量化现象。广义量词的语义可以用集合论的术语来进行定义。不同的量词具有不同的语义内容,我们援引凯特·科恩(Kate Kearns 2011:147-148)的定义如下:①

① 注意,广义量词理论(generalized quantifier theory)所讨论的量词是 quantifier,而非 classifier。这两个术语翻译成汉语都是“量词”。classifier 指的是数量词,而 quantifier 指的是量化词。虽然 quantifier 和 classifier 都被称为“量词”,但在具体语境下,一般并不会造成歧义,因此,本书只在需要区分二者的时候,才使用“量化词”这个术语。

	命题句式	量词的语义	对语义的说明
非对称式量词（比例量词）	**All** Fs are G	F⊆G	集合 F 是集合 G 的子集
	Most Fs are G	|F∩G|>|F−G|	同时属于集合 F 和集合 G 的个体，其数目大于属于集合 F 但不属于集合 G 的个体的数目
	Few Fs are G	|F−G|>|F∩G|	属于集合 F 但不属于集合 G 的个体的数目大于同时属于集合 F 和集合 G 的个体的数目
对称式量词（基数量词）	**No** F is G	|F∩G|=0	既属于集合 F 又属于集合 G 的个体组成的集合（即 F 和 G 的交集）中的个体的数目等于 0
	An F is G	|F∩G|⩾1	F 和 G 的交集中的个体的数目大于等于 1，即至少有一个个体既属于 F 也属于 G
	Some Fs are G	|F∩G|⩾2	至少有两个个体既属于 F 也属于 G
	Four Fs are G	|F∩G|=4	有四个个体既属于 F 也属于 G
	Many Fs are G	|F∩G|=many	有许多个体既属于 F 也属于 G
	Several Fs are G	|F∩G|=several	有几个个体既属于 F 也属于 G
	Few Fs are G	|F∩G|=few	有少数个体既属于 F 也属于 G
	A few Fs are G	|F∩G|=a few	有不少个体既属于 F 也属于 G

我们可以通过例(41)中的两个例子,来演示广义量词理论是如何解释各类量化现象的。

(41) a. All dogs bark.
所有的狗都会吠。
b. John respects every teacher.
约翰尊敬每一位老师。

(41a)中的量词“all”的语义为:“狗”的集合是“叫”的集合的子集,即$\{x: DOG(x)\} \subseteq \{y: BARK(y)\}$,具体的推理过程如下:

(42) a. $[\![dogs]\!] = \lambda x.DOG(x)$
b. $[\![all]\!] = \lambda P \lambda Q.\ P \subseteq Q$
c. $[\![all\ dogs]\!] = \lambda Q.\ [\lambda x.\ DOG(x) \subseteq Q]$
d. $[\![bark]\!] = \lambda y.\ BARK(y)$
e. $[\![all\ dogs\ bark]\!] = \lambda x.\ DOG(x) \subseteq \lambda y.\ BARK(y)$

当量化词出现在宾语位置的时候,需要进行量词提升(quantifier raising,简称QR),这种操作属于逻辑层的操作,不影响句子的表层形式。(41b)中的“every teacher”之所以要进行量词提升,是因为“every teacher”的语义类为<<e, t>, t>,但动词“respect”是及物动词,带两个个体论元,语义类为<e, <e, t>>。“every teacher”的语义类<<e, t>, t>与动词“respect”的语义类<e, <e, t>>无法组合。①

① 不同的语法单位根据其指谓可分为不同的语义类型。其中两个最基本的语义类型为类型 e 和类型 t, e 代表个体,t 代表真值。句子的指谓就是它的真值,因此句子的语义类型就是 t。其他的类型都由这两个基本类型组成,都是函数。例如:
(i) a. <e, t>表示的是从个体到真值的函数(名词、形容词、不及物动词的语义类)
b. <e, <e, t>>表示的是从个体到谓词的函数(及物动词的语义类)
c. <<e, t>, t>表示的是从谓词到真值的函数(限制量词的语义类)
d. <<e, t>, <<e, t>, t>>表示的是从谓词到函数的函数(量化限定词的语义类)

此时，我们需要把量化词短语提升到根句的附加语位置，量化词移动后在原来的宾语位置留下语迹，该语迹属于 e 类变量，可以和动词组合。量词提升的过程必然涉及兰姆达抽象，过程如下：

(43)

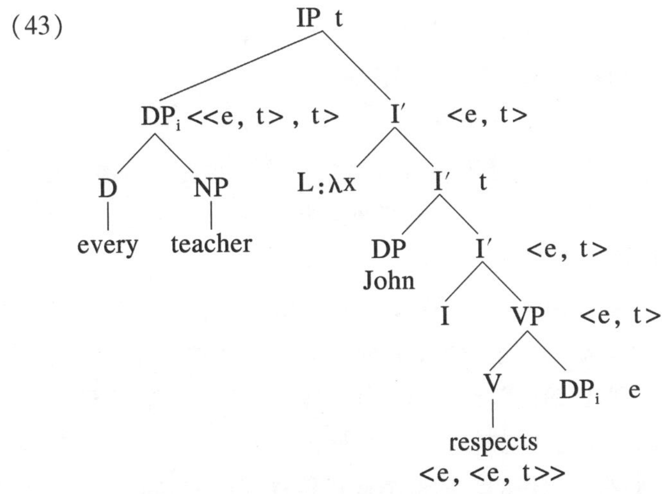

(41b)中的量化限定词“every”的语义为：名词“teacher”所表达的集合是“John respects”所表达的集合的子集，即$\{y: TEACHER(y)\} \subseteq \{x: RESPECTS(j, x)\}$，推导过程如下：

(44) a. $[\![teacher]\!] = \lambda y.\ TEACHER(y)$

(语义类：$<e, t>$)

b. $[\![every]\!] = \lambda P \lambda Q.\ P \subseteq Q$

(语义类：$<<e, t>, <<e, t>, t>>$)

c. $[\![every\ teacher]\!] = \lambda Q.[\lambda y.\ TEACHER(y) \subseteq Q]$

d. $[\![I']\!] = \lambda x.\ RESPECT(j, x)$

(最顶层的 I′)

e. $[\![IP]\!] = \lambda y.\ TEACHER(y) \subseteq \lambda x.\ RESPECT(j, x)$

1.3 关于本课题的研究

1.3.1 本研究的目标和意义

本研究考察汉藏语中名词性结构的语法形式及语义组合规律，重点讨论汉语普通话、汉语方言（主要选取粤方言和吴方言）、藏缅语族语言、苗瑶语族语言的数量结构和关系结构。藏缅语主要以景颇语、凉山彝语和腊罗彝语为例，苗瑶语主要以湘西苗语和乳源勉语为例，兼顾其他语言。

名词性结构往往由核心名词、定语（领属定语、形容词短语、关系从句）、限定词（指示词、冠词）组成，不同语言中名词性结构的句法表现往往存在较大差异；其指涉意义的表达手段不尽相同；受句法和语义的共同制约，名物化标记的历时演变路径也各不相同。因此，对汉藏语中的名词性结构进行深入研究具有重要的理论语言学价值。

具体而言，本课题将系统考察汉藏语名词性结构中重要的核心功能范畴，目的在于：(1)从句法学角度拓展名词性结构的研究思路，揭示不同类型语言中名词性功能词句法分布上的差异；(2)从语言对比的角度，揭示汉藏语名词性结构的多样性和复杂性；(3)从类型学的角度，补充对汉藏语名物化标记语法化过程的研究，对亚洲语言中广泛存在多功能名物化标记这一语言现象进行更深入的研究。

1.3.2 本研究的研究方法

语言比较是语言研究的一种重要方法。生成语法所倡导的原则与参数理论本身就旨在发现语言参数差异，并挖掘隐藏在参数差异背后的普遍原则。类型学的研究则把大规模跨语言的比较放在了最显要位置,成为基本的研究方法。无论是形式语言学还是功能认知语言学,跨语言比较的视角都是不可或缺的。

从形式语言学角度来看名词性结构的跨语言比较研究,可以观察到很多值得研究的问题。例如,英语有冠词系统,没有量词系统,而汉语恰恰相反,没有冠词系统,但有量词系统。从语义的表达来看,量词系统和冠词系统之间存在一定的共性。这些相同点和不同点背后隐藏着什么秘密?如果没有跨语言比较的视角,我们根本想不到这些问题,更不用说对此展开深入研究了。从功能语言学的角度来看名词性结构的跨语言比较研究,也能观察到很多有意思的问题。"名词短语可及性等级序列"就是语言类型学家跨语言研究的成果。在该理论框架下进行的语言研究,本身就具有普通语言学的价值。不过,我们发现在进行跨语言比较研究的过程中往往会遇到下文所提到的三个方面的困难。

1.3.2.1 可比性问题

操不同语言的民族都有其认识世界的独特方式,表现在语言上,就是不同的语言往往会使用不同的方式来表达同一个意思。英语中的定语可以用关系结构来表达,例如,"the book which I bought yesterday",核心名词受关系从句的修饰,而关系从句由关系代词"which"引导。汉语中的定语当然也可以用从句的形式来表达,例如,"我昨天买的书",核心名词"书"受定语从句"我昨天买的"修饰,但我们不能确定汉语中的定语从句是否就是关系从句,因为汉语中根本不存在关系代词。这里就存在一个可比性的问题。如果我们比较的是核心名词受从句修饰的结构,英语和汉语都具有可比较的对象,但如果我们比较的是由关系代词构成的关系结构,那就存在汉语中到底有没有比较对象的问题。一种语言中可能存在多种表达同一个意思的方式。譬如,英语和汉语中都存在好几种不同的表达类指意义的方式。这时候,我们该如何确定比较对象呢?是应该从形式上确定比较对象,还是应该从意义上确定比较对象呢?

1.3.2.2 材料的收集和使用

跨语言比较的最终目的,还是要回答具体的理论问题。这就牵涉到材料收集的问题。材料可以分为第一手材料和第二手材料。自己在田野调查中获得的材料为第一手材料。从出版物中获取的材料是第二手材料。大规模的跨语言比较研究往往需要借助第二手材料。这就存在一个问题,极有可能在第二手材料中找不到与自己研究问题直接相关的材料。例如,对情绪词的跨语言比较研究,通过翻阅字典或参考语法的方法,可能根本找不到相关内容。即使在字典中找到相关内容,但内容的可理解度和可信度也可能存在问题。基于这些理由,跨语言的比较研究还是需要尽量靠自己去获取第一手材料,通过田野调查获得的语料,自己才能用得安心。如果没有亲身去做田野调查的条件,也需要找母语者核实一下自己将要援引的第二手材料中的相关语料。不管是通过田野调查获取第一手材料,还是找母语者核实第二手材料,都不是一件容易的事情。

1.3.2.3 材料的分析和解释

有了切实可行的语言比较的研究问题,也搜集到了可靠的跨语言的材料。接下来的难题就是对材料进行科学的分析和解释。在这个过程中,往往会有挂一漏万的情况。譬如,对一陌生语言中的某名词性结构,只调查了它出现在主语位置的情况,没有调查它出现在宾语或其他句法位置的情况。这个时候,材料的分析工作只能被迫停止,必须重新补充调查。对材料的解释也往往受限于我们搜集到的材料。研究中只能尽可能多地去搜集材料,但永远无法达到完全占有材料的程度。跨语言的比较研究涉及多种语言,有些甚至可能是研究者自己不熟悉的语言,如果对这些语言的整体语法体系缺乏系统的认识,材料分析的过程中很容易出现盲人摸象的情况。

1.3.3 本研究的现状和趋势

对名词性结构的研究主要有以下三种思路:(1)第一种思路是生成语法框架内的研究。就汉语而言,汤志真(Tang 1990)率先探讨了量词型语言和冠词型语言在名词性结构上的差异。郑礼珊、司马翎(Cheng & Sybesma 1999)则解释了为什么粤语中的量词具备限定词功能。汉语指示词的句法地位也是大家关注的问题之一。一部分学者认为汉语中的指示词相当于英语中的定冠词,另外一部分学者则否认汉语中指示词的限定词地位,认为只能将指示词看成是一种形容词性成分。(2)第二种思路是语言类型学框架下的研究,主要研究名词性结构中核心名词、定语成分以及限定词之间的语序问题。Dryer(2008)强调在 VO 型语言中关系从句前置的只有汉语等少数几种语言,这样特殊的类型学特点导致大家开始从不同的角度持续探讨产生这种现象的原因。(3)第三种思路是在语法化理论框架下的研究。马提索夫(Matisoff 1972)考察拉祜语的名词性结构时,观察到广泛存在于藏缅语中的名物化结构、关系结构和领属结构共用一个语法标记的现象,由此引发了大家对藏缅语名物化现象的持续关注;叶凤霞等(Yap et. al 2011)的研究则进一步拓宽了对名物化现象的讨论,她们探讨了东亚诸语言中名词、代词、数词、量词、指示词等演变成名物化标记,以及进一步演变为句尾词的语法化过程,她们的研究表明这些语言中的名物化标记往往具有指涉性,当这种指涉性进一步从名词层面扩大到句子层面,就会演变成表达说话人语气的句尾词,从而具备语用的功能。

总体而言,名词性功能范畴的研究在这三种研究思路中都占据重要位置。例如,从句法上看,虽然大部分学者仍坚持汉语“的”的名物化分析,近些年来,Simpson(2003, 2005, 2008)、den Dikken(2006)等人采用谓词反转移位的句法理论分析了多种语言中的名词性核心功能范畴,他们认为汉语的“的”、泰语的 thîi、法语的 de、日语的 no,都属于同一类词,即联系词,这些语言中的名词性结构都可以在句法层面围绕联系词的句法投射得到一个跨语言的统一的解释。

国内自朱德熙(1966)展开对“的”字的系统研究以来,对汉语“的”字句法语义特征的探讨就一直是现代汉语语法研究的热点问题。国内学术界主要研究了下列几个问题:(1)“的”的不同类型;(2)“的”字的隐现规律;(3)“的”与量词以及指示词在功能上的共性与差异;(4)“的”作为名物化标记的历史演变等。目前大家普遍接受的观点是汉语的“的”功能复杂,除了承担名物化标记的句法功能外,同时还兼有音韵方面的功能,以及充当句末语气词时所具有的特殊语用功能。

在关注汉语普通话的同时,学者们也慢慢将眼光投向汉语方言中的名词性结构。文献主要讨论过吴语、粤语中量词的定指功能(石汝杰、刘丹青 1985;周小兵 1997),以及量词的定语标记功能(陈玉洁 2007)。刘丹青(2012)以语言类型学成果为背景,通过汉语与众多语言的比较,从语序、标记、范畴三个方面总结了现代汉语名词性结构的主要句法类型特征,解释了汉语中一些较有特色的句法现象。

相对于汉语而言,藏缅语名词性结构的研究主要集中在量词的类别、名词性结构的内部语序、名词性结构的功能范畴这些问题的讨论上(胡素华 2002;顾阳 2009)。近些年来,学者们开始关注藏缅语内部名词性结构的类型学比较研究(戴庆厦、傅爱兰 2002;

戴庆厦、闻静 2011),对藏缅语中一些相关的热点问题(如名词性结构的内部语序、领属结构的类别、关系从句的类别等)从类型学角度提出了一些新看法。但此类将汉藏语不同语言的名词性结构放在一起比较,并进行理论探讨的研究仍亟待加强。

1.3.4 本研究的具体内容

在理论语言学框架下,本书探讨名词性结构是如何表达各类指涉意义的,以及在不同语言中复杂名词性结构的句法表现。对名词性结构进行跨方言和跨语言的对比研究,不仅可观察到名词性结构在形态句法上的多样性,也能透过这些不同的语法表现看到它们在功能上的共性。

具体而言,本书第二章讨论的是名词性结构的语义分析。充当论元的名词性结构必须具有指涉意义,名词性结构的指涉意义包括定指、不定指和类指,不定指又分为特指和非特指。本章从英汉对比的角度,剖析定指、不定指和类指等核心语义概念,并以汉语为例,对光杆名词和数量结构进行详细的语义分析。

第三章以汉语普通话、景颇语、凉山彝语、腊罗彝语、湘西苗语和乳源勉语为例,讨论汉藏语中的简单名词性结构。简单名词性结构由名词、数词、量词、指示词构成。具体到汉藏语,"数量名"短语是不定指名词性结构的主要表现形式。"指量名"短语是定指名词性结构的主要表现形式。"量名"结构既可以用来表示定指,也可以用来表示不定指,视不同的语言以及具体语言中不同的语境而定。

第四章以汉语普通话、粤方言、吴方言、凉山彝语、腊罗彝语、湘西苗语为例,考察这些语言中的关系结构。核心观点是汉藏语系大部分语言中的关系结构本质上都是名物化结构,是一种外名物化结构,需要名物化标记作用在整个小句上构成具有指涉意义的成分。

第二章　名词性结构的语义分析

汉藏语大部分语言中都存在数量词,有些属于量词发达型语言,有些属于量词不发达型语言。在这些量词型语言中,量词在名词性结构指涉意义的构建上都发挥了极其重要的作用,值得深入探讨。

2.1　定指与不定指

2.1.1　定指结构的句法表现

按照传统语法,英语中定指性名词性结构包括例(1)所示的几种形式,其中最典型的定指结构是使用了定冠词的名词性结构。

(1) a. 专有名词:John, Mary, Hong Kong, Macau, Beijing……
　　b. 人称代词: you, he, him……
　　c. 领属结构:John's book, Mary's dog……
　　d. 带指示词的短语:this book, those chairs……
　　e. 带定冠词的短语: the book on the table, the leaders of fashion……

名词性结构的定指性是指说话人和听话人都知晓该名词性结构所指涉的对象。使用定指性名词性结构需要满足两个条件:一是确保存在该事物;二是该事物是独一无二的。也就是说,当说话者在说"I read the **book** yesterday"这句话时，说话者首先需要确保有这样一本书的存在，其次，说话者需要确保在说话的语境下，只有一本这样的书。同样的道理，当说话者在说"I read the **books** yesterday"时，说话者首先需要确保有这样一些书的存在，其次，说话者需要确保在说话的语境下，他读了所有这些书。单数定指和复数定指的区别在于：单数定指需要满足唯一性要求(uniqueness requirement)，而复数定指需要满足全包括要求(inclusiveness requirement)。"Mary loves **the** novels written by John"这句话的真值条件是：玛丽喜欢约翰写的所有小说。如果约翰写了十本小说，玛丽喜欢其中的九本，那么我们就不能说："Mary loves **the** novels written by John"。如果我们把这句话翻译成汉语，就是"玛丽喜欢约翰写的小说"。注意，汉语与英语不同，没有定冠词，因此，无需满足全包括要求。在汉语中，如果约翰写了十本小说，玛丽喜欢其中的九本，我们仍可说"玛丽喜欢约翰写的小说"，这是英语和汉语的一个显著差别。

2.1.2　不定指结构的句法表现

不定指名词性结构分为特指和非特指。特指是指说话人清楚名词性结构的所指，但听话人不知道。非特指是指说话人和听话人都不清楚名词性结构的所指对象。例如：

(2) John wants to marry a French woman.
　　约翰想娶一个法国女人。
　　a. John wants to marry a French woman, and she is his secretary.
　　　约翰想娶一个法国女人——他的秘书。
　　b. John wants to marry a French woman, so he is looking for one in his company.

约翰想娶一个法国女人——他正在他公司里寻找合适人选。

例(2)是一个有歧义的句子,其中的“a French woman”(一个法国女人)可以是特指,也可以是非特指。如果是特指,那么说话人是知晓其所指的,例如像(2a)中所说的那样,指约翰的秘书。如果是非特指,那么说话人是不知晓“a French woman”的所指的,例如像(2b)中所说的那样。不定指名词性结构如果出现在例(2)这种表示态度命题(attitude proposition)的语境中时,就必然产生歧义。存现句是测试一个名词性结构是定指结构还是不定指结构的最便捷的方法,这个方法对英语和汉语都适用。例如:

(3) a. *There was the dog in the garden.
b. There was a dog in the garden.
c. *花园里有那只狗。
d. 花园里有一只狗。

英语 there be 存现句中的主语只能是不定指名词性结构,而汉语存现结构中“有”的宾语往往也只能是不定指名词性结构。

2.2 特指与非特指

2.2.1 特指与非特指的歧义语境

当一个不定指结构出现在上文例(2)这类表示态度命题的语境中时,它会有特指和非特指的歧义。当不定指结构和情态词共现时,它也会产生歧义。

(4) John might have already visited a friend.
约翰可能已经拜访过一位朋友了。
a. John might have already visited a friend—Amy Ho, do you know her?
约翰可能已经拜访过一位朋友了——何艾米,你认识她吗?
b. John might have already visited a friend—I really don't know who he has visited.
约翰可能已经拜访过一位朋友了——我真不知道他拜访的是谁。

例(4)是一个有歧义的句子,其中的"a friend"既可以是特指,也可以是非特指。如果是特指,那么说话人是知晓它的所指的,例如指(4a)中的 Amy Ho。如果是非特指,说话人是不知晓它的所指的。(4b)中说话人并不知晓约翰拜访的到底是哪位朋友。

当不定指结构与否定词连用的时候,也会产生歧义。例如:

(5) John didn't see a car coming around the bend.
约翰没看见从拐角开过来的一辆车。
a. John didn't see a car coming around the bend—it nearly hit him.
约翰没看见从拐角开过来的一辆车——那车几乎撞到他了。
b. John didn't see a car coming around the bend—but he wasn't really watching the road, so he is not sure whether any car passed or not.
约翰没看见从拐角开过来的一辆车——实际上他根本没有看路,他不确定是否有车驶过。

例(5)是一个有歧义的句子,其中的“a car”可以是特指,也可以是非特指。如果是特指,那么说话人是知晓它的所指的,例如指(5a)中差点撞到约翰的那辆车。如果是非特指,那么就像(5b)所说的那样,约翰没有看见任何从拐角开过来的车。下面我们来看看汉语中的情况。

(6) a. 回答这道题的时候,他没写一个字,让他少得了5分。
b. 回答这道题的时候,他没写一个字,所以得了0分。
c. 回答这道题的时候,他一个字也没写,所以得了0分。
d. #回答这道题的时候,他一个字也没写,让他少得了5分。

(6a)中的“一个字”指某个具体的字,因此是特指。(6b)中的“一个字”指“任何字”,(6b)和(6c)是同一个意思。注意,“一个字也没写”中的“一个字”只能是非特指解读,因此(6d)是语义上很奇怪的句子,因为没写任何字,只能得0分。①

我们需要区分定指和不定指中的特指。两者的共同点是:不管是定指还是特指,说话人都知晓名词性结构的所指对象。两者的区别是:定指结构要求听话人和说话人都知晓名词性结构的所指,但对于特指结构而言,听话人是不知晓名词性结构的所指的。

(7) a. John saw a car coming around the bend.
约翰看见从拐角开过来的一辆车。
b. John saw the car coming around the bend.
约翰看见从拐角开过来的那辆车。

① 本书中:“#”表示被标记的句子语义异常;“*”表示被标记的句子句法异常;*(X)表示省略X,句子句法异常;(*X)表示出现X,句子句法异常。

对于(7a)，虽然说话人知道“a car”指的是哪辆车，但是听话人并不知晓。对于(7b)，说话人和听话人都知晓是哪辆车。这就是定指短语和特指短语的区别所在。

2.2.2 宽域解读与窄域解读

不定指短语和量化短语在同一个句子中共现时，也会产生歧义。例如，

(8) Every student read a paper by Chomsky.
每个学生读了一篇乔姆斯基写的论文。

“every student”是一个由全称量词“every”构成的量化短语。假设我们有A、B、C、D四位同学。如果“a paper by Chomsky”是特指，譬如特指乔姆斯基写的“Minimalist Inquiry”这篇文章，那么这四位同学都读了这篇论文。如果“a paper by Chomsky”是非特指，那么要使例(8)成立，只需要每个同学读一篇乔姆斯基写的论文，这些论文可能是同一篇论文，也可能是不同的论文，只要是乔姆斯基写的就成。下面这个例句存在歧义，也是因为不定指短语“a woman”和量化短语“every man”出现在了同一个句子中。

(9) Every man loves a woman.
每个男人都爱一个女人。

假设我们有A、B、C、D四个男人。如果“a woman”是特指，例如特指“Mary”，那么这四个男人都爱“Mary”。如果“a woman”是非特指，那么要使例(9)成立，只需要每个男人都爱一个女人就可以了，不一定是同一个女人。

(10) a. 特指解读：

$\exists y$[女人(y)∧[$\forall x$ 男人(x)→爱(x, y)]]

存在一个 y, y 是女人,并且对于所有 x, 如果 x 是男人,那么 x 爱 y。

b. 非特指解读：

$\forall x$[男人(x)→$\exists y$[女人(y)∧[爱(x,y)]]]

对于所有 x,如果 x 是男人,那么存在一个 y, y 是女人,并且 x 爱 y。

这里就牵涉量化域的问题。特指短语具有宽域解读(wide scope interpretation),非特指短语具有窄域解读(narrow scope interpretation)。在(10a)中,“存在一个女人”在“所有男人”之前得到解读,因此“存在一个女人”的量化域比“每个男人”的量化域更大,我们称之为不定指结构的宽域解读。在(10b)中,“存在一个女人”在“所有男人”之后得到解读,因此“存在一个女人”的量化域比“每个男人”的量化域要小,我们称之为不定指结构的窄域解读。基于以上描述,我们可以很清楚地知道为什么例(11)中的各句都是歧义句了。

(11) a. John wants to find <u>a lion</u>.

约翰想找到一头狮子。

b. John didn't see <u>a reporter</u>.

约翰没看见一个记者。

c. John might buy <u>a painting</u>.

约翰也许会买一幅画。

d. Every singer sang <u>a song</u>.

每个歌手都唱了一首歌。

它们之所以具有歧义,是因为在这四种语境之下,不定指名词性结构会同时具备特指和非特指这两种不同的语义解读。

2.3 类指解读与个体解读

2.3.1 类与类指

近些年来,越来越多的学者开始关注类指义名词性结构在跨语言中的不同表现。Krifka 等(1995)指出全世界的语言中几乎都没有专门的类指标记,类指短语往往和定指短语、不定指短语具有相同的形式,因此名词性结构表达类指意义时需要靠上下文来确认。Behrens(2005)在跨语言对比研究的基础上总结出类指义和以下各因素紧密相关。

(12) a. 名词的指涉意义:包括定指、不定指;
b. 谓词的词汇语义特征:包括瞬间性质谓词(stage-level predicate)、恒久性质谓词(individual-level predicate)、类指谓词(predicate of kinds);
c. 谓词的时体态特征(TAM):包括一般现在时(simple present)、非完成体(imperfective aspect)、认识情态词(epistemic modals);
d. 语用特征(信息结构):包括话题(topic)、焦点(focus);
e. 论元在句子中的句法位置:包括主语(subject)、宾语(object)。

不同的语言挑选不同的维度,并根据自身的特点设置这些维度上的参数值,因此,对类指义的准确理解存在诸多争议。自然语言中几乎没发现专门的类指义标记,类指短语需要和表达其他指涉意义的短语共享同一个语法标记,这自然容易产生混淆。国内外学者对类指意义进行了深入的研究(Carlson 1977; Krifka 1995; Cheirchia 1998; Cohen 2001; Dayal 2004; X. Li 2017;刘丹青2002;李劲荣2013;白鸽2014等)。类指相对于其他指涉范畴(定指和不定指),仍是一个充满争议的语义范畴。我们用以下例子来说明为什么类指不容易说清楚。

(13) 蛇是危险的动物。

a. Snakes are dangerous.

b. The snake is dangerous.

c. A snake is dangerous.

在例(13)中,类指意义可以用"snakes、the snake、a snake"这三种方式表示,但是在例(14)中,类指意义只能用"potatos"或"the potato"表示,却无法用"a potato"表示。

(14) 土豆最早在南美种植。

a. Potatoes were first cultivated in South America.

b. The potato was first cultivated in South America.

c. *A potato was first cultivated in South America.

下面我们在梳理英语文献的基础上,从语义学的角度对类指义进行分类和界定,以此为基础,对汉语中类指义的表达方式进行对比分析。

2.3.1.1 何为类?

类指义名词性结构的指谓是类(kinds)。那"类"是什么呢?我们说自然界的每一种属性,都对应一个类。例如,全世界所有的狗都具有狗的属性,因此可以把全世界所有的狗归为一类。与此对应，如果我们认为某个事物属于某类，那么该事物就具有该类的属性。"类"和"属性"是可以通过类转换操作进行转换的。把全世界所有的狗放在一起形成的集合，这是"狗"这个词的外延。"小黑是狗"这个命题是否为真就看"小黑"是否是集合中的一个成员。把全世界所有的狗归为一类，称其为"狗"，此时"狗"的外延不再指向个体，而是指向一个类别。假设全世界有 a、b、c、d、e 五条狗，其中 a 和 b 是萨摩耶，c 和 d 是吉娃娃，e 是雪纳瑞，那么"狗"作为个体的外延就是{a, b, c, d, e}，而作为"类"的外延就是{萨摩耶，吉娃娃，雪纳瑞}。

"类"可以细分为"自然进化而成的类""人工制造出的类"以及"主观形成的类"。例如，不同的物种是自然进化而形成的自然类。算盘、计算器、电脑这些工具属于人工制造出来的不同工具类。在某种文化中，有些东西会依据当地的风俗习惯形成一个类，但在另外一个地方，这些东西根据当地风俗可能属于另外的类，这就是所谓的主观形成的类。不管是哪种类，都可以使用类指短语来表达。每个光杆名词都可以表达一个类，而含有修饰语的复杂名词性结构有时候可以用来表达一个类，有时候则不能，这要取决于母语使用者是否将某个复杂名词性结构所表达的内容看成一类。例如，光杆名词"瓶子"肯定可以用来指称一类器具，"可口可乐瓶子"也用来专指一类瓶子，但是"能装可口可乐的瓶子"就不能算是一个类指短语，因为能装可口可乐的可以是各种不同的瓶子，无法构成一个统一的自然类。

2.3.1.2　何为类指义短语(generic noun phrases)？

类指既可以是名词性结构层面的一个语义概念，也可以是句子层面的一个语义概念，我们称前者为类指义短语，称后者为类指句(generic sentences)。

类指义短语指向类(kinds)，而非原子个体(atomic entities)。类指义短语的研究源于对英语光杆名词语义的分析。对英语光杆名词的语义分析，存在两派观点。以 Carlson(1977)为代表的一派提出“统一分析法”，认为光杆名词在特征概括类指句(characterizing generic sentences)和直接类指义类指句(kind-referring generic sentences)中一样，都具有类指义。所谓直接类指义类指句指的是句子的谓语由类指谓词充当，所谓的“类指谓词”是指其论元必须指向类，例如谓词“灭绝”只能指向某类生物，不能指向个体。我们不能说“某只动物灭绝了”，只能说“某种动物灭绝了”。特征概括类指句，相当于一个弱全称量化句，谓词指向个体论元。例如，“青蛙有四条腿”，是说“一般而言，每只青蛙都有四条腿”的意思。

对光杆名词的分析，除了统一分析法之外，另外一派以 Krifka (1995)为代表，认为特征概括类指句中的光杆名词具有不定指意义，而非类指义，而直接类指义类指句中的光杆名词才具有类指义。这便是所谓的“歧义分析法”。例(15)如果按照统一分析法，就可以直接分析为由类指义主语“potatoes”①与类指谓语结合后形成的命题，如(15a)所示。例(15)如果按照歧义分析法进行分析，就需要将主语“potatoes”处理成不定指短语，“potatoes”限制变量 x 的内容，并且该变量 x 受存在算子约束。

(15) Potatoes contain vitamin C. (Krifka 2004)

a. Kind-reference analysis

CONTAIN_VC(TUBER_TUBEROSUM)

b. Ambiguity analysis

GEN[∃x(POTATOES(x))][CONTAINS_VC(x)]

对英语光杆名词，这两种分析方法都有利有弊。统一分析法

① (块茎马铃薯)为“potatoes”的植物学名称。(15a)的语义表达式中使用这一名称说明该句中的主语“potatoes”具有类指义，指向植物中的一类。

的弊端是无法区分直接类指义类指句与特征概括类指句的差别。我们知道个体谓词无法和类指义论元结合形成命题,此时,必须借助额外的类转换操作,才能解决谓词和论元之间类型不匹配的矛盾。也就是说,统一分析法面临的困难可以通过类转换操作克服。但歧义分析法面临的困难,无法克服。歧义分析法的致命弱点在于如果将光杆名词处理成不定指结构,就无法解释光杆名词为什么永远只能取窄域解读的现象。例如:

(16) a. Mary wants to talk to a psychiatrist. (*specific* or *non-specific*)
玛丽想找一位精神科医生谈谈。
(既可以指某一位特定的精神科医生,也可以指任意的一位精神科医生。)
b. Mary wants to talk to psychiatrists. (*non-specific*)
玛丽想找精神科医生谈谈。
(只能指任意的精神科医生。)

(16a)中的单数不定指短语"a psychiatrist"可以取宽域解读,表示某个特定的精神科医生,也可以取窄域解读,表示任意一个精神科医生。(16b)中的光杆复数名词"psychiatrists"只能取窄域解读,这说明此时的光杆名词不能理解为不定指短语。

为了解决类指谓词和个体论元之间类型不匹配的矛盾,Carlson(1977)采用了R算子将类指论元转化为个体论元。假设y是类指义短语,那么R(x, y)表示的就是:x是类指论元y的个体表现。例如,"苹果"是类指,那么R(x,苹果)表示的就是"x是一个苹果"。R算子可以将类转化为个体。Chierchia(1998)延续了Carlson的观点,他采用了两个类转换算子(下向算子$^{\cap}$和上向算子$^{\cup}$)用来说明"属性"和"类"之间的转换关系。例如,名词

“dogs”表示的是属性<e,t>,下向算子可以将该属性转变成类,“$^{\cap}$DOGS”,这样转化之后,具有类指解读的“$^{\cap}$DOGS”就可以充当类指谓语“be extinct”的论元,构成直接类指义类指句。对于特征概括类指句,由于句子的谓词是个体谓词,此时就需要使用上向算子,将“类”转化为“属性”,从而引入受存在量词约束的变量。

(17) a. Dogs are intelligent.
狗很聪明。
b. $\exists x[{}^{\cup\cap}DOGS(x) \wedge INTELLIGENT(x)]$
至少存在一个 x, x 是狗,并且 x 很聪明。

在(17a)中,“intelligent”是个体谓词,需要一个个体(entity)来充当其论元,但是光杆名词“dogs”是类指义论元,而非个体论元。为了解决这个矛盾,Chierchia(1998)提出类衍生述谓规则(derived kind predication,简称 DKP):$P(k) = \exists x[{}^{\cup}k(x) \wedge P(x)]$,其中 P 为个体谓词,k 为类指义短语。采用 DKP 之后,(17b)就自动引入了受存在算子约束的个体变量 x,充当个体谓词 intelligent 的论元。通过下向算子和上向算子,光杆名词就可以统一为类指义。①

2.3.1.3 何为类指句?

类指义短语的研究必然涉及类指句。类指句是针对某一类事物所形成的命题,或者是对某一组场景共同属性的概括与归纳。前者就是我们在上文提到的直接类指义类指句,后者是我们在上文提到的特征概括类指句。

---

① Krifka(2004)认为光杆名词的基本语义类是“属性”(语义类为<e,t>)。光杆名词具有类指义,是因为下向算子将“属性”转化成了“类”。光杆名词具有不定指义,是因为上向算子将“类”转化成了“属性”。光杆名词通过不同的类转换算子,可以得到不同的解读。

(18) a. Dinosaurs are extinct.

b. Dinosaurs have two legs.

(18a)的意思是恐龙作为一个物种已经灭绝了，是针对恐龙这个物种形成的命题；而(18b)的意思是基本上所有的恐龙都有两条腿。(18a)中的谓词"灭绝"要求一个类指义短语充当其论元，该句中的光杆复数名词 dinosaurs 指向恐龙这个物种，谓词"灭绝"是一个类指谓词，两者语义类型匹配，可以直接组合成类指句。与此不同，(18b)中的谓语"有两条腿"属于个体谓词，要求个体名词充当其论元，但 dinosaurs 指向恐龙这类动物，此时，我们需要使用类衍生述谓规则(DKP)，才能得到正确的命题。对于(18b)，由于句子是基于多个场景下恐龙个体所做的一种特征概括，因此允许有例外情况的发生。特征概括类指句与包括全称量词的句子具有不同的语义。例如，

(19) a. Dinosaurs have two legs.

恐龙有两条腿。

b. All dinosaurs have two legs.

所有的恐龙都有两条腿。

(19a)是特征概括类指句，这句话的意思是恐龙往往都有两条腿，但不排除有个别恐龙可能由于某种原因只剩一条腿的情况。与此不同，(19b)中的论元包括全称量词"all"，这句话的意思是每一只恐龙都有两条腿，不存在只剩一条腿的恐龙。特征概括类指句，允许例外情况的发生，具有弱全称量词的属性。

类指谓词只能选择类指义短语充当其论元，它们只能构成类指句。由个体谓词构成的句子分为两类：惯常句和场景句。惯常句是对某一类事件共享属性的概括和抽象，表达的是对习惯性事件的

概括,即我们所谓的惯常义类指句(habitual generic sentences)。惯常义类指句有别于具体场景句(episodic sentences)。例如:

(20) a. Mary cries when she is sad.
玛丽难过的时候会哭泣。
b. They go to school at eight in the morning.
他们每天早上八点去上学。
c. Mary cried and cried for a long time this morning.
玛丽今天早上哭了很久。
d. They went to school at eight every day last week.
他们上周每天早上八点去上学。

(20a)和(20b)表达的是习惯性的动作,句子的真值取决于习惯性的动作是否成立。惯常义类指句简称惯常句,是对一组具体场景中发生的事件的抽象和概括。(20c)和(20d)都是具体场景句,(20c)的真值取决于特定场景"今天早上"动作的反复持续,而(20d)的真值取决于特定场景"上一周"中的复数事件。(20c)和(20d)此类场景句也被称为反复体句(frequentative aspect sentences),指在具体场景中单个事件的反复发生。惯常句和反复体句都涉及复数事件,但前者属于类指句的一种,后者属于场景句的一种(刘鸿勇等 2013;张庆文等 2013)。惯常句作为对习惯性动作的一种概括,是允许例外情况发生的,但是场景句是不允许例外情况发生的。例如,对于(20b),如果由于天气或者生病的原因,他们有几天没能八点钟去上学,这并不妨碍这句话为真。但是对于(20d),如果同样的情况发生,这句话为假。

惯常句是特征概括类指句的一种,其谓语往往由动作动词充当。不过,也存在一些特征概括句中的谓语使用的是状态动词。例如:

(21) a. John knows French.
约翰懂法语。
b. John likes dogs.
约翰喜欢狗。
c. John is interested in painting.
约翰对画画感兴趣。

这些句子的谓语使用的是心理认知义动词,是静态的,本身表示的是一种持续的状态,不是描述一个具体场景下的状态,因此不属于场景句,而是属于特征概括类指句。特殊之处在于,此类句子表示的是对一种属性的概括和归纳。类指句与场景句的区别可归纳如下:

	动作动词	状态动词
特征概括类指句	John smokes a cigar after dinner.	John likes dogs.
具体场景句	John smoked a cigar yesterday.	The dog is in the garden.

我们需要注意的是,类指句中可能并不包含类指义短语,例如,"张三每天七点起床"这句话并不包含任何的类指义短语。类指义短语也不一定非要出现在类指句中。Behrens(2005: 289)用下列例子来说明这个问题。

(22) a. Yesterday, we had a very interesting discussion about the potato. The teacher told us that it was first cultivated in South America.
昨天,我们进行了一场关于土豆的有趣讨论。老师告诉我们土豆最早在南美种植。

b. John smokes a cigar after dinner.
约翰晚饭后会抽一根雪茄。

(22a)中的"the potato"是类指义名词性短语,但是整个句子是具体场景句,不是类指句。(22b)中的"a cigar"作为不定指短语,指向原子个体,但整句话是对每天晚饭后约翰都要抽根雪茄这一事实的概括,因此(22b)是一个类指句。厘清了这些和类指相关的基本概念之后,我们接下来把讨论的重点集中在类指义短语上,阐明不同形式的名词性结构表达类指义时的语义机制。

2.3.2 类指义名词性结构

英语中,类指义名词性结构可以有三种不同的形式,分别为光杆形式(包括可数名词的复数形式以及不可数名词)、单数定指形式,以及单数不定指形式。例如:

(23) 蛇是危险的动物。
a. Snakes are dangerous.
b. The snake is dangerous.
c. A snake is dangerous.

这三种形式有时候可以互换,有时候又不能互换。例如:

(24) 土豆最早在南美种植。
a. Potatoes were first cultivated in South America.
b. The potato was first cultivated in South America.
c. *A potato was first cultivated in South America.

(25) 绅士应该给女士开门。

a. Gentlemen open doors for ladies.

b. *The gentleman opens doors for ladies.

c. A gentleman opens doors for ladies.

(26) B先生发明了电脑。

a. *Mr. B invented computers.

b. Mr. B invented the computer.

c. *Mr. B invented a computer.

例(24)、(25)和(26)中的“土豆”“绅士”和“电脑”都具有类指义,但例(24)中的类指义不能通过单数不定指形式表示,如(24c)所示;例(25)中的类指义不能通过单数定指形式表示,如(25b)所示;例(26)中的类指义只能通过单数定指形式表示,如(26b)所示。对于类指义表达而言,为何形式和意义之间存在这么多的限制呢?是否有什么规律?下面简要介绍一下文献中对这些问题的回答。总括而言,关于类指的研究围绕三个问题展开。第一,为什么英语的光杆名词(包括可数名词的复数形式和不可数名词)可以表示类指?第二,为什么英语的单数定指形式可以表示类指?第三,为什么英语的单数不定指形式可以表示类指?

我们先来看第一个问题。英语的光杆名词可以表示类指,充当类指义论元,不过此时的光杆名词只能是不可数名词或可数名词的复数形式,也就是说,可数名词的单数形式不能充当类指义论元。例如:

(27) a. Potatoes contain vitamin C.

土豆含有维生素C。

b. Gold is shiny.

金子发光。

c. *Potato contains vitamin C.

拟表达：土豆含有维生素 C。

Chierchia(1998)认为可数名词的复数化过程由函数 PL 实现，其定义域为单个个体组成的集合，值域为由这些单个个体加合形成的加合个体组成的集合。假设全世界有 a, b, c 三只狗，那么⟦dog⟧ = {a, b, c}，而⟦dogs⟧ = {a+b, a+c, b+c, a+b+c}。①也就是说，可数名词添加复数标记-s 之后，指谓由原子个体组成的集合变成由(原子个体组成的)加合个体(sum entities)组成的集合。

与可数名词通过添加屈折形态构成复数形式不同，Chierchia(1998)认为英语中的不可数名词在词库中就已经复数化了，无需任何的形态操作，本身就具有复数意义。可数名词的复数形式和不可数名词在指谓上存在共性。假设全世界的水由 a、b、c 三部分组成，那么⟦water⟧ = {a, b, c, a+b, a+c, b+c, a+b+c}。⟦water⟧既包括原子个体{a, b, c}，也包括加合个体{a+b, a+c, b+c, a+b+c}。当我们说 I need water 的时候，我们的意思可能是说我们需要 a，也可能是我们需要 a+b。同样的道理，假设全世界只有三只狗 a、b、c，"I like dogs"的意思可能是说我喜欢 a，也可能是我喜欢 a+b。但 dogs 不能指单个的个体，这又怎么解释呢？Chierchia 认为当"dogs"表示类指的时候，首先需要通过下向算子将表示属性的名词"dogs"变成类指，即"$^{\cap}$DOGS"，然后通过上向算子将类转化为属性，即"$^{\cup\cap}$DOGS"，在这种情况下，⟦$^{\cup\cap}$DOGS⟧ = {a, b, c, a+b, a+c, b+c, a+b+c}。也就是说，复数光杆名词和不可数名词具有相同的指谓，都是由单个原子个体组成的合并半

---

① ⟦dog⟧表示的是单数名词的指谓。其中⟦…⟧是解释函数，其定义域为名词"dog"，值域为该名词在客观世界的所指。

网格（join semi-lattice）结构，只不过不可数名词在词库中天生就是这样，而复数名词需要先经过下向算子转换成类，再经过上向算子转换成属性之后，才具有这样的指谓。这样的分析能很好地解释例（28）和例（29）在回答中表现出来的一致性。在例（28）中，尽管答话人只吃了一个苹果，也需要回答“yes”，这是因为问句中“apples”的指谓是包含单个原子个体的。同样的道理，例（29）中的“water”也包含最小的单个个体，只不过对于不可数名词而言，单个个体之间的界限是模糊的，需要视具体的语境而定。

（28）Speaker A：Did you eat apples?
说话人 A：你吃苹果了吗？
Speaker B：yes，I ate only one apple. / * No，I ate only one apple./No，I didn't eat any.
说话人 B：吃了，我只吃了一个。/ * 没吃，我只吃了一个。/没，我一个也没吃。

（29）Speaker A：Do you have water?
说话人 A：有水吗？
Speaker B：yes，I have only a little. / * No，I have only a little./No，I haven't any.
说话人 B：有，我只有一点了。/ * 没了，我只有一点了。/没了，一点也没了。

下面我们来看具体的一些例句，进一步了解为什么光杆复数名词和不可数名词可以充当类指义论元。我们先来看类指谓词。例（30）中的“rare”和“widespread”跟“extinct”和“exterminate”一样，都是类指谓词，需要一个类指义论元。光杆复数名词和不可数名词可以与此类谓词构成命题，说明光杆复数名词和不可数名词都具有类指义。

(30) a. Gold is rare. → rare(gold)
金子很稀有。
b. Dogs are widespread. → widespread($^{\cap}$dogs)
狗到处都是。

如果句子的谓词不是类指谓词,而是个体谓词,那就会出现两种情况。如果谓词是瞬间性质谓词(stage-level predicates),光杆名词会产生存在义;如果谓词是恒久性质谓词(individual-level predicates),光杆名词会产生弱全称义。在例(31)中,谓词表示的是具体场景下的瞬间性质,因此类衍生述谓规则(DKP)自动将类指短语转化为属性,类衍生述谓规则同时引入存在算子,用来约束个体变量,该个体变量充当个体谓词的论元。因此,在这种情况下,句子会有存在义解读。在例(32)中,谓词表示的是惯常属性,狗都有吠叫的本性,惯常句中的类指解读来自类指算子 GEN,类指算子约束限定域中的个体变量,产生弱全称义解读。

(31) a. Dogs are barking in the garden.
b. ∃x[$^{\cup\cap}$DOGS(x) ∧ BARKING IN THE GARDEN(x)]
(DKP 产生存在义解读)
存在至少一个 x, x 是狗,并且 x 在花园叫。

(32) a. Dogs bark.
b. GENx[$^{\cup\cap}$DOGS(x)][BARK(x)]
(GEN 产生弱全称义解读)
一般来说,对于是狗的 x, x 会叫。

对比例(31)和例(32)的语义表达式,我们可以很清楚地看到,英语中的光杆名词(包括复数可数名词和不可数名词)不管在类指句中,还是在非类指句中,都具有类指义。通过不同的语义机制,类指义可以转换成个体的存在义解读或个体的弱全称义解读。

下面我们来看第二个问题,即英语中的单数定指短语(singular definite phrases)为什么可以表达类指义。我们知道,英语中的复数定指短语(plural definite phrases)不能和“extinct”这样的类指谓词构成命题,说明这类短语不能表示类指,如(33b)所示。

(33) 恐龙灭绝了。

a. The dinosaur is extinct.

b. * The dinosaurs are extinct.

c. Dinosaurs are extinct.

d. * Dinosaur is extinct.

现在的问题是为什么单数定指短语 the dinosaur 可以表示类指义呢?有趣的是,当句子的谓词是表示瞬间属性的个体谓词的时候,单数定指短语又不可以表示类指义了,只能表示定指义,如(34b)所示。

(34) a. Tigers roar when they are hungry.

老虎饿了就会嘶吼。

b. The tiger is roaring as it is hungry.

那只老虎饿了,在嘶吼。

Dayal(2004)将英语中表示类指的单数定指短语称为单数类指短语(singular kind)。她详细考察了英语中的单数类指短语,得出的结论是:单数类指短语中的名词都是分类词(taxonomic terms)。所谓分类词,指的是事物类属谱系图中每个节点的名称。例如,在哺乳动物的节点之下有狗、狮子、鲸鱼等,在狮子的节点之下有非洲狮、亚洲狮、美洲狮等。每一个母节点就好像一个信封,子节点就好像这个信封里装的卡片,不同的信封构成不同的类别。例如:

(35) a. Every/a/one(kind of) lion is extinct. (Dayal 2004)
每一种(所有)/有某种/有一种狮子(都)灭绝了。
b. Every/a/one lion is majestic.
每一种(所有)/有某种/有一种狮子(都)非常雄伟。
c. Every/a/one lion roars(when it is hungry).
每一种(所有)/有某种/有一种狮子,当它饥饿的时候,就会大声嘶吼。

(35a)中的谓词"extinct"为类指谓词,因此,如果句子成立,那么主语"a lion"只能理解为狮子的次类,即"某种狮子","lion"前的"kind of"是可以省略的。(35b)和(35c)的谓词为个体谓词,我们同样可以得到"(每/某)一类狮子"这样的分类词解读。

英语中的定冠词相当于ι算子,当后面接单数名词的时候,表示的是独一无二的个体;当ι算子后面接的是复数名词时,表示的是由所有原子个体组成的最大的那个加合个体。回头看(33a),我们可以把"the dinosaur"中的"dinosaur"看成一个信封,假设世界上总共只有三种不同的恐龙(霸王龙、蛇颈龙、鸟龙),那么这个信封中就有三张卡片,每张卡片代表一个次类。在这种情况下,⟦dinosaurs⟧={霸王龙,蛇颈龙,鸟龙,霸王龙+蛇颈龙,霸王龙+鸟龙,蛇颈龙+鸟龙,霸王龙+蛇颈龙+鸟龙},而"the dinosaurs"则表示的是"霸王龙+蛇颈龙+鸟龙"。此时,"the dinosaurs"的指谓为三个次类的加合,即三类恐龙,并不涉及具体的恐龙个体。

(36) a. The dinosaur is extinct.

b. The dinosaurs are extinct.

(36a)表达的意思是恐龙作为一类生物灭绝了,而(36b)表达的意思是世界上各种各样的恐龙全部灭绝了。假设世界上总共只有霸王龙、蛇颈龙和鸟龙这三种恐龙,那么这三种恐龙都灭绝了。也就是说,在这种情况下,定冠词"the"的量化域不再是原子个体,而是不同的分类词,即恐龙的次类,(36b)中"the dinosaurs"在这种情况下等同于"the three kinds of dinosaurs"。值得注意的是,(36a)和(36b)中的"dinosaur/dinosaurs"都是类指解读,语法功能上是单数,但是语义上是复数,这就相当于英语中的集合名词"team、committee、class"等。当我们说"five classes are enough"的时候,我们关注的是班级个数,并不关心具体的学生人数。同样的道理,(37b)中的"dog"是作为分类词用的,表示的是哺乳动物中的一个次类,此时的"the dog"并不能指涉原子个体,这与(37a)中的"dogs"形成鲜明的对比。①

(37) a. Dogs bark when they are hungry.

b. The dog barks when it is hungry.

最后,我们需要回答第三个问题,即为什么英语中的单数不定指短语也可以用来表达类指义。例如:

---

① (37a)中的复数光杆名词"dogs"具有类指义。如上文所说,复数光杆名词和不可数名词具有相同的指谓,都是由单个原子个体组成的合并半网格(join semi-lattice)结构,正是由于这个原因,虽然(37a)中的"dogs"和(37b)中的"the dog"都表示类指义,但回指"dogs"的时候,需要使用复数代词"they",而回指"the dog"的时候,需要使用单数代词"it"。

(38) a. A gentleman opens doors for ladies.
绅士总会为女士开门。
b. A good king is generous.
贤明的国王会很慷慨。

这类类指句采取了完全不同的一种语义生成机制来表达类指意义。Cohen(2001)认为这类类指句是规则制约类指句。Carlson(1977)认为类指句有两种不同的分析方法:归纳分析法和规则分析法。根据归纳分析法,判断一个类指句的真值就是看是否有足够多的原子个体符合谓词的属性。而根据规则分析法,每一个类指句就是一条规则。可能是物理规则、生物规则、社会规则、伦理道德规则,等等。如果一个类指句表示的规则在社会上被人普遍接受,那么该类指句为真。规则制约类指句表达的是一条规则。例如,(38a)表示的规则可以表示为(39a)。

(39) a. gentleman(x) ➡ open-doors-for-ladies(x)
b. !(gentleman(x) ➡ open-doors-for-ladies(x))
c. in-effect(!(gentleman(x) ➡ open-doors-for-ladies(x)))
(Cohen 2001: 198)

(39a)的意思为"如果变量 x 是绅士,那么 x 给女士开门",这是由两个开放命题组成的条件式命题。其中的变量既没有被存在量词约束,也没有被全称量词约束。也就是说,(39a)的"a gentleman"引出一个被限制但没有被约束的变量。(39b)中的! 是一个算子,其作用是将一个开放命题转化为一条规则。规则自身是饱和的基本单位,可以充当论元。(39c)中的谓词为"in-effect",表示的是被社会普遍接受的规则的集合。因此,要判断例(38)中句子的真值，完全取决于这些规则是否为大众普遍接受。Burton-Roberts(1977)观察到使用复数形式的"Gentlemen open doors for ladies"这句话是对所有绅士都会替女士开门这种行为的一种概括归纳，其真值取决于是否有足够多的绅士替女士开门。与此不同，(38a)表达的不是一种概括归纳，而是一种社会规则，即作为一个绅士，应该替女士开门，整句话可以改写为：it is an accepted social rule that a gentleman opens doors for ladies(作为一条被大家广泛接受的社会规则，一个绅士是需要为女士开门的)，也就是说，英语不定指单数名词短语构成的类指句既不是直接类指义类指句，也不是特征概括类指句，而是规则制约类指句。(38b)表示的也是一个规则，整句话可以改写为：it is a generally accepted rule that a good king should be generous(作为一条被大家广泛接受的普遍规则，一个贤明的国王应该是很慷慨的)。

此外，Cohen(2001)指出词典中对普通名词词条给出的释义大部分采用的也是不定指单数构成的类指句。例(40)是对名词casino、computer和gentleman的定义。

(40) a. Casino: a building or large room used for meetings, entertainment, dancing, etc., specially such a place equipped with gambling devices, gambling tables, etc.
b. Computer: a programmable electronic device designed to accept data, perform prescribed mathematical and logical operations at high speed, and display the results of these operations.
c. Gentleman: a man of good family, breeding, or social position.

词典释义这种情况本质上也是一种规则，只不过是语言学上的规则。(40c)可以理解为：It is a linguistic rule that a gentleman is a man of good family, breeding or social position(从语言学的角度看，大家都认同"绅士"一词的语义是具有良好家庭环境、教育背景或社会地位的一个人)。总括而言，英语中的单数不定指短语表示类指具有很大的局限性，只能用来阐明规则。

综上所述，英语中存在三类不同形式的类指义短语。光杆名词本身就表示类指义，因此能够形成直接类指义类指句，通过类衍生述谓规则也能形成特征概括类指句。类指义单数定指短语的内部结构为：ι算子加上作为分类词的可数名词的单数形式。这样的类指义短语只指向次类，不指向具体的原子个体。单数不定指短语构成的类指句是规则制约类指句，表达的是被大家普遍接受的各类规则。尽管英语中这三类不同形式的名词性结构都能出现在类指句中，都用来表达类指义，但它们呈现类指义的方式是有显著差异的。

2.3.3 汉语的类指义名词性结构

陈平(1987)指出汉语中的类指义名词性结构包括以下五种形式：光杆名词、量词+名词、"这/那"+(量词)+名词、"一"+(量词)+名词、数词+(量词)+名词。李劲荣(2013)指出普通话及方言中典型的类指成分有下列四种形式：

(41) a. <u>男人</u>不轻易哭。 (光杆名词)
b. <u>个男人</u>勿会轻易哭。 (吴方言：量词+名词)
c. <u>这男人</u>呀，不会轻易哭的。(北方方言：指示词+名词)
d. <u>一个男人</u>，不要轻易哭。 ("一"+量词+名词)

李劲荣(2013)进一步将"指示词/量词+名词"与光杆名词合为一

类,因为名词前的指示词或量词更多的是承担话题标记的功能。真正具有类指义的成分是指示词/量词后面接的光杆名词,因此他提出汉语中实际上只有两种形式的类指成分:光杆名词和"一"+量词+NP。那现在我们需要解决的问题是:第一,为什么汉语中的光杆名词可以表示类指?第二,为什么汉语中的"'一'+量词+NP"可以表示类指?

2.3.3.1 汉语中光杆名词表类指的情况

汉语中表示类指的光杆名词可以分为两类:第一类是单纯词或普通的复合词,第二类是词根加上语素"类"构成的复合词。

汉语的光杆名词都能表示类指。汉语既没有冠词系统,也没有强制使用的单复数标记。许多学者(Krifka 1995; Chierchia 1998; Yang 2001; Dayal 2004; X. Li 2013;刘丹青 2002;王秀卿、王光成 2008;董秀芳 2010;文卫平 2010)都认为汉语中的光杆名词具有类指义。刘丹青(2002)指出汉语中的类指以光杆名词的形式存在于一切名词性单位中,其他指称义的名词性结构都可以看作是类指义光杆名词加上其他指称标记构成的。当没有其他指称标记时,光杆名词就以纯粹的类指义出现。

汉语中的光杆名词除了表示类指外,也有定指和不定指的用法。如果光杆名词表达的是类指以外的指称义,则需要理解为其他指称标记的省略或零形式。例如:

(42) a. 恐龙灭绝了。 (类指)

b. 狗在啃骨头。 (定指)

c. 我听见狗在每个人的院子里叫。 (不定指)

汉语中的光杆名词既可以表示定指,也可以表示不定指,是因为汉语中不存在定冠词和不定冠词,定指和不定指只能通过隐性的ι算子和存在量词产生,因此表面上看到的光杆名词实际上是包含有隐性算子的复杂结构。

汉语中的光杆名词表类指时既可以充当主语,也可以充当宾语。例如:

(43) a. 白鳍豚濒临灭绝。 (主语)
b. 大家应该想尽一切办法来保护白鳍豚。 (宾语)

例(43)中的"白鳍豚"更像是一个专有名词(name of kinds),可以换成"白鳍豚这种动物"。如果是普通名词,情况会更加复杂一些,例如:

(44) a. 书是人类智慧的源泉。
b. 我没有买房,也没有买车。

在主语位置上的光杆名词具有很强的话题性,如果谓词是表示恒久性质的谓词,那主语位置上的光杆名词就很容易产生类指义。(44a)中的"书"可以替换成显性的同位性类指结构"书这种东西"。宾语位置上的光杆名词更倾向于不定指解读。光杆有定宾语属于不典型的用法,受到诸多限制。(44b)中的光杆名词"房"和"车"充当宾语,允许有不定指解读,表示的是"我没有买任何房,也没有买任何车"。不过,我们发现(44b)中的"房"和"车"也可以替换成显性的类指结构"房这种东西"和"车这种东西",说明此时的"房"和"车"也允许有类指义解读。不过,我们知道"买"是个体谓词,不能带类指论元,必须要将类指论元转换为个体论元才能与"买"构成命题。要达到这样的效果,有两种办法。第一种办法就是采用 Chierchia(1998)提出的 DKP,如(45b)所示。

(45) a. 我明年买房。

b. (通过 DKP):⟦我买房⟧ = $\exists$x[$^{\cup\cap}$房(x)^买(我,x)]

在(45b)中,"$^{\cap}$房"表示"房子"这类东西,具有类指解读。"$^{\cup\cap}$房"表示"房子"属性,具有属性解读。DKP 引出存在量词,约束个体变量 x, x 充当个体谓词"买"的域内论元。这样的分析具有一个优点,就是统一把光杆名词的语义看成类指。另外一种分析方法,是把光杆名词的语义统一看成属性。在这种情况下,"房"的指谓为具有"房子"属性的个体的集合。在这种情况下,光杆名词"房"会并入动词"买",形成 VO 复合词"买房",在这个词汇化的过程中,"买"和"房"合并成一个整体,"房"失去独立论元资格,成为动词的一部分。

(46) a. 我明年买房。

b. ⟦买⟧ = λy λx.买(x, y)

⟦房⟧ = λx.房(x)

⟦买房⟧ = λy λx.[房(y) ∧ 买(x, y)]

(通过名词并入):= λx.买房(x)

c. 她在<u>读书</u>。(*he is BOOK-reading*)

d. 他不是在<u>解决问题</u>。(*he is not PROBLEM-solving*)

汉语中很大一部分光杆名词做宾语的情况实际上都属于 VO 复合词的情况,如(46c)和(46d)所示。这种情况下,表面上看起来是光杆名词,实际上是动词的一部分,更准确地说,这些名词性词根都不能指向语境中的实体,是无指的。不过,现代汉语中也的确存在光杆名词做宾语的情况。例如:

(47) a. 小明昨天骑马骑累了。

b. 小明花了很长时间才找到公交站。

这些例句中的光杆名词“马”和“公交站”指向语境中的个体,因此都是有指的。这说明现代汉语中动词后的光杆名词有时需看成是复合词的组成部分,有时需看成是单独做宾语的名词短语。

李旭平(X. Li 2017)讨论了汉语中一类只具有类指义的名词,即由名词词根加上语素“类”构成的复合名词,例如“人类”“鸟类”“哺乳类”“猛禽类”,等等。

(48) a. 鱼/鱼类用鳃呼吸。

b. 鱼都用鳃呼吸。

c. 鱼类都用鳃呼吸。

(48a)中的主语既可以是“鱼”,也可以是“鱼类”,意义差别不大。如果用“都”测试,我们还是能看出两者是有区别的。(48b)属于特征概括类指句,其中类指算子约束个体变量,此时的个体变量被限制为作为原子个体的鱼。(48c)中的“鱼类”表示的是鱼的所有次类,即“一般而言,鱼这个物种的所有的不同次类都用鳃呼吸”,此时的“鱼类”并不直接指向作为原子个体的鱼,而是指向鱼的次类。

2.3.3.2 汉语中量词结构表类指的情况

汉语中,除了光杆名词,量词结构也能表示类指。例如:

(49) a. 学生就应该认真读书。

b. 一个学生就应该认真读书。

(49a)中的光杆名词和(49b)中的“‘一’+量+名”结构都具有类指

义,两者之间有何区别?我们知道,汉语由于缺乏强制性的数标记,“学生”既可以表示单数意义,也可以表示复数意义。例如:

(50) a. 台风天,学生都不用去上课了。
b. 学生正在做导师给他布置的试验。
c. 张三是李老师的学生,李四和王五都是王老师的学生。

例(50)说明“学生”既可以表示单数,也可以表示复数,我们称其为名词的通数形式(general number)。假设全世界有a、b、c三名学生,那么:

(51) a. ⟦学生$_{sg}$⟧ = {a, b, c}
b. ⟦学生$_{pl}$⟧ = {a+b, b+c, a+c, a+b+c}
c. ⟦学生$_{gen}$⟧ = {a, b, c, a+b, b+c, a+c, a+b+c}

普通名词通数形式的指谓和不可数名词的指谓具有相同的属性。我们可以认为汉语中的普通名词的光杆形式等同于不可数名词。如果要对普通名词进行计数,就需要使用数量词来进行分割,数词表示的是集合中每个元素包含的原子个体的数目。例如“两个学生”表示的是集合中的每个元素都由两个原子个体构成,如(52b)所示。

(52) a. ⟦一个学生⟧ = {a, b, c}
b. ⟦两个学生⟧ = {a+b, b+c, a+c}
c. ⟦三个学生⟧ = {a+b+c}

为什么“一个学生”可以表示类指呢？牛保义（2012）认为这是因为“一个学生”可以指称任意一个，即用任意选择的一个作为整体的代表。这样的处理实际上是将“一个学生”当成了和英语中 a student 相对应的不定指短语。这种分析的问题在于，如果“一个学生”是不定指短语，就会产生辖域歧义的问题，但是作为类指义短语，“一个学生”不存在辖域歧义问题，只能取窄域解读。关于这个问题，白鸽（2014）给出了如下例句来说明汉语中的“一个学生”和英语中的不定指短语“a student”不同。

（53）a. 真正的英雄耻于杀一个手无寸铁的人。
　　b. 男人在哥们面前是不能为一个女人辩护的。

在这两个句子中，“‘一’+量+名”结构都只能取窄域解读，说明它们不能被理解为不定指短语，只能理解为类指义短语。那么，类指义从何而来？白鸽（2014）指出，类指义“‘一’+量+名”结构的分布与句子的情态和表达功能密切相关，只能出现在情态句、条件句、假设句、反问句，整个句子表达说话人对某一类事物的一种“主观判断或态度意向”。例如：

（54）a. 一个人要讲良心。
　　b. *一个人是由类人猿演变而来的。

白鸽（2014）认为（54a）具有道义情态（denotic modality），因此，“一个人”可以表示类指，而（54b）陈述的是一个客观事实，在这种情况下，“一个人”无法表示类指。

李劲荣（2013）讨论了汉语中的“你/我一个 NP”结构，认为它带有明显的类指倾向。例如：

(55) a. 你/我一个(大)男人,怎么能哭呢?

b. 张爱玲本事可大着呢,你可不要小瞧一个孤身女人。

(55a)中的"一个大男人"表示的是一类人,代词"你/我"可以省略,句子仍然合乎语法。白鸽认为(55b)中的"一量名"结构表示类指是一种句法的偶合现象,"一个孤身女人"是同位结构"她一个孤身女人"的后件成分,它出现在类指义"'一'+量+名"结构的典型句法环境——情态句中,变得与类指义"'一'+量+名"结构同形。

李劲荣(2013)和白鸽(2014)都注意到了类指义"'一'+量+名"结构具有强烈的情态主观意义。类指义"'一'+量+名"结构为什么会有这种语义限制呢? 陆烁、潘海华(2009)认为"数量名"形式的名词性结构本身并不能指称类,但是进入通指句后,在类指算子约束下会获得类指义,和谓语部分一起表述某种通识性的意义。不过,他们并没有进一步解释为什么类指义"'一'+量+名"结构具有强烈的主观意义。接下来我们通过下面的例句来分析一下为什么"'一'+量+名"结构可以表示类指,以及为什么此类句子往往都包含道义情态特征。

(56) a. 你(一个生意人)还在乎这点点?

b. 你(一个北方人)怎么这么喜欢吃辣的?

c. 你(一个娘们儿家)喝啥酒呀!

d. 就连孩子也不让他们哭,你(一个大男人)倒在那里哭起来了!

这样的结构多出现在口语对话中,具有很强的现场感,其中的述语部分表达的往往是一种强烈的情感态度。以(56a)为例,说话人肯定是看到听话人太斤斤计较,与生意人的属性不符合,于是对听话人说:"你一个生意人还在乎这点点?",有点瞧不起、不耐烦、埋怨、指责的意思。(56a)实际上表达了两个命题:"你是一个生意人"以及"你不应该在乎这点点"。"你是一个生意人"不包含任何的情感态度,描述的是一个客观属性。"你不应该在乎这点点"则包含了说话人的主观态度。之所以说话人能用这种方式表达主观态度,一定是有被社会普遍接受的规则被违背了。例(56)中的"'一'+量+名"具有类指义,并不是因为归纳总结而来,而是因为社会规则做了如此的规定,和英语中不定指类指短语具有同样的语义生成机制。

2.4 汉语名词性结构的语义分析

2.4.1 汉语光杆名词的语义分析

汉语中光杆名词可以充当论元,出现在主语或宾语位置。出现在主语位置的光杆名词只能表示类指或定指。

(57) a. 狗是哺乳动物。 (类指)
b. 狗很聪明。 (类指)
c. 狗正在吃骨头。 (定指)

出现在主语位置的光杆名词不能表达不定指。如果要表达不定指,需要在光杆名词前加上"有些",如(58b)所示。

(58) a. 狗在院子里叫。 (定指)
b. 有些狗在院子里叫。 (不定指)

出现在宾语位置的光杆名词可以表示类指、定指或者不定指。

(59) a. 我家的狗最爱吃<u>骨头</u>。　　(类指)
b. 在上学的路上我遇到了<u>校长</u>。　　(定指)
c. 在上学的路上我看见<u>蛇</u>了。　　(不定指)

为什么光杆名词出现在主语位置的时候,无法表示不定指呢?Yang(2001)观察到在英语中,光杆名词出现在主语位置的时候,可以表示不定指,而出现在宾语位置的时候,无法表示定指 。例(60)和例(61)引自 Yang(2001:14):

(60) a. Dogs are extinct/rare/widespread. ='the dog species'
b. Dogs are mammals. ='all dogs'
c. Dogs are intelligent. ='most dogs'
d. I saw dogs yesterday. ='some dog(s)'

(61) a. Snow is common/rare in this area. ='the snow kind'
b. Snow is colorless. ='snow in general'
c. I saw snow yesterday. ='some snow'

关于英语光杆名词的语义,目前存在两种观点。第一种观点以 Carlson(1977)和 Chierchia(1998)为代表:认为英语中光杆名词只能表示类指,当光杆名词和个体谓词组合的时候,需要类转换操作将类指解读转换成个体解读,类转换的过程中产生的个体变量受到存在量词的约束,此时的光杆名词具有不定指解读。第二种观点以 Diesing(1992)和 Krifka(1995)为代表:认为英语中光杆名词和类指谓词组合的时候具有类指解读,这种情况下,名词的语义类为 k,但和个体谓词组合的时候,并不具有类指义,表达的是属性义,这种情况下,名词的语义类为<e,t>,个体变量受到存在封闭的约束,此时的光杆名词具有不定指解读。以上两种观点的分歧体现在英语中光杆名词不定指意义的生成方式。Chierchia (1998)认为类转换操作 DKP 会自动引入存在算子,但是 Diesing(1992)认为英语中光杆名词的不定指意义来自附接在 VP 层的存在封闭。

目前大部分学者接受了以 Chierchia(1998)为代表的统一分析法,放弃了歧义分析法,理由是如果将光杆名词处理成不定指短语,就无法解释光杆名词为什么只能取窄域解读,而不能像不定指短语那样既可以有窄域解读,也可以有宽域解读。例如:

(62) a. Mary might have visited a friend.
b. Mary might have visited friends.

(62a)中的不定指短语"a friend"既可以取宽域解读,即某个特定的朋友,也可以取窄域解读,即任何一个朋友。(62b)中的光杆名词"friends"只能取窄域解读,即任何朋友。这说明光杆名词和不定指短语具有本质上的区别,光杆名词只能理解为类指短语。统一分析法所使用的类转换操作 DKP 只是一个局限在名词性结构内部的语义操作,不会改变其辖域属性。

比较英语和汉语的光杆名词,我们发现英汉之间最显著的区别在于:汉语中的光杆名词不管在主语还是在宾语位置,都能获得定指义。英语中光杆名词无法获得定指义,这是因为英语中有定冠词,汉语中没有定冠词。也就是说,汉语中的光杆名词实际上对应英语中的两类结构:(1)光杆名词;(2)带有定冠词的"D+NP"结构。从语义上看,我们可以认为汉语中定指义的光杆名词前面有一个零形式的 ι 算子,它可以将属性转化为特定的个体。把定指义剥离之后,汉语的光杆名词和英语的光杆名词就没什么分别了,我们可以采用同样的方法对其进行分析。从例(57)、例(58)和例(59)我们可知,汉语中的光杆名词具有四类不同的解读:直接类指义(57a)、变量受类指算子(GEN)约束产生的弱全称类指义(57b)、定指义(58a)和不定指义(59c)。我们可以采用统一分析法,认为汉语中的光杆名词本质上只具有类指义,这四类不同的解读是在类指义的基础上,通过不同的语义操作产生的,具体分析如下。

我们先看直接类指义类指句。在例(63)中,光杆名词"狗"的语义类为 k,表示类指,充当类指谓词"是哺乳动物"(语义类为 <k,t>)的论元,两者语义类型匹配,可以直接组合成一个直接类指义类指句。

(63) a. 狗是哺乳动物。
  b. ⟦哺乳动物⟧ = λk.哺乳动物(k)
  c. ⟦狗⟧ = $狗_{<k>}$

在特征概括义类指句例(64)中,弱全称量化意义来自类指算子 GEN,它约束个体变量 x,"很聪明"是个体谓词,"狗"本身具有类指义,无法用来限制变量 x,需要使用上向算子$^{\cup}$,将"狗"由类变成属性,具体语义表达式如(64b)所示。

(64) a. 狗很聪明。
  b. GENx[$^{\cup}$狗(x)][很聪明(x)]

在例(65)中,宾语位置的光杆名词"蛇"本身具有类指义,无法用来限制变量 x,需要使用上向算子$^{\cup}$,将"蛇"由类变成属性,在语义类转换的过程中,DKP 会引入存在算子,约束变量 x,产生不定指义。具体语义表达式如(65d)所示。

（65）a. 我看见蛇了。（不定指）

b. $[\![\text{看见}]\!]=\lambda x\ \lambda y.\text{看见}(y,\ x)$

c. $[\![\text{蛇}]\!]=\text{蛇}_{<k>}$

d. $\exists x[\ {}^{\cup}\text{蛇}(x)\wedge\text{看见}(\text{我},x)]$

当光杆名词表达定指意义的时候，定指意义来自零形式的ι算子。例(66)中的“狗”本身具有类指义，无法用来限制变量 x，需要使用上向算子$^{\cup}$，将“狗”由类变成属性，具体语义表达式如(66d)所示。

（66）a. 狗在睡觉。（定指）

b. $[\![\text{在睡觉}]\!]=\lambda x.\text{在睡觉}(x)$

c. $[\![\text{狗}]\!]=\text{狗}_{<k>}$

d. $[\![\text{狗在睡觉}]\!]=\iota x(\text{在睡觉}(x)\wedge{}^{\cup}\text{狗}_{<k>}(x))$

以上我们采用统一分析法，对汉语中充当论元的光杆名词进行了语义分析。汉语中的光杆名词本质上只具有类指义，定指义和不定指义都是在类指义的基础上，通过不同的语义操作产生的。

2.4.2 汉语数量结构的语义分析

关于数词的指称，贺川生(2015)归纳总结了数词的四种指称：

（67）a. 指称数本身（相当于专有名词，语义类<n>）；

b. 指称个体集合（相当于形容词，语义类<e,t>）；

c. 指称从集合到集合的集合的函数（量化词，语义类≪e,t>,≪e,t>,t≫）；

d. 指称从集合到集合的函数（相当于副词，语义类为≪e,t>,<e,t≫）。

如果把数词指称理解为数本身，我们很容易解释出现在数学公式中的数。例如，“3 大于 2”这样一个命题中，“大于”是一个二元的数量谓词，“3”和“2”充当数量论元。如何把数词的指称理解为个体的集合呢？我们以数词“5”为例，我们说“5”的指称是一个集合，就是说这个集合中的每个个体都是由 5 个元素组成；也就是说，每个个体都具有同一个属性，即 $[\![5]\!] = \lambda x. |x| = 5$。这样的分析适用于数词充当句子谓语的情况。在古代汉语中，数量词可单独充当句子的谓语。在腊罗彝语中，数量词也可单独充当句子的谓语。这种语境下使用的数量词，构成的命题表示的即是句子主语具有数量词所指称的数的属性。

把数词的指称理解为从集合到集合的集合的函数，体现了广义量词理论的核心思想，即数词表达的是集合和集合之间的关系。例如，在“Five students left”中，如果 $[\![\text{students}]\!]$ 表示集合 A，$[\![\text{left}]\!]$ 表示集合 B，那么 $[\![\text{Five students left}]\!] = \lambda P\ \lambda Q. [\,|P \cap Q| = 5\,](A)(B) \Rightarrow |A \cap B| = 5$。

数词的指称还可以理解为从集合到集合的函数，这主要涉及复杂数词。例如“300 个学生”可以理解为“3 个 100 个学生”，其中“100 个学生”表示的是一个集合<e,t>，“300 个学生”也表示的是一个集合<e,t>，在这种情况下，数词“3”就只能处理成从集合到集合的函数（≪e,t>,<e,t≫）。①

对汉语数词指称的理解往往离不开对量词的考察。现代汉语中数词不能直接和名词组合，数词和名词中间必须插入量词，形成“数+量+名”结构。传统语法将数量短语处理成一个句法成分，作为名词的修饰语与核心名词一起构成偏正结构。但在汉语形式句法研究中，量词是和名词先构成一个量词短语，然后再和数词构成

① 关于数词语义的详细分析可参看 Ionin & Matushansky（2006）。

一个数词短语。Krifka(1995)对汉语数量短语进行了考察,他认为“三只熊”的语义如下:

(68) a. 三只熊

b. ⟦只⟧ = $\lambda n\ \lambda y\ \lambda x.[R(x,\ y) \,\&\, OU(y)(x) = n]$

c. ⟦三只⟧ = $\lambda y\ \lambda x.[R(x,\ y) \,\&\, OU(y)(x) = 3]$

d. ⟦熊⟧ = 熊$_{\langle k\rangle}$

e. ⟦三只熊⟧ = $\lambda x.[R(x,$ 熊$) \,\&\, OU($熊$)(x) = 3]$

Krifka(1995)认为汉语量词的语义包含 3 个论元:数量论元 n、个体论元 x 以及类指论元 y。R 是关系谓词,R(x, y)表示 x 是类指论元 y 的个体表现。OU 是一个函数,其定义域为类指名词,值域为测量函数。OU(y)表示的是一个测量函数,其定义域为个体论元,值域为数量论元。“三只熊”的语义组合关系如下:量词和数词先组合成数量短语,然后和具有类指义的光杆名词组合成“数+量+名”结构,结果如例(68e)所示,表示的是由三个元素构成的个体组成的集合。

根据例(68)给出的语义组合顺序,我们可以得到“三只熊”的内部句法结构,如例(69)所示。

(69)

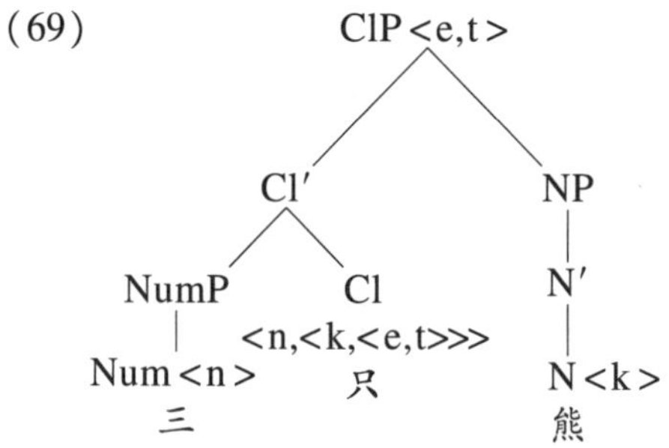

在此分析中,汉语中量词的功能是把数词从数值转化成属性,是一个从数值到属性的函数(<n,<k,<e,t>>>),该分析的前提是把数词的指谓处理成数本身。这样分析的好处是能够保持语义和句法的一致性,数词既是量词的语义论元,也是核心句法论元。不利之处在于这样的语序违背了汉语中心词前置的参数设置,不过,跨语言的比较研究显示名词性结构的内部语序似乎并不完全遵循语序的参数设置,例如同为 SOV 语言的凉山彝语和景颇语,凉山彝语名词性结构的内部语序为“名+数+量”,而景颇语为“名+量+数”。与 Krifka(1995)的分析不同,Chierchia(1998)认为汉语量词的功能是个体化(individuation),目的是将表示类指的光杆名词转化为属性。根据这一思路,“三只熊”的句法结构如例(70)所示。

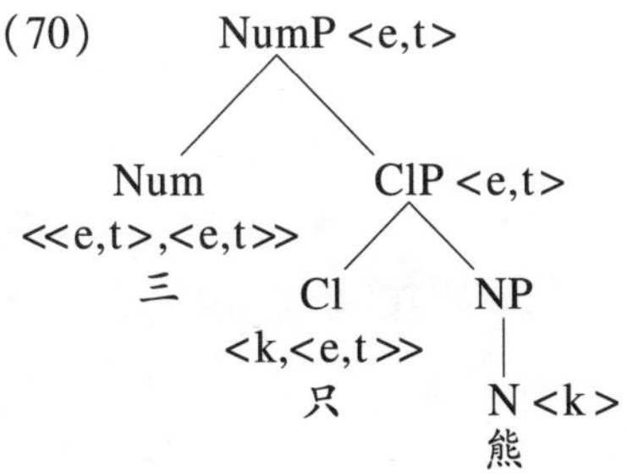

按照例(70),量词和名词先组合成量词短语,然后和数词组合成数词短语。虽然例(69)和例(70)都可以成立,但这两种分析在数词的语义类上存在显著差别:数词在例(69)中的语义类是<n>,而在例(70)中的语义类是<<e,t>,<e,t>>。也就是说,按照例(69)的分析,汉语中的量词为数词而生,汉语的数量短语和英语中的数词具有同样的语法功能;而按照例(70)的分析,汉语中的量词为名词而生,汉语的量名短语和英语中的可数名词具有同样的语法功能。Chierchia(1998)的分析可以解释为什么英语中的数词可以直接和名词组合,但汉语中的数词必须要借助量词才能和名词组合。Chierchia(1998)认为汉语和英语不同,不存在可数名词和不可数名词的区别,汉语中的所有名词都是不可数名词,需要借助量词进行个体化操作(individuating/atomizing/singularizing)之后,才能形成原子个体,有了原子个体之后,才能使用数词进行计量。英语不需要使用量词,数词可以直接和可数名词组合。例如:

(71) a. three apples

b. $[\![\text{three}]\!] = \lambda P\ \lambda x.P(x) \wedge |x| = 3$

c. $[\![\text{apples}]\!] = \lambda x.\text{APPLES}(x)$

d. $[\![\text{three apples}]\!] = \lambda x.[\text{APPLES}(x) \wedge |x| = 3]$

英语中数词不需要使用量词,是因为英语中数词的指称为属性到属性的函数(《e,t》,《e,t》》),可以直接和表示属性的可数名词组合。汉语中名词的指称为类,需要量词将其提升为属性。也就是说,汉语中量词所起到的作用是产生原子个体,只有原子个体才能被数词计数。

2.4.3 汉语"你+个+NP"结构的语义分析

汉语中存在两类"你+个+NP"结构,分别如例(72)和例(73)所示。

(72) a. 你个生意人还在乎这点点?

b. 你个北方人怎么这么喜欢吃辣的?

c. 你个娘们儿家喝啥酒呀?

(73) a. 你个龟儿子把老子脸丢完了!

b. 你个没良心的黑心贼,如今我有家难奔,有国难投,你却不肯帮我一下。

c. 老头子一听气炸了肺,骂道:“好,你个狗日的,连爹都不认啦!”

这两种结构的区别在于,例(72)的“个”前可以插入“一”,而例(73)的“个”前可以插入“这”。例如:

(74) a. 你(一)个生意人还在乎这点?

b. 你(这)个龟儿子把老子脸丢完了!

另外,例(72)中NP后的成分不可以省略,但例(73)中NP后的成分可以省略。例如:

(75) a. *你个生意人!

b. 你个龟儿子!

这两类“你+个+NP”结构有两个共同点:往往出现在口语对话中,具有强烈的现场感,都表达强烈的情感态度义。我们发现在有些汉语方言中,量词前可以没有代词,直接说成“个NP”结构。例如:

(76) a. 个小婢养的! (烟台话)

b. 个婊子养的! (武汉话)

c. 个砍脑壳的! (监利话)

此类“个NP”结构为量词起头的独语句,是指人的詈语。与普通话不同,这类“个NP”结构有三个特点:(1)“个”前既不能补出“一”,也不能补出“这”;(2)“个”可以省略;(3)有没有后续句,都可以。在湖北监利方言中,类似的结构既可是独语句,也可带后续句。独语句的时候,如果要补出主语,则往往是“你”,偶尔也可以是“他”,是话语场景中负面情绪指向的对象。下面两种不同的形式,其语义完全一样。

(77) a. 你个砍脑壳的!　　(监利话)
　　 b. 个砍脑壳的!　　(监利话)

之所以会出现这样的情况,是因为(77a)接后续句时,会有句子融合的现象发生。在(78b)中,后续句的主语“你”和独语句中的“你”既可以承前省,也可以蒙后省。蒙后省就会产生(78b″)这样的“个 NP”结构。

(78) a. [你]个[砍脑壳的]!　　(独语句)
　　 b. [[[你]个砍脑壳的]![你]哪么又来哒]!　　(有后续句)
　　 b′. [[[你]个砍脑壳的],~~[你]~~哪么又来哒]!　　(承前省)
　　 b″. [[~~[你]~~个砍脑壳的],[你]哪么又来哒]!　　(蒙后省)
　　 c. 个砍脑壳的~~,你哪么又来哒~~!　　(省后续句)

在“个 NP”这样的结构中,量词不再是话题的发起者,而是用来表达主观情绪,量词本身已经具有了主观意义,成为主观义量词。我们发现湖北监利方言中,“个”的后面,甚至可以直接加专有名词。例如:

(79) a. 个王老二,哪么这么搞不清白啊?那个王老二,怎么这么不懂事啊?
　　 b. 个菊芳,越来越丑哒!那个菊芳,越来越丑了!

即使不看后续句，光听到“个王老二”和“个菊芳”，听话人就能感知说话人所表达的强烈负面态度了。

回到普通话中的“你+个+NP”结构，该结构的情感态度义是否也与其中的通用个体量词“个”有关？我们先来看第一种“你+个+NP”结构。以(72a)为例，说话人肯定是看到听话人太斤斤计较，与生意人的属性不符合，于是对听话人说“你个生意人还在乎这点点？”，有点瞧不起、不耐烦、埋怨、奚落的意思。量词前面可以补充出数词“一”，形成“你一个 NP”这样的类指成分。这句话实际上表达了以下两个命题：

(80) a. 你是一个生意人。

b. 你不应该在乎这点点。

命题(80a)不包含任何的情感态度，描述的是一个客观属性。命题(80b)包含了说话人的主观态度。接下来我们来看第二种“你+个+NP”结构。以(73a)为例，“你+个+龟儿子”能单独成句，后面的部分可以省略不说。单独成句的时候能表达主观态度，是因为量词“个”后面接的 NP 本身包含有情感态度义。另外，“你个龟儿子！”可以说成“你这个龟儿子！”，“你”和“这个龟儿子”构成一个同位结构。综合比较例(72)和例(73)，我们发现它们体现了情绪发泄的两种不同方式：情绪的直接发泄和情绪的隐性流露。

(81) a. 你$_i$[(这)个没良心的黑心贼$_{\text{情感意义}}$]$_i$

b. [你(一)个生意人][还在乎这点点]$_{\text{情感意义}}$

(81a)中的“没良心的黑心贼”本身包含了强烈的情感义，整句话是一种情感的直接发泄；而(81b)中的“还在乎这点点”夹杂了瞧不起、不耐烦、埋怨、奚落的意思，是情感的一种隐性流露。

语言是传情达意的工具。我们发现用语言来表达情感，存在两种不同的方式。一种是直接发泄式，另外一种就是间接委婉式。例如，当一个人很愤怒的时候，他可以用感叹词或者詈语直接发泄出自己的愤怒；当然，他也可以选择更间接的方式，他可以用“太欺负人了，太令人生气了”这样的话来描述自己的愤怒情绪。英语中也存在这样的情况：

(82) a. Damn! That's really annoying.
　　b. I'm angry. That's really annoying.

(83) a. Ouch! That hit me!
　　b. I'm in pain! That hit me.

Wharton(2016)发现以上两组(a)句和(b)句的区别在于：听话人听到(b)句的时候，可以反驳说“你在撒谎，你根本不生气”“你在撒谎，你根本不痛”。但是听话人听到(a)句的时候，不可以如此反驳说话人。Potts(2007)将英语中的damn、ouch这些用来直接发泄情感的成分称为情感义表达成分(expressives)。根据Potts(2007)的理论，情感义表达成分具有以下六个特征：

(84) a. 表达的是说话人的情感态度意义。
　　b. 所表达的情感意义和它的字面意义不同。
　　c. 所表达的情感很难用描述性的语言描述清楚。
　　d. 具有强烈的现场感，只能针对说话现场的对象。
　　e. 能产生立竿见影的语用效果。
　　f. 重复使用时，不显冗余，只会不断叠加情绪的强度。

我们发现第二类“你个NP”结构，如例（73）具备以上所有这些特征。例如，“你个混蛋！”具有强烈的现场感；针对的是说话现场的对象；是情感的直接发泄；表达的是情感义，而非命题意义；所表达的情感义无法准确描述出来。因此，我们将第二类“你个NP”结构处理成情感义表达结构。

第一类“你个NP”结构，如例（72），情感态度意义来自其后续成分，结构固化之后，结构义会传导到“个”，看到“个”就知道有“不应该”这样的主观意义。第二类“你个NP”结构，如例（73）的情感态度意义来自NP成分。“你个NP”加上后续句后，“你”可以脱落，形成“个NP”结构。当“个NP”结构进一步发展到NP不具有情感态度义的时候，例如湖北监利话中的“个+专有名词”结构，“个NP”结构中的情感态度意义就只能由量词“个”来承担。此时，量词“个”发展成为情感态度标记。也就是说，“个”发展为情感态度标记的原因，不是单一的。至少有两个不同的来源，分别对应的是两类不同的“你+个+NP”结构：第一类结构的态度义（“不应该”）由NP后续成分传导到“个”；第二类结构中的NP成分不具有情感义的时候，“个+NP”结构的情感义由“个”承担，“个”发展为情感态度标记。

2.5　小　　结

本章主要讨论了名词性结构的语义。它主要与名词性结构的指称有关。名词性结构的指称可分为“个体”和“类”。个体指称分为定指与不定指。不定指短语在四种语境中，会产生辖域歧义。类指义名词性结构指向类，而非原子个体。英语中的类指义短语可以有三种不同的形式，分别为光杆形式（包括可数名词的复数形式以及不可数名词)、单数定指形式以及单数不定指形式。这三种不同形式的类指成分的语义生成机制存在显著差异。

汉语中的光杆名词本质上是类指义成分,光杆名词的个体指称是在类指义的基础上,通过不同的语义操作产生的。除了光杆名词之外,汉语还可以使用指示词来表达定指义,用“数+量+名”结构来表达不定指义,用“你+个+NP”结构来表达类指义。在对汉语名词性结构的语义进行系统的爬梳之后,我们就可以在此基础上,把眼光转向中国境内众多的汉藏语,在形态各异的语言中领略语言结构的丰富性和多样性了。

第三章　简单名词性结构的句法分析

汉藏语中,由名词、数词、量词组成的结构是不定指义的主要表现形式。指示词和量词是定指义的两种主要表达手段。"量名"结构既可以用来表示定指,也可以用来表示不定指,视不同的语言以及具体语境而定。本章以汉语普通话、景颇语、凉山彝语、腊罗彝语、湘西苗语和乳源勉语为例,讨论汉藏语简单名词性结构的内部句法关系。

3.1　名词性结构的句法投射

3.1.1　名词短语与限定词短语

英语中可数名词的单数形式不能以光杆形式充当论元,例如:

(1) a. * He is eating apple.

b. He is eating an apple.

c. * He is eating red apple.

d. He is eating a red apple.

冠词的功能是将属性转变成个体,使其能充当事件的参与者。在名词性结构的内部,各成分在语序上通常是要受到限制的,不能随意变换语序。例如,英语的指示词和冠词就必须出现在数词和名词之前。汉语中作论元的名词性结构也不是简单的名词短语(NP),而是限定词短语(determiner phrase)。限定词短语是以限定词为中心词,以名词短语为补足语投射而成的短语,如下例所示:

(2) a. 这两碗香喷喷的面条①

b.

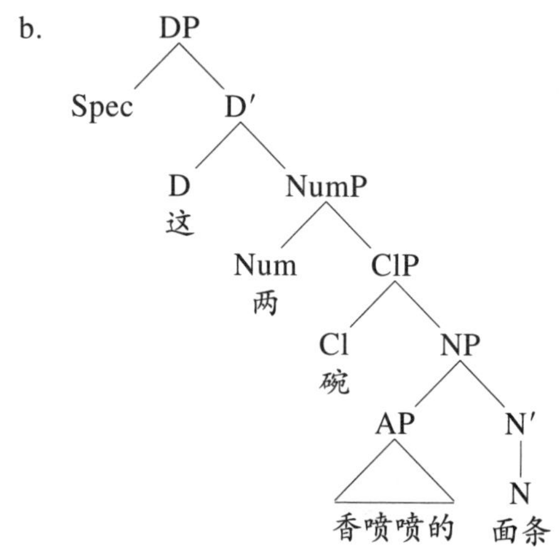

在现代汉语中,用作论元的专有名词和光杆名词前没有限定词。例如:

(3) a. 我喜欢纽约。　　(专有名词充当论元)

b. 狗在啃骨头。　　(光杆名词充当论元)

---

① 根据 X-bar 理论,一个中心词 X 投射出一个短语的时候,X 会和补足语合并形成 X′,而 X′会和指定语构成 XP,如果没有附加语成分,XP 是一个三层结构。在(2b)中,如果指定语位置是空时,可以省略,此时就可以将 X′写成 XP。在(2b)中,Cl 与补足语组合成 Cl′,但由于指定语为空,此时可以将 Cl′直接写成 ClP。需要注意的是,中心词与指定语由于属于不同的层级,是无法直接合并组合成短语的,因此(2b)这样的简化形式并不会引起误解。另外,(2b)中,名词短语的指定语是一个形容词短语(AP),树形图中的三角形表示不显示 AP 的投射过程。

充当论元的专有名词和光杆名词原本是名词,通过中心词移位,移到了限定词的位置,获得定指义。我们不能说“一个纽约”,但是我们可以说“一个城市”,这是因为专有名词向上移动的时候,量词(Cl)和数词(Num)的位置必须为空,否则专有名词就无法越过它们移动到限定词(D)的位置,必须遵守所谓的中心词移位限制(head movement constraint,简称 HMC)(Travis 1984)。经过中心词移位,专有名词占据限定词的位置,获得定指义。例如:

(4) a. *一个纽约

b. *这一个纽约

c. 一个城市

d. 这一个城市

e.

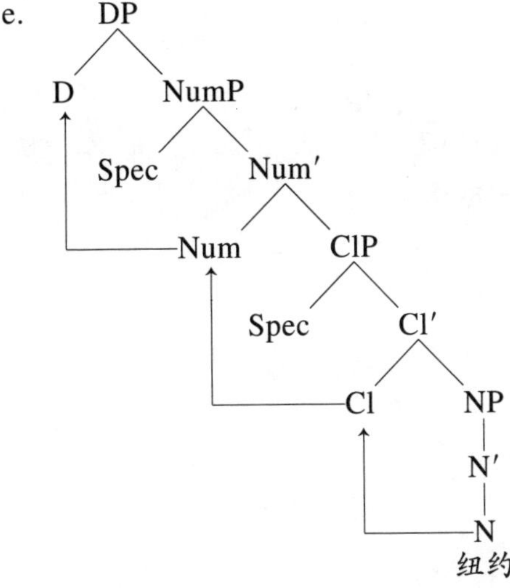

人称代词是直接在限定词位置基础生成的。我们可以说“他们两个”,不能说“两个他们”,这就是因为人称代词“他们”是在限定词

位置基础生成的。

(5) a. 他们两个流浪汉

b.

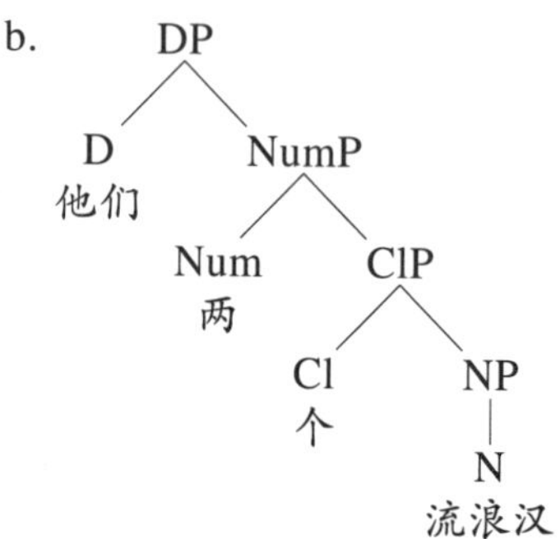

如果 Num 和 Cl 的位置分别被数词和量词占据的话，受中心词移位限制(HMC)制约，名词无法向上移动，因此例(6)中，我们不能说“学生两个”。“他们”作为代词，基础生成于限定词(D)的位置，因此可以有“他们两个”的说法，但是“学生”无法移动到数量词的前面，如(6b)所示。

(6) a. 我把他们两个送回家了。

b. *我把学生两个送回家了。

下面我们来看量词结构：

(7) a. 他想找<u>个学生</u>。

b. 有<u>个学生</u>来找过你。

表面上缺乏限定词和数词的量名结构，由于具有指涉性，跟其他有定或无定的名词性结构一样,都属于限定词短语,只不过在量名结构中,限定词和数词都是零形式。零形式限定词的存在决定了该短语是有指称意义的。汉语中只要有量词出现,名词性结构里就必须有数词。虽然例(7)中的“个学生”句法上没有数词,但语义上隐含着“一”的概念,因此我们认为在句法结构里有一个空数词“一”,如例(8)所示:

(8)
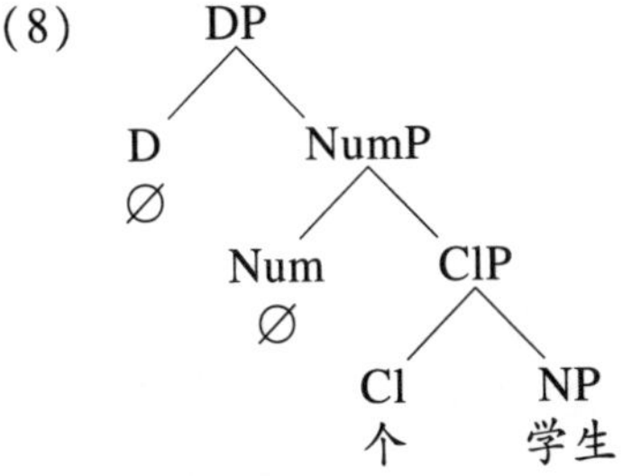

汉语中的“数+量+名”结构是表达不定指意义的主要形式,一般不出现在主语位置或者话题位置。例如:

(9) a. *三个学生吃过蛋挞。
b. *三个学生很聪明。
c. *三个学生,我以为吃过蛋挞。
d. *三个学生,我觉得很聪明。

出现在主语位置或者话题位置的可以是光杆名词,此时的光杆名词一定是定指的。例如:

(10) 学生正在吃蛋挞。

数量名结构有时也可以出现在主语位置或者话题位置。例如：

(11) a. 三个学生不够。
b. 三个学生往往吃不完四个蛋挞。

李艳惠(Li 1998)注意到"数+量+名"结构除了表示不定指意义外,还可以表示数量意义。不定指意义涉及个体论元,而数量意义纯粹表示量,不涉及任何实体。例如:

(12) 五个人吃得完十碗饭。

"五个人"并非指话语语境中的某五个人,而是表达了"五"这个量。李艳惠(Li 1998)提出,有两条证据可以证明此时的"五个人"不指向个体。证据一来自代词的回指。表示数量的"数+量+名"结构无法被人称代词回指。(13a)和(13b)中"三个人"表示数量意义,不指向个体。(13c)和(13d)中的"三个人"指向个体,可以用代词回指。

(13) a. *三个人$_i$ 抬不起两架你给他们$_i$ 的钢琴。
b. *张三知道三个人$_i$ 一定搬不动自己$_i$ 的钢琴。
c. 他明天会看到三个人$_i$,还会跟他们$_i$ 做朋友。
d. 张三叫三个人$_i$ 回去把自己$_i$ 的钢琴搬来。

证据二来自对辖域歧义的观察。李艳惠(Li 1998)观察到表示数量意义的"数+量+名"结构不会导致辖域歧义。①(14a)中的"三个

① 当两个量化短语出现在同一个句子中的时候,会有辖域歧义现象。可参看§2.2.2对宽域解读和窄域解读的介绍。(14a)中的"三个人"和"五碗饭"是数量短语,不是量化短语,因此两者都没有辖域属性。(14b)中的"三个人"和"五碗饭"都是量化短语,因此都具有辖域属性。

人”表示“三”这个量,而“五碗饭”表示“五”这个量。数量短语没有辖域属性,这个句子没有歧义;而(14b)的“三个人”和“五碗饭”表示的都是不定指意义,是量化短语,因此具有辖域属性。当“三个人”取宽域解读,“五碗饭”取窄域解读时,(14b)表示“存在三个人,每个人都吃了五碗饭,即三个人总共吃了十五碗饭”。当“三个人”取窄域解读,而“五碗饭”取宽域解读时,表示“有五碗饭被三个人吃了”。

(14) a. 三个人,我知道吃得完五碗饭。

b. 我让三个人吃了五碗饭。

从例(14)可以看出,汉语的“数+量+名”结构既可以表示不定指意义,也可以表示数量意义。如果“数+量+名”结构表示的是数量意义,那整个句子的论元关系是如何实现的呢?表示数量意义的“数+量+名”结构和动词是一个什么关系?这些问题我们将在本章第四节详细阐述。

3.1.2 名词性结构的跨语言比较

Abney(1987)提出的限定词短语假设认为,充当论元的名词性结构的中心词是限定词(D),而非名词(N)。汉藏语名词性结构中,底层的NP和顶层的DP中间会有数词和量词的句法投射。量词的基本功能是个体化(individuating)。数词的基本功能是计数(counting)。限定词的功能是给生成的名词性结构赋予指涉意义。汉语是没有冠词系统的语言,但目前发现在很多汉语方言中,存在由数词“一”演变而来的不定冠词的用法,以及由指示词演变而来的定冠词的用法。方梅(2002)通过对北京话口语材料的分析,发现“一个”脱落“个”之后,念阳平的“一”具有不定冠词的功能。例如,“他就一学生”中的“一”相当于英语不定冠词的用法,无法和指示词同现。而在北京话口语中,名词不带量词直接受“这/那”修饰的时候,“这/那”也发展出了定冠词的功能。

郑礼珊、司马翎(Cheng & Sybesma 1999)率先从形式句法的视角对汉语名词性结构进行了跨方言的研究。通过对比普通话和广东话,该文指出普通话的光杆名词可以有类指、不定指和定指三种解读,但广东话的光杆名词只有类指和不定指两种解读。广东话表达定指时,必须使用量名结构。他们的研究启发了大家开始关注汉语中的“量名结构”。越来越多的研究讨论了名词性结构在不同语言中的独特语法表现(Simpson 2005;陈玉洁 2007; Li & Bisang 2012;张庆文、邓思颖 2014; Zhang 等 2015)。

刘丹青(2002)对比了汉语南北方言中量词和指示词功能上的差异,指出北方方言属于指示词强势型语言,而粤语等南方方言属于量词强势型语言。盛益民(2017)从语言类型学的角度,区分了汉语方言定指“量名”结构的两种类型:准冠词型量名结构和准指示词型量名结构,并详细考察了汉语方言中定指“量名”结构的类型差异与共性表现。李旭平(2018)分析了吴语富阳话名词性结构的指称特点,发现:吴语富阳话中的光杆名词只能表示类指,而不能表示不定指或者定指,后者的任务落到了“量名”短语身上。从这个角度来看,他认为吴语可能比粤语更具有“量词强势型”特点。

苗瑶语中,名词、数词、量词组合时的语序往往表现为“数+量+名”结构。指示词的语序分为两种:在苗语中,指示词出现在名词性结构的右边缘位置(“数+量+名+指示词”结构),而在瑶族勉语中,指示词出现在名词性结构的左边缘位置(“指示词+数+量+名”结构)。

藏缅语中,名词、数词、量词组合时,有两种不同的语序:在彝语中,表现为“名+数+量”结构;在景颇语中,表现为“名+量+数”结构。语序是“名+数+量”结构的语言,量词一般都很丰富,如彝语、缅甸语等；而语序是“名+量+数”结构的语言，量词一般都很贫乏，如藏语、景颇语等。杨将领（2005）认为藏缅语数量短语原始的组合顺序可能是“量词+数词”，后来部分语言演变成了“数词+量词”语序。

3.2　汉藏语中的简单名词性结构

3.2.1　景颇语的简单名词性结构①

景颇语简单名词性结构的语序为：N+Cl+Num+Dem。景颇语的名词性结构在三个方面很有特色。一是个体量词可以省略。二是有两个表示“一”的数词，分别为“langai”和“mi”。三是有丰富的指示词，且指示词的语序非常自由。下面我们分别从这三个方面介绍景颇语的简单名词性结构。

3.2.1.1　量词的省略

戴庆厦、蒋颖（2005）全面考察了景颇语的量词系统，他们观察到景颇语个体量词较少，个体名词计量时，名词可以直接和数词结合，往往不必使用量词，因此他们认为景颇语量词处于萌芽期，景颇语个体量词是名量词中使用频率最低、最不稳定的一类。

戴庆厦（2012）总结了名量词在景颇语句中“用与不用”的三种情况：必须使用、不使用、可用可不用，并分别作了如下说明。

必须使用名量词的有以下三种情况：

1）量词为度量衡单位词的，例如：mu^{33}亩、$siŋ^{31}$升、$ʒoŋ^{31}$两

① 景颇语（Jingpo）属汉藏语系藏缅语族景颇语支。在中国，主要分布在云南省德宏傣族景颇族自治州的芒市、陇川、瑞丽、盈江等县。国外一般称克钦语，主要分布在缅甸北部。

2）量词为集体单位的，例如：phuŋ^{33}群、kap^{31}对、man^{33}双

3）量词为时间单位的，例如：ja^{ʔ55}天、niŋ^{33}年、na^{ʔ55}夜

不用量词的有以下两种情况：

1）计算可数名词的个体单位数量时，大都可以不用名量词。名词可以直接和数词组合。表示“一”的概念时，并列使用两个表示“一”的词“lǎ^{55}ŋai^{51}”和“mi^{33}”。例如：

（15）a. ti^{ʔ31} mǎ^{31}sum^{33}

锅 三

三口锅

b. tʃoŋ^{31} lǎ^{55}ŋai^{51}mi^{33}

学校 一 一

一所学校 （戴庆厦 2012：139）

2）与个体名词结合的数词是合成数词时，习惯上不用名量词。例如：

（16）a. nam^{31}si^{31} khum^{31} lǎ^{55}khoŋ^{51}

果子 个 二

两个果子

b. nam^{31}si^{31} ʃi^{31} mǎ^{31}sum^{33}

果子 十 三

十三个果子 （戴庆厦 2012：139）

可用可不用的情况主要是指个体名词一般不用名量词，只有需要明确计量单位的时候，才需要使用名量词。例如“一支筷子”一般说成“khoi^{33}tse^{31}+lǎ^{55}ŋai^{51}+mi^{33}”（“筷子一一”），不用量词，但若要

突出量的单位，以示与“双、把”等的区别，也可以加上量词“khat^{55}”（“支”），说成“khoi^{33}tse^{31}+khat^{55}+mi^{33}”（“筷子支一”）。

戴庆厦、蒋颖（2005）发现量词萌芽型语言除了景颇语之外，还有藏语等语言，而分布在南部地区的彝缅语支语言如彝、哈尼、傈僳、纳西、载瓦、阿昌等语言都属于量词发达型语言。通过比较景颇语和哈尼语，他们发现景颇语的数词以多音节为主，而哈尼语的数词以单音节为主，而像哈尼语这样数词是单音节词的语言，如果个体名词计量时不加量词，数量表达的清晰度就很低。从语义学的角度来看，我们认为可以把“清晰度很低”理解为哈尼语中的数词代表的只是数值<n>，数值需要变成属性到属性的函数（≪e,t>,<e,t≫）之后，才能和名词（<e,t>）结合，量词的功能就是使数值转变成函数（<n,≪e,t>,<e,t⋙）。景颇语的数词不仅可指称数值，本身也具有函数功能（≪e,t>,<e,t≫），因此可以直接和名词结合。

戴庆厦、蒋颖（2005）还观察到：与景颇语亲属关系最为接近的独龙语，由于它是“名+数+量”语序，因此产生了反响型量词，名量词相对更加发达；而景颇语是“名+量+数”语序，名词和量词紧紧贴在一起，难以产生反响型量词，使得景颇语名量词不发达。戴庆厦、蒋颖（2005）从类型学的角度阐释了景颇语量词不发达的原因，归纳为以下两个特征：（1）数词多音节化；（2）名词性结构内部的“名+量+数”语序。戴庆厦（2012）认为景颇语名量词的用与不用，反映了景颇语量词的使用从不确定到确定的变化过程，是量词产生发展过程中的过渡现象，对研究汉藏语量词的起源与演变很有价值。

3.2.1.2　langai［lǎ^{55}ŋai^{51}］和 mi［mi^{33}］

为什么（15b）中的“tʃoŋ^{31} lǎ^{55}ŋai^{51} mi^{33}”会出现两个“一”？这两个“一”有何不同？为什么“一只筷子”要说成“khoi^{33}tse^{31}+khat^{55}

+mi^{33}”(“筷子支一”),而不能说成“khoi^{33} tse^{31} +khat^{55} +lǎ^{55} ŋai^{51}”?顾阳(2009)对景颇语中的“langai”和“mi”进行了深入细致的研究。在详细考察“langai”和“mi”句法分布的基础上,顾阳(2009)指出“mi”和量词的关系非常密切,景颇语的量词体系正在发展完善,所以“名词+量词+mi”结构日趋稳定,而“名+langai+mi”的模式也有其独特的功能,即标记不定指义。下面我们在顾阳(2009)的基础上,梳理“langai”和“mi”的不同。①

上文已经说明,景颇语名词性内部结构为“名+量+数”语序,其中的名量词可以是个体量词,也可以是度量量词。

(17) a. jongma　marai　masum
学生　个　三
三个学生
b. hpa　wan　lahkong
粥　碗　两
两碗粥

在景颇语中,“一个学生”有两种不同的表达方式“N +langai +mi”或者“N +Cl+mi”。当一个名词性结构带有量词时,“mi”与“langai”便不能同现,这种情况下,只能使用“mi”,另外,当“langai”和“mi”同现时,两者位置不可颠倒。例如:

(18) a. *jongma　marai　langai　mi
学生　个　一　一

① 顾阳(2009)原文中的例句使用的是景颇文,而非国际音标,在下面对顾阳(2009)的介绍中,我们亦遵循原文。

b. jongma marai mi
学生 个 一

c. *jongma marai langai
学生 个 一

d. jongma langai mi
学生 一 一

e. *jongma mi langai
学生 一 一

当名词组所带的数词大于“一”时，mi 不能出现。

(19) a. chyahkan langai mi
螃蟹 一 一
一只螃蟹

b. *chyahkan masum mi
螃蟹 三 一
拟表达：三只螃蟹。

顾阳(2009)认为“N+langai+mi”中的“langai”是数词“一”，整个结构表现为“N+Num+mi”。景颇语中个体量词是可以不出现的。现在需要回答的问题是为什么“langai+mi”的前面绝对不能出现量词，也就是说，景颇语不允许“N+Cl+langai+mi”结构，如(18a)所示。量词如果出现，数词“langai”就不能出现，如(18c)所示。顾阳(2009)认为景颇语中存在可数名词和不可数名词的区别，可数名词是有界名词，因此自身可以完成切分操作，为数词的计量提供个体；不可数名词为无界名词，因此需要度量衡量词来完成切分，为数词的计量提供个体。这很好地解释了为什么景颇语中的个体量词可以省略,也可以不省的原因。从句法的角度来看,如果把切分(division,简称 Div)看成是一个功能范畴,我们可以得到如下结构:

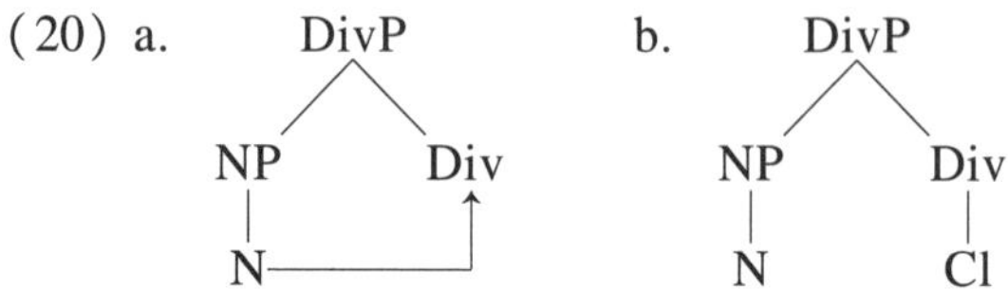

在(20a)中,名词通过中心词移位,移动到 Div,从而形成切分个体。在(20b)中,名词没有移位,通过添加量词的方式完成切分操作。也就是说,景颇语中的可数名词既可以通过移位方式获得切分,也可以通过添加量词的方式获得切分。通过移位获得切分的名词类似于英语中的可数名词,通过添加量词获得切分的名词类似于汉语中的不可数名词,这一现象说明景颇语在名词的可数性方面存在典型的过渡型语言的特点。

在带有量词的结构中,只可以用"mi"来表示"一",那"mi"占据的是什么句法位置呢?顾阳(2009)发现带 mi 的名词性结构往往都具有不定指意义,可以出现在存现句中:

(21) a. Hka e hpuntong langai mi yong hkrat wa
水 里 木头 一 一 顺 向下 来
ra ai.
句尾
河里淌下来一块木头。

b. Hkahkong e nga langai mi rong ai.
水沟 里 鱼 一 一 有 句尾
水沟有一条鱼。

c. Gahtong e jong langai mi nga ai.
寨子 里 学校 一 一 有 句尾
寨子里有一所学校。

例(21)中的句子均有存在意义,其中的名词性结构除了表示数量为“一”外,还带有指涉性,顾阳(2009)据此推断“mi”是一个给名词标注不定指义的成分,类似于英语中的不定冠词。英语中的不定冠词除了标注不定指义之外,还包含“一”的概念,但景颇语的“mi”不包含“一”的概念,只有不定指义,数量义由真正的数词“langai”承担。根据顾阳(2009)的分析,我们可以将“N+langai+mi”的内部结构表示如下:

(22)

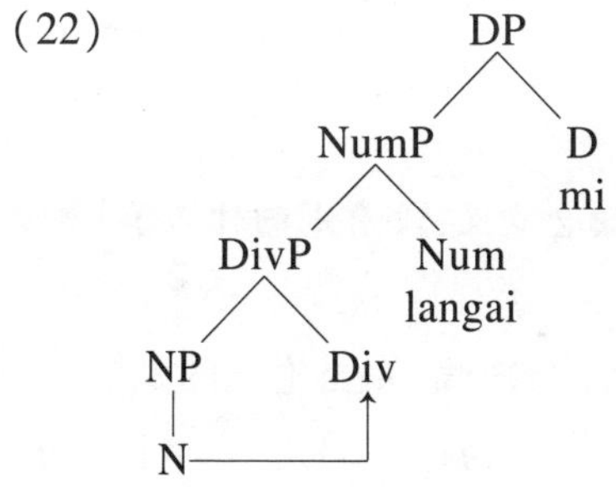

顾阳(2009)的分析能很好地解释(18a)中量词和“langai”不能同现的情况。当量词出现的时候,名词属于不可数名词,量词需要同时完成切分和计量工作,在切分范畴中心语(Div)位置基础生成的量词需要移动到数词(Num)的位置,完成计量工作。在这种情况下,量词本身兼有了数词“一”的功能,因此“langai”无法显现,如例(23)所示。

(23)

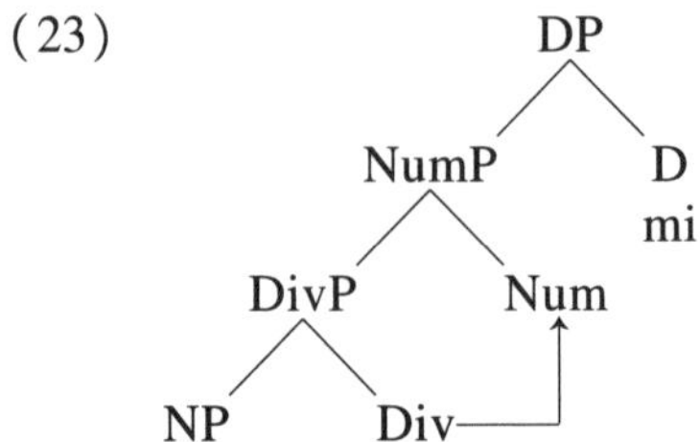

顾阳(2009)给出如下例句,证明景颇语中的"langai"和"mi"的区别确实在于"数"特征和指涉特征。

(24) a. Masha langai sha n lo ai.
人 一 只/仅 不 够 句尾
仅一个人不够。[隐含意义:多些人才够]
b. Masha langai mi sha nga ai.
人 一 一 只/仅 有 句尾
只有一个人。[隐含意义:没有别的什么了]

(24a)中的谓词为数量谓词"够",因此,充当论元的是数目短语,而非限定词短语。(24b)中的谓词为存在动词,充当论元的是受存在封闭约束的个体变量,具有不定指意义。景颇语中数目短语的显性形式是"N+Num",而单数意义的不定指短语,其显性形式是"N+Num+mi",其中,"mi"是不定指标记。景颇语"langai"和"mi"呈现出来的差异,为我们正确认识汉语中的数目短语具有很强的启发意义。汉语中的"数+量+名"结构是具有歧义的结构,既可以是表示数量意义的数目短语,也可以是表示个体指称意义的、具有零形式限定词的不定指短语。例(24)说明这样的歧义在景颇语中并不存在。

3.2.1.3　景颇语的指示词

英语的指示词是不能和冠词连用的。例如：

(25) a. *the these students

b. *these the students

英语的指示词和冠词一样，基础生成在限定词(D)的位置，两者竞争同一个句法位置，因此只允许其中一个出现。在罗马尼亚语中，指示词和冠词可以同现。例如：

(26) a. baiatul　acesta　frumos

boy-the　this　nice

'this nice boy'

b. acest　(frumos)　baiat　(frumos)

this　nice　boy　nice

'this nice boy'　(Giusti 1997, 2002)

在罗马尼亚语中，名词可以并入到冠词，其后紧接指示词，如(26a)所示。当指示词出现在名词性结构的最前面时，冠词不能出现，如(26b)所示。这是因为限定词和其指定语位置不能同时被填充，即所谓的限定词短语的双填充限制(doubly-filled DP filter)。①此时的指示词占据了 SpecDP 的位置，也就是说，罗马尼亚语中的指

① 限定词短语的双填充限制(doubly-filled DP filter)是指一个 DP 短语中，中心词和指定语不能同时被显现成分填充，只能是其中一个被填充。与该限制类似的是"标句词短语的双填充限制"(doubly-filled CP filter)，即一个标句词短语(CP)的中心词和指定语不能同时被显现成分填充。换句话说，一个标句词短语既可以由中心词 that 引导，也可以由指定语 which 引导，但是不能由 which that 引导。

示词不是限定词(D),而是在 DP 的指定语位置。在西班牙语中,指示词也可和冠词共现。西班牙语的指示词有两种语序:"D+N+Dem"和"Dem+N",如(27a)和(27b)所示。

(27) a. el libro este
the book this
b. este libro
this book
c. *este el libro
this the book
d. *libro este
book this (Bruge 2002)

Bruge(2002)认为不管指示词出现在名词前面还是后面,它都占据某个功能词投射的指定语位置,充当修饰语。

在景颇语中,指示词分为单数指示词和复数指示词。单数指示词可以出现在名词前(Dem+N)、名词后(N+Dem)或者前后都出现(Dem+N+Dem)。复数指示词只能出现在名词的后面。刘鸿勇、顾阳(Liu & Gu 2009)从语言对比的角度分析了景颇语的指示词系统,认为景颇语的指示词既可充当核心功能词,也可像西班牙语中的指示词那样,充当修饰语。在刘鸿勇、顾阳(Liu & Gu 2009)的基础上,下面我们详细讨论景颇语指示词的功能。

戴庆厦(2012)指出景颇语的指示词有远近、高低的不同。例如:

		指示词
近指	近说话人	ndai
	近听话人	dai

续　表

		指示词
远指	高指	htora
	平指	wora
	低指	lera

景颇语的指示词分为近指、远指和近远指这三种形式:近指用来指示离说话人较近的事物;远指用来指示距离说话人、听话人均较远的事物;近远指是指距离听话人较近而距离说话人较远的事物。远指的高低又分为平指、高指和低指三种,是以说话人和听话人的位置高低来区分的。如果我们把近指和近远指归为一类,那么景颇语的指示词包括近指和远指。戴庆厦(2012)指出景颇语的指示词有"数"的范畴,复数形式在语音上表现为"ni"或"hte"。景颇语指示代词的复数形式如下表所示:

		Dem-ni	Dem-hte
近指	近说话人	ndai-ni	ndai-hte
	近听话人	dai-ni	dai-hte
远指	高指	htora-ni	htora-hte
	平指	wora-ni	wora-hte
	低指	lera-ni	lera-hte

在语义上,"ni"和"hte"两者都表示复数,但在用法上存在显著差异。可以从下面的例句中观察到两者之间的差异:

(28) a. Wa　ndai-ni　sun　nau　shang　ai.
猪　这些　院子 太　进　句尾
这些猪老进院子里去。
b. Wa　ndai-hte　sha　lu　niai.
猪　这些　只　有　句尾
我只有这些猪了。　(戴庆厦 2012:73)

戴庆厦(2012)认为"ni"强调的是与单数相对应的多数,而"hte"强调的是不定量多数。我们可以用提问方式来区别这两类不同的数标记。(28a)中的"wa ndai-ni"需要用"什么"进行提问,而(28b)中的"wa ndai-hte"需要用"多少"进行提问。其实,汉语中的"这些N"也是有歧义的,既可以表示个体,也可以表示数量。景颇语通过不同的语音形式区分了这两类语义不同的指示词。这是十分有趣的现象,目前在别的语言中,我们还没有发现指示词存在两类不同的复数形式,其中一类指称复数个体,另外一类指称不定量多数。

景颇语中,指示词的单数形式既可以出现在名词前,也可以出现在名词后。例如:

(29) a. Marau hpun dai grai tu tsom ai.
松树 那 很 长 漂亮 句尾
那棵松树长得很好。
b. dai marau hpun grai tu tsom ai.
那 松树 很 长 漂亮 句尾
那棵松树长得很好。

而复数形式只能出现在名词之后。例如:

(30) a. Wa ndai-ni sun nau shang ai.
猪 这些 院子 太 进 句尾
这些猪老进院子里去。
b. Wa ndai-hte sha lu niai.
猪 这些 只 有 句尾
我只有这些猪了。

景颇语的指示词可以出现在名词的两端，但如果整个结构是复数意义时，则出现在名词前面的指示词必须是单数形式，复数形式只能出现在名词之后。例如：

（31）a. ndai　mu　ndai
这　事　这
这件事
b. ndai　mu　ndai-ni
这　事　这些
这些事
c. mu　ndai-ni
事　这些
这些事
d. *ndai-ni　mu　（ndai-ni）
这些　事　这些
拟表达：这些事。

例（30）和（31）说明景颇语的复数指示词不能出现在名词之前。如果名词性结构中包含数量成分，单数指示词可以出现在 N+Cl+Num 之前或之后，但是复数指示词只能出现在 N+Cl 之后。例如：

（32）a. Ndai　n-gu　kyin　masum　n　ra　nngai.
这　米　斤　三　不　想　句尾
我不想要这三斤米。
b. N-gu　kyin　masum　ndai　n　ra　nngai.
米　斤　三　这　不　想　句尾
我不想要这三斤米。

c. N-gu kyin ndai-hte n ra nngai.
米 斤 这些 不 想 句尾
我不想要这几斤米。

景颇语的复数指示词(Dem_{Pl})和数词是不能同现的,这是因为复数指示词本身已经包含了数量意义,和表示具体数目的数词在语义上重复了。能出现在 N+Cl+Num 之后的只能是单数指示词(Dem_{Sg})。例如:

(33) a. Mala a laika buk lahkong ndai
麻腊 的 书 本 两 这
这两本麻腊的书。

b. *Mala a laika buk lahkong ndai-hte
麻腊 的 书 本 两 这些
拟表达:这两本麻腊的书。

我们可以把景颇语指示词的句法分布总结如下:

(34) a. [$Dem\text{-}_{Sg}$>N(>Cl>Num)]
b. [N(>Cl>Num) >$Dem\text{-}_{Sg}$]
c. [$Dem\text{-}_{Sg}$>N(>Cl>Num) >$Dem\text{-}_{Sg}$]
d. [$Dem\text{-}_{Sg}$>N(>Cl) >$Dem\text{-}_{Pl}$]
e. [N(>Cl) >$Dem\text{-}_{Pl}$]

其中,(34a—34c)说明景颇语单数指示词可以出现在名词前、名词后或名词前后同时出现。(34d)说明单数指示词可以和复数指示词同现。(34e)说明复数指示词只能出现在名词后面,且不能和数词同现。

下面我们来分析这些句法结构是如何生成的。先来看 Dem-hte 的句法表现。我们知道-hte 能够赋予名词性结构数量解读,因此,我们可以把-hte 看成是基础生成于 Num 位置的词缀,需要向上移动并附着在限定词(D)上,结构如例(35)所示。在例(35)中,数标记-hte 基础生成在 Num 位置,阻碍了其他数词的出现,因此,ndai-hte 是不能和其他数词同现的。另外,例(35)中的 Cl 位置没有出现量词,这是因为景颇语中可数名词的量词往往不出现,但如果是度量词,则可以出现。例如,(32c)中的"n-gu+kyin+ndai-hte"("这几斤米")合乎语法。

(35)

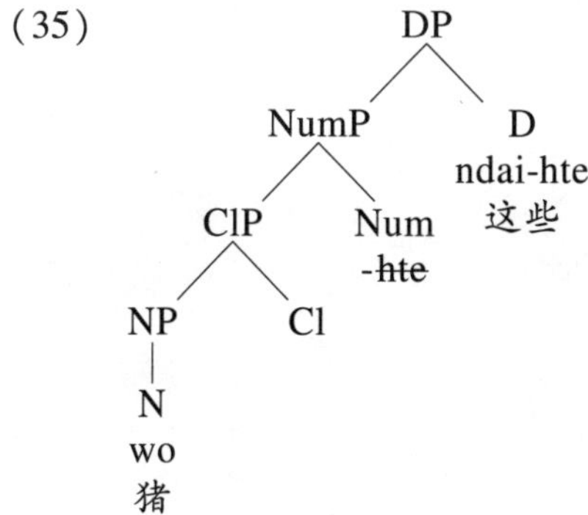

如果例(35)中的指示词不出现,那么"hte"就附着在名词上。例如:

(36) a. ma-hte　　(至少两个)孩子
　　b. gumra-hte　(至少两匹)马

接下来我们来看“ndai-ni”的句法表现。“ni”作为复数标记,除了可以接在指示词之后,还可以接在名词之后。例如:

(37) a. Mani masha-ni madim jung ai.
昨天 人-们 鱼塘 挖 句尾
昨天人们挖了一个鱼塘。
b. Shabrang-ni nbu-ru di la ai.
年轻人-们 银杏叶 摘 拿 句尾
年轻人都在摘银杏叶。

带“ni”的名词除了表示复数之外,还具有定指意义,因此,我们不能把“ni”看成和英语中的复数标记一样,它们之间有很大的区别。例如:

(38) a. three men
b. *masha-ni masum
人-PL 三
拟表达:三个人。

(38b)说明“ni”除了表示复数意义和定指意义之外,还包括数量意义。否则,我们不能解释为什么“mashi-ni”不能像英语的复数名词“men”那样与数词组合。基于这些证据,我们可以把包含“ndai-ni”的结构分析如下:“ni”基础生成在量词的位置,表达的是复数意义,它向上先移动到 Num 的位置,然后继续移动并最终附着在指示词的后面,形成指示词的复数形式,如例(39)所示。这也能解释为什么(38b)中的“ni”和数词“masum”无法共现:“ni”

和“masum”都需要占据 Num 的位置，二者只能取其一。汉语普通话中的“这些”也排斥与具体的数词同现。

(39)
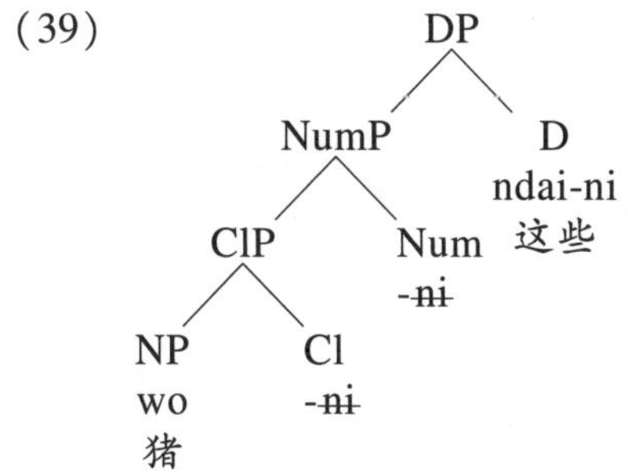

接下来，我们分析景颇语的单数指示词。我们知道景颇语单数指示词和名词组合时，有三种不同的方式：Dem+N、N+Dem 和 Dem+N+Dem。如果把 Dem 看成是限定词 D，那么 N+Dem 应该是最合理的语序，但我们发现 N+Dem 有时候并不构成定指短语。例如：

(40) N-gu ndai kyin masum n ra nngai.
米 这 斤 三 不 想 句尾
我不想要三斤这米。

在这句话中，“n-gu+ndai”（“米+这”）处于数量词的前面，从句法上看，充当量词的补足语。我们知道，DP 是不能做 Cl 的补足语的，Cl 的补足语需要是 NP。我们认为出现在名词前或名词后的单数指示词，和西班牙语的指示词一样，是形容词性的指示词。出现在名词前的形容词性指示词基础生成于 SpecNP 的位置，而出现在名词后的是 NP 的附加语。

(41) a.

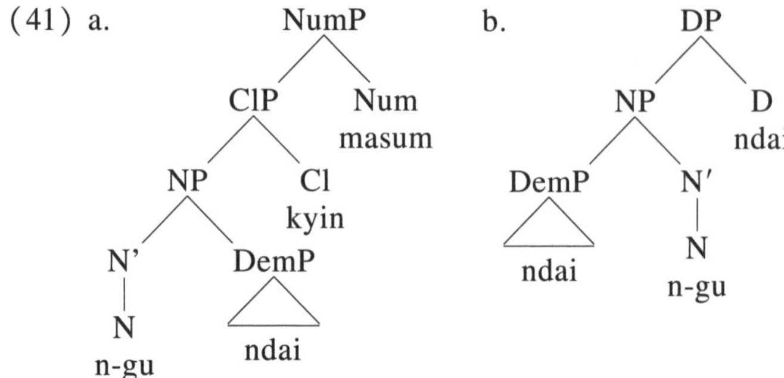

例(40)中的名词性短语的内部结构如(41a)所示。在 Dem+N+Dem 结构中,名词之前的 Dem 是形容词性的指示词,基础生成于 SpecNP 的位置,起修饰作用,而名词之后的 Dem 是限定词,赋予整个结构定指意义。整个结构可分析为[[Dem+N]+Dem],如(41b)所示。根据例(41),我们可以推测出如下结构:

(42)

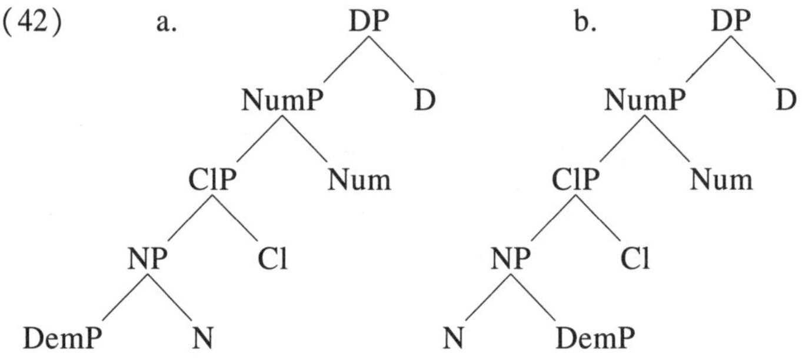

我们发现景颇语中的确存在这样的结构。例如:

(43) a. [$_{NP}$ ndai [nye a laika]] buk lahkong ndai
这 我 的 书 本 两 这

这两本我的书。

b. [$_{NP}$ [Sara Yue a laika] ndai] buk lahkong ndai
老师 岳 的书 这 本 两 这
这两本岳老师的书。

我们可以从例(43)得出这样的结论:在NP内部的指示词(只可能是单数形式)都是形容词性的,只有基础生成在DP层的指示词才是真正的限定词。景颇语的指示词可以同时出现在名词之前和之后,形成"Dem+N+Dem"结构,这是因为景颇语的指示词既可以充当限定词短语的中心词(D),也可以用指示词短语的形式充当名词的修饰语。景颇语的复数指示词本身具有数量意义,无法与具体的数词连用。不论是"ndai-ni"还是"ndai-hte",都只能充当限定词,不能出现在名词的前面充当修饰语。

3.2.2 凉山彝语的简单名词性结构①

凉山彝语的简单名词性结构的语序为:N+Num+Cl。表示定指的名词性结构在凉山彝语中有两种不同的表达方式:N+Dem+Num+Cl或N+Num+Cl+定指标记su^{33}。当数词为"一"的时候,可以省略为:N+Dem+Cl或N+Cl+定指标记su^{33}。

在讨论凉山彝语的数量词之前,我们先看凉山彝语光杆名词的用法。凉山彝语光杆名词在主语位置可以表示类指或定指,如例(44)所示:

---

① 彝语属于汉藏语系藏缅语族彝语支。彝语有六种方言。彝语北部方言,又称诺苏彝语、凉山彝语、四川彝语,是彝语最大的方言,操这种方言的人自称"诺苏"(ꆈꌠ Nuosu),主要分布在四川凉山彝族自治州和云南省北部。

(44) a. khɯ^{33} vu^{21}du^{33} ka^{55}. (类指)
狗 骨头 喜欢
狗喜欢(啃)骨头。
b. khɯ^{33} i^{21} ȵi^{21} kha^{33}-dʑʅ^{33}-kha^{33}. (定指)
狗 今天 高兴-很-高兴
狗今天很开心。

凉山彝语光杆名词在宾语位置可以表示类指、定指和不定指,如例(45)所示:

(45) a. ŋa^{33} khɯ^{33} hɛ^{33} vu̠^{33}. (类指)
我 狗 喜欢
我喜欢狗。
b. mu^{33}ka^{55} ʑʅ^{33} ndo^{33} sa^{55} o^{33}. (定指)
木嘎 汤 喝 完 了
木嘎把汤喝完了。
c. mu^{33}ka^{55} thɯ^{21} ʑʅ^{33} vʅ^{33} bo^{33} o^{33}. (不定指)
木嘎 书 买 去 了
木嘎去买书去了。

除了光杆名词能充当论元之外,凉山彝语中的量词是构成定指短语和不定指短语的重要成分。“名词+数词+量词”是凉山彝语中表示不定指的重要形式,而彝语中利用量词来表示定指的基本形式有四种,其中最主要的是“名+量+su^{33}”结构(陈士林 1989)。在凉山彝语中,除了用“名+量+su^{33}”结构表示定指外,还可以用“名+指示词+量”结构表示定指。为什么彝语中存在两种不同的表示定指的结构呢?彝语的量词和指示词分别具有哪些语法功能?下面我们将围绕这两个问题，讨论凉山彝语的简单名词性结构。

3.2.2.1 凉山彝语的量词

量词一般可以分为名量词和动量词。根据郑礼珊、司马翎（Cheng & Sybesma 1999），名量词又可以分为可数量词（count-classifier）和不可数量词（mass-classifier）。不可数量词可以用来度量不可数名词，它通过提供一个度量单位使得不可数名词变得有界。例如，“水”作为物质名词，本质上是不可数的，是无界的，但我们可以用“杯子”或者其他容器来度量水使之成为可以计量的物体。在英语中，可数名词可以直接和数词组合，例如“three students”由数词“three”和名词“students”直接组合而成，但不可数名词不能直接和数词组合，例如“three cups of water”必须借助“cups”才能把数词“three”和不可数名词“water”组合起来。汉语的所有名词都不能和数词直接组合，必须借助量词，为什么呢？我们注意到汉语和英语的另外一个差别：汉语不存在表示单复数的语法标记，而英语有表示复数的语法标记。Borer（2005）认为汉语的量词体现的是“数”的概念。也就是说，英语的“数”体现在名词上，而汉语的“数”通过量词表现。因此，英语中有可数名词和不可数名词的区别，但汉语是可数量词和不可数量词的区别。

名词要成为论元，必须利用其他功能词将其转化为具有指称意义的限定词短语。在英语中，冠词可以帮助 NP 成为 DP；在广东话中，量词可以帮助 NP 成为具有指称意义的论元。Chierchia（1998）指出在没有冠词的语言里，将一个描述性的名词短语转化成定指论元必须借助 ι 算子。这个算子在广东话中表现为量词，在普通话中表现为隐性的算子，它们都能给光杆名词赋予定指性。彝语中最主要的表示定指的形式是“名+（数）+量+su^{33}”结构。例如：

(46) a. i^{33}ti^{44} gu^{44} su^{33} ʐo^{33} si^{44} la^{33}.
衣服 件 DET 拿 助词 来
把那件衣服拿来。

b. i^{33}ti^{44} so^{33} gu^{44} su^{33} ʐo^{33} si^{44} la^{33}.
衣服 三 件 DET 拿 助词 来
把那三件衣服拿来。

彝语的量词并没有所谓“后置冠词”的功能,真正起定指作用的是su^{33}。我们认为凉山彝语中的su^{33}是定指标记,基础生成在D的位置。对于(46a)中的名词性结构,我们很容易将其分析为例(47)这样的结构。

(47)

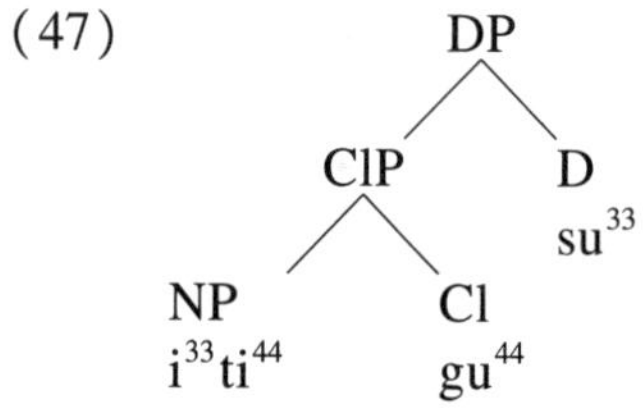

但这样的分析存在一个问题,如果“衣服”(i^{33}ti^{44})是量词(gu^{44})的补足语,按照中心词可允准补足语省略这个原则,“衣服”应该是可以省略的。例如,汉语中的“我要这件衣服”中的“衣服”省略之后,“我要这件”这句话依然成立。但是我们发现(48a)并不是一个合乎语法的句子,不能用来表达“把那件拿来”这个意思。

(48) a. *gu^{44} su^{33} ʐo^{33} si^{44} la^{33}.
件 DET 拿 助词 来
拟表达:把那件拿来。

b. so^{33}　gu^{44}　su^{33}　ʑo^{33}　si^{44}　la^{33}.
　三　件　DET　拿　助词　来
　把那三件拿来。

加上数词之后,句子又是合乎语法的了,(48b)表示“把那三件拿来”。省略了名词之后,我们不知道“那三件”指的是什么,可能是“衣服”,也可能是其他的东西。在这种情况下,“那三件”已经是定指性个体论元,“衣服”的功能是作为限制者(restrictor)来限制个体变量的属性为“衣服”。基于这样的考量,我们把(46b)中的名词性结构分析为例(49)。

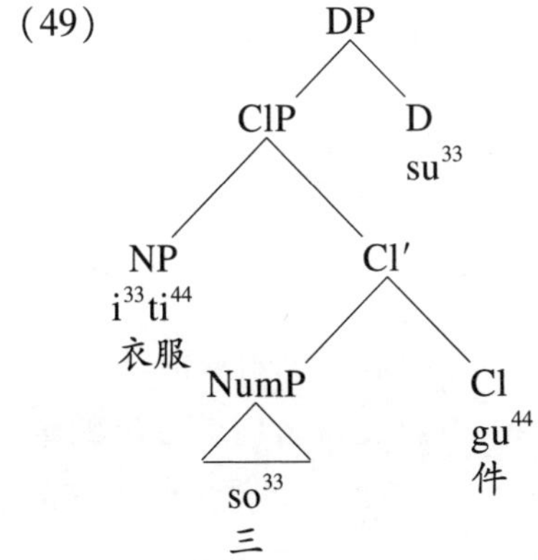

根据例(49)这样的分析,凉山彝语中的量词需要带数词短语充当其论元,量词的功能是将数词的指称由数值转为属性到属性的函数(语义类为≪n,≪e,t>,<e,t≫≫)。数词和量词组合,形成Cl′(语义类为≪e,t>,<e,t≫),然后和位于量词短语指定语位置的名词组合,形成ClP(语义类为<e,t>)。[①]量词作为中心词,可以允准其补

① 在(48b)中,“衣服”没有出现的时候,我们可以认为量词的功能是将数词的指称由数值转为属性(语义类为≪n,<e,t≫)。

足语省略,因此,当数词为"一"的时候,量词可以允准"一"省略,如(46a)所示。另外,由于名词"衣服"位于指定语位置,起修饰功能,省略它并不影响句子的合法性,如(48b)所示。但是,如果同时省略数词和名词,量词则无法单独充当论元,即使加上了定指标记,句子也不能成立,如(48a)所示。另外,刘鸿勇(Liu 2006)注意到 su^{33} 作为定指标记不能直接和名词组合。例如:

(50) a. $\underline{i^{33}ti^{44}\quad gu^{44}\quad su^{33}}\quad ʐo^{33}\quad si^{44}\quad la^{33}$.
衣服　件　DET　拿　助词　来
把那件衣服拿来。
b. $\underline{{}^{*}i^{33}ti^{44}\quad su^{33}}\quad ʐo^{33}\quad si^{44}\quad la^{33}$.
衣服　DET　拿　助词　来
拟表达:把那件衣服拿来。

在(50b)中,定指标记 su^{33} 直接接在名词之后,句子不合乎语法。我们在前文已经说过,凉山彝语中的光杆名词本身可以表示定指,如(44b)所示。这说明凉山彝语中由光杆名词引导出的个体变量,可直接受 ι 算子的约束表示定指。数词需要量词将其从数值转换成属性之后才能引导出个体变量,由定指标记 su^{33} 来约束这类个体变量。

彝语中没有一个严格意义上的表示不定指的冠词,但是有表示不定指的结构,即"名+(数)+量"结构。其中没有数词的"名+量"结构(例如,$i^{33}ti^{44}+gu^{44}$)的功能相当于英语的"不定冠词+N"结构。量词前加数词 $tsh\eta^{21}$"一"构成的"名词+$tsh\eta^{21}$+量词"结构,则相当于英语的"one+N"结构。顾阳、巫达(2005:79)发现在多数情况下,凉山彝语的"名+量"结构和"名+$tshi^{21}$+量"结构的意义相同,但是在作谓语的时候,只能使用前者。例如:

(51) a. mu^{33}ka^{55}　li^{33}　m̥a^{55} mo^{21}　ma^{33}　ŋɯ^{33}.
木嘎　TOP　老师　CL　是
木嘎是位老师。
b. *mu^{33}ka^{55}　li^{33}　m̥a^{55} mo^{21}　tshi^{21}　ma^{33}　ŋɯ^{33}.
木嘎　TOP　老师　一　CL　是

另外，在回答“多少”的时候，只能用“名+tshi^{21}+量”结构，不能用“名+量”结构。

(52) A. nɯ^{33}　zo^{34}zɯ^{33}　khɯ^{21}ȵi^{34}　ʑo^{33}　ɣɯ^{21} mo^{33}?
你　学生　多少　CL　看见
你看见了几个学生？
B. (zo^{34}zɯ^{33})　tshi^{21}　ma^{33}.
学生　一　CL
一个学生。
B'. *(zo^{34}zɯ^{33})　ma^{33}.
学生　CL

凉山彝语中的“名+数+量”结构可以直接做主语，即凉山彝语允许无定主语的存在，这点和汉语不同。例如：

(53) a. zo^{34}zɯ^{33}　so^{33}　ma^{33}　m̥a^{55}ʑi^{33}　ko^{34}　ȵi^{33}.
学生　三　CL　教室　里　坐
有三个学生坐在教室里。
b. zo^{34}zɯ^{33}　so^{33}　ma^{34}　su^{33}　m̥a^{55}ʑi^{33}　ko^{34}　ȵi^{33}.
学生　三　CL　DET　教室　里　坐
那三个学生坐在教室里。

在英语里，指示词与定冠词不可以同时出现。例如，我们不可以说“the that book”，与此类似，在凉山彝语中，指示词与定指标记su^{33}也是无法同现的。由于指示代词本身就表示定指，所以在英语里它必须出现在限定词短语的中心词位置，这就造成了指示代词与定冠词无法同现。不过，在罗马尼亚语(26a)和西班牙语(27a)中，指示词可以出现在形容词的位置，在这类语言中，定冠词是可以和指示词共现的。下面我们具体讨论凉山彝语中的指示词。

3.2.2.2　凉山彝语的指示词

凉山彝语的指示词有两个：近指“tshɿ^{33}”(“这”)，远指“a^{33}dzɿ^{34}”(“那”)。凉山彝语表示定指时，要么使用定指标记“su^{33}”，要么使用指示词。(54a)说明凉山彝语的“名+指示词+数+量”结构可以表示定指，而(54b)说明凉山彝语的“名+数+量+su^{33}”结构同样也可以表示定指。(54a)和(54b)中的名词性结构都具有定指性，两者的区别在于：使用指示词的时候，具有近指和远指的区别；使用su^{33}的时候，不具有方向性，单纯表示定指，即说话人和听话人都知道名词的所指。

(54) a. ŋa^{33} vɛ^{34}vɛ^{33} a^{33}dzɿ^{34} ȵi^{21} pu^{33} vɿ^{33} si^{34} la^{33} o^{34}.
我 花 那 两 朵 买 助词 来 了
我把那两朵花买来了。

b. ŋa^{33} vɛ^{34}vɛ^{33} ȵi^{21} pu^{33} su^{33} vɿ^{33} si^{34} la^{33} o^{34}.
我 花 两 朵 DET 买 助词 来 了
我把那两朵花买来了。

如果su^{33}占据的是中心词D的位置，那么“名+指示词+数+量”结构中的指示词是否也占据D的位置呢？我们认为凉山彝语的指示词并不占据D的位置，否则，“名+指示词+数+量”语序应该变成“名+数+量+指示词”。我们认为凉山彝语中的指示词应该处理成形容词性的指示词。我们把(54a)中带指示词的名词性结构分析为例(55)。

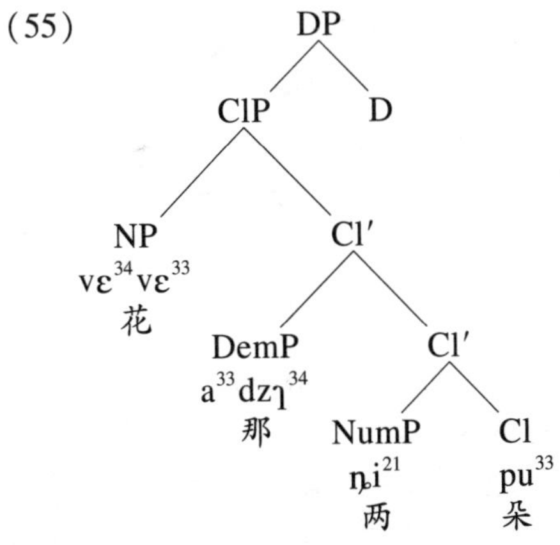

在例(55)的分析中,我们把凉山彝语中的指示词处理成了形容词性的指示词,类似于景颇语中出现在名词前后的单数指示词。不同之处在于景颇语的指示词可以成对出现,但在凉山彝语中,指示词和定指标记 su^{33}无法同现,如例(56)所示。

(56) *ŋa^{33}　<u>vɛ^{34}vɛ^{33}　a^{33}dzɿ^{34}　ȵi^{21}　pu^{33}　su^{33}</u>　vɿ^{33}　si^{34}

我　花　那　两　朵　DET　买　助词

la^{33}　o^{34}.

来　了

拟表达:我把那两朵花买来了。

如果名词性结构中只出现了指示词和量词,结构仍然成立。(57a)中当数量为“一”时,量词可以允准“一”的省略。(57b)显示凉山彝语中的"指示词+量"结构是可以充当论元的。

(57) a. ŋa^{33} vɛ^{34}vɛ^{33} a^{33}dzɿ^{34} pu^{33} vɿ^{33} si^{34} la^{33} o^{34}.
我 花 那 朵 买 助词 来 了
我把那朵花买来了。

b. ŋa^{33} a^{33}dzɿ^{34} pu^{33} vɿ^{33} si^{34} la^{33} o^{34}.
我 那 朵 买 助词 来 了
我把那朵买来了。

下面我们需要回答的问题是:为什么凉山彝语的指示词无法和定指标记"su^{33}"同现?如果我们把量词的功能看成是将数词转化为属性到属性的函数,那么数量词"tshɿ^{21}pu^{33}"("一朵")的指谓是属性到属性的函数。如果把指示词看成是形容词,那么指示词"a^{33}dzɿ^{34}"("那")具有远指属性。通过谓词修饰规则,"a^{33}dzɿ^{34}"和"tshɿ^{21}pu^{33}"可以构成一个新的属性$\lambda x.|x| = 1 \wedge$远指(x),如例(58)所示。这种情况下,零形式的 ι 算子可以将属性转化为定指个体。

(58)

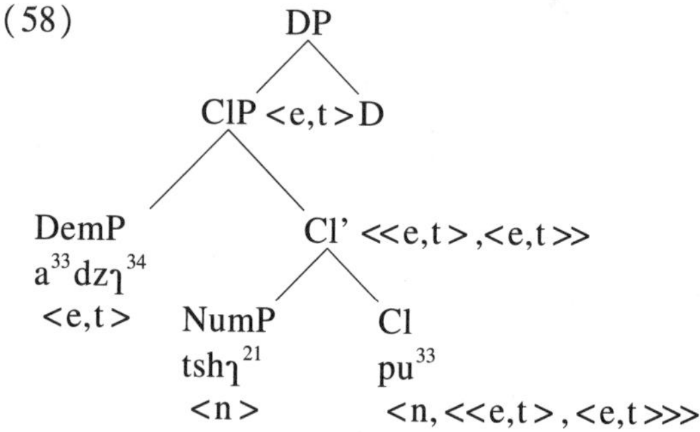

凉山彝语与英语和西班牙语一样,既有指示词,也有定指标记。与英语不同的是,凉山彝语的指示词并不能出现在 D 的位置,反而

是像西班牙语一样,出现在了形容词的位置。但与西班牙语不同的是,凉山彝语的指示词和定指标记无法同现。凉山彝语的指示词表现出和汉语普通话的指示词类似的定指机制,即通过确认事物的方位来获得名词性结构的定指性。除此之外,凉山彝语还存在另外一种定指机制,即使用类似于定冠词的定指标记"su^{33}",通过满足事物的唯一性来获得名词性结构的定指性。凉山彝语中包含量词的名词性结构只能取这两种定指机制中的一种来获得定指意义,这决定了凉山彝语中的指示词和定指标记不能同现。

3.2.3　腊罗彝语的简单名词性结构①

腊罗彝语中的简单名词性结构的语序为:N+Dem+Num+Cl,腊罗彝语只有一个不分近指和远指的指示词。为了区分近指和远指,腊罗彝语借用了汉语的指示词"这、那"。与凉山彝语和景颇语不同,腊罗彝语中的光杆名词不能和数量词组合;腊罗彝语中不存在 N+Num+Cl 或 N+Cl+Num 这类的简单名词性结构;腊罗彝语中的数量词,最主要的功能是修饰动词。也就是说,腊罗彝语中的数量短语在表达不定指意义时,不跟名词构成一个名词性短语,只能出现在动词前,作为分裂式数量短语使用,语义上指向充当主语或宾语的名词,呈现"形义错配"现象。

3.2.3.1　腊罗彝语的分裂式数量短语②

在汉藏语具有量词的语言中,量词往往和名词组合成表达定

---

① 腊罗彝语属于藏缅语族彝语支彝语西部方言,以云南大理市巍山县为中心,分布在邻近各地,如漾濞、永平、昌宁、凤庆、施甸、南涧、景东、弥渡、禄劝等县市。巍山的腊罗彝语内部分为西山和东山两个土语,两个土语之间基本能相互通话,词汇语法比较接近,但语音语调上有一定的差别。

② 本小节的部分内容,参见:卜维美、刘鸿勇(2020)。

指或者不定指意义的名词性短语(邓思颖 2003;Simpson 2005;陈玉洁 2007;顾阳 2009; X. Li 2013;张庆文、邓思颖 2014;盛益民 2017;李旭平 2018 等)。在凉山彝语中,名词和数量短语组合成的"名数量"结构可用来表达不定指意义(陈士林 1989;陈康、巫达 1998;杨将领 2005; Liu & Gu 2011 等)。在日语中,数量短语也可以和名词组合成"名+数+量"结构,表达不定指意义,如(59a)所示。

(59) a. [Gakusei san-nin]-ga ie-ni kaet-ta
[学生 三-个]-NOM 家-处所格 回-PAST
(koto).
(示证标记)
有三个学生回家了。

b. **Gakusei**-ga ie-ni **san-nin** kaet-ta
学生-NOM 家-处所格 三-个 回-PAST
(koto).
(示证标记)
有三个学生回家了。 (Nakanishi 2007)

在(59a)中,"学生"与"三个"构成一个"名数量"形式的名词性结构,充当句子的主语。在日语中,数量短语也可以和名词分裂,出现在谓语动词的前面,如(59b)所示。在(59b)中,"三个"与"学生"被"ie-ni"("家")隔开,表面上看起来似乎是"三个"从"学生"身边漂移走了,因此,这样的数量短语被称为漂移式量化词(floating numeral quantifier)。漂移式量化词中的量词在语义上指向前面的名词,但是句法上和谓语动词构成动词短语。

对于日语中的漂移式量化词,目前存在两种分析方法。第一种分析基于动词短语内部主语假设（VP-internal subject hypothesis），认为“gakusei san-nin”在 SpecVP 的位置基础生成，名词“gakusei”单独从 SpecVP 位置移动到了 SpecIP 位置，造成“san-nin”搁浅在 SpecVP 位置，这种分析法被称为搁浅分析法（the stranding analysis），当然，“san-nin”也可以和“gakusei”一起移动到 SpecIP 位置，如（59a）所示。Sportiche（1988）和 Miyagawa & Arikawa（2007）持这种观点，他们认为（59a）和（59b）具有相同的底层结构。第二种分析方法认为（59b）中的数量短语并不在 SpecVP 位置（动词短语内部的主语位置）基础生成，而是在 VP 附加语的位置，处在 SpecVP 位置的是名词 gakusei。也就是说，“gakusei”和“san-nin”无论在深层结构还是在表层结构，都不构成一个句法成分。这种分析法被称为附加语分析法（the VP adjunct analysis），Nakanishi（2007）和 Kim（2011）持这种观点。

以上两种分析方法各有利弊。搁浅分析法能很好地解释分裂式数量短语和名词之间的语义搭配关系，但是不能解释什么时候可以分裂，什么时候不能分裂。附加语分析法能很好地解释为什么数量短语与名词分裂时会受到特定的句法语义限制，能解释为什么并不是所有句子中的名词和数量短语都能分裂，但很难直接解释分裂式数量短语和名词之间的语义搭配关系。

假如我们能找到一种只允许存在分裂式数量短语的语言，那就能证明（59a）和（59b）不具有衍生关系，搁浅分析法就不攻自破了。我们发现腊罗彝语恰好就是这样一种语言。与汉语、日语不同，在腊罗彝语中，即使数量短语和名词紧贴在一起，也无法构成一个句法成分，如例（60a）所示。表面上的“名数量”结构仍然需要分裂成“名”和“数量”两部分，两者中间会出现语音上的停顿，如（60c）所示。

(60) a. *[$ɕo^{13}sen^{33}$ sa^{33} ma^{55}] $h\tilde{i}^{55}$ ku^{33} $ty^{55}ʑi^{55}$
[学生 三 $Cl_{个}$] 家 LOC 回 去
$kuɛ^{13}$.
已行体
拟表达:有三个学生回家了。

b. $ɕo^{13}sen^{33}$ $h\tilde{i}^{55}$ ku^{33} **sa^{33}** **ma^{55}** ty^{55} $ʑi^{55}$
学生 家 LOC 三 $Cl_{个}$ 回 去
$kuɛ^{13}$.
已行体
有三个学生回家了。

c. [$ɕo^{13}sen^{33}$] ‖ [**sa^{33}** **ma^{55}**] ty^{55} $ʑi^{55}$
学生 (停顿) 三 $Cl_{个}$ 回 去
$kuɛ^{13}$.
已行体
有三个学生回去了。

在例(60)中,数量短语只能与它后面的谓语动词组合成动词短语。在腊罗彝语中,名词和数量短语不论在语音层还是在逻辑层,都无法构成一个表达不定指意义的句法成分。数量短语语义上指向名词,句法上却必须和谓语动词组合成动词短语,呈现出一种"形义错配"的现象。①

以上跨语言的例子说明名量词进行个体量化时,可以采取直接方式(量化个体变量),或者间接方式(量化事件变量)。以此为标准,可以将语言划分为三种不同的类型。汉语和凉山彝语属于第一

① 数量短语和名词语义上的联系,表现为不同的名词需要与其相对应的量词搭配,这点和汉语普通话一样。

种类型的语言,名量词必须和名词组合;日语和韩语属于第二种类型,允许漂移式量化词,名量词既可以和名词组合,也可以和动词组合;腊罗彝语属于第三种类型,名量词只能和谓语动词组合。

腊罗彝语的数量短语只能和谓语部分构成动词短语,如果句子的谓语动词为及物动词,那动词前的数量短语在语义上到底是指向主语还是指向宾语呢?动词前的名量词是如何进行量化的呢?下面我们主要围绕这几个问题展开讨论。

3.2.3.2 腊罗彝语数量短语的语义指向

腊罗彝语的名量词主要出现在两个句法位置,一是紧贴在动词前,二是出现在句末作谓语。数量短语“三个”在(61a)中出现在动词之前,在(61b)中作句子的谓语。

(61) a. a^{31}ʂo^{33} ɕo^{13}sen^{33} ‖ sa^{33} ma^{55} ŋu^{55} a^{31}mu^{31}.
刚才 学生 三 Cl$_{个}$ 哭 EVD
刚才有三个学生在哭。

b. a^{55}mu^{13} di^{31} dɛ^{31} a^{31}pa^{31} ɕo^{13}sen^{33} ‖ <u>sa^{33} ma^{55}</u>.
阿木 PAT 打 NMZ 学生 三 Cl$_{个}$
有三个学生打了阿木。(字面意思:打阿木的学生有三个。)

腊罗彝语的动量词只能紧贴在动词之前。例如:

(62) a. a^{55}mu^{13} pɛ^{13}tɕin^{33} nɯ^{31} pho^{33} ʑi^{55} pɛ^{55}.
阿木 北京 两 Cl$_{次}$ 去 经历体
阿木去过两趟北京。

b. u^{33} la^{31}lo^{33} nɯ^{31} kho^{31} ɕo^{13} a^{55} tɕi^{55}.
他 腊罗 两 Cl$_{年}$ 学 完成体
他学了两年的腊罗彝语。

腊罗彝语中数量短语的语义指向十分复杂,我们先以例(63)这样一个包含了及物动词的简单句为例,来说明一下腊罗彝语中数量短语的语义指向情况。

(63) la³¹pa³¹ zɿ³¹pa³¹ sa³³ ma⁵⁵ kho³¹ ki³³.
老虎 狮子 三 Cl只 咬 进行体

这句话可用来描述以下四种不同的场景:

(64) a. 有三只老虎正在咬狮子
b. 老虎正在咬三只狮子
c. 有三只狮子正在咬老虎
d. 狮子正在咬三只老虎

不管描述哪种场景,都会在"老虎"和"狮子"的后面有语音上短暂的停顿,但是数量短语和动词之间没有语音上的停顿:

(65) la³¹pa³¹ ‖ zɿ³¹pa³¹ ‖ sa³³ ma⁵⁵ kho³¹ ki³³
老虎 狮子

例(63)之所以有四重歧义,是因为有两个因素在起作用,即施受关系和数量短语的语义指向。在例(63)中,"老虎"既可以是施事,也可以是受事,数量短语"三只"既可以指向施事,也可以指向受事。

腊罗彝语可以使用受事标记"di³¹"来区分施受关系。受事标记"di³¹"只能标在受事名词之后,不能标在量词后面,这也进一步说明腊罗彝语中的名词和数量短语不构成一个句法成分。

(66) a. la^{31}pa^{31}　zɿ^{31}pa^{31}-di^{31}　sa^{33}　ma^{55}　kho^{31}　ki^{33}.
老虎　狮子-PAT　三　Cl$_{\text{只}}$　咬　进行体
有三只老虎正在咬狮子。

b. *la^{31}pa^{31}　[zɿ^{31}pa^{31}　sa^{33}　ma^{55}]-di^{31}　kho^{31}　ki^{33}.
老虎　狮子　三　Cl$_{\text{只}}$-PAT　咬　进行体

(66a)加上受事标记“di^{31}”之后，施受关系就明确了，只能表示“老虎咬狮子”。与此同时，受事加上“di^{31}”之后，动词前的数量短语在语义上就不能指向受事了，只能指向施事。也就是说，在进行体的句子中，受事标记“di^{31}”具有双重作用：(1)标记受事；(2)阻断数量短语指向受事。(66a)只有一个意思，即“有三只老虎正在咬狮子”。如果要表达“老虎正在咬三只狮子”这样的意思，就需要把受事后面的受事标记去掉，但去掉之后，句子会生产歧义：动词前的数量短语“三只”既可以指向施事，也可以指向受事。而由于数量词在语义上既可以指向施事，也可以指向受事，如果动词前出现了两个数量词，句子的意思就会变得无法识别。因此，腊罗彝语无法表达“有三只老虎正在咬两只狮子”这样的意思。

在腊罗彝语中，名词排斥和数量短语组合成名词性短语，但并不排斥与“指示词+数量短语”组合成定指结构充当句子的论元。例如：

(67) a. *ʈʂhu^{55}　sa^{33}　ma^{55}　la^{31}pa^{31}-di^{31}　ɕi^{31}　ki^{33}.
人　三　Cl　老虎-PAT　杀　进行体

b. ʈʂhu^{55}　na^{55}　sa^{33}　ma^{55}　la^{31}pa^{31}-di^{31}　ɕi^{31}　ki^{33}.
人　那　三　Cl　老虎-PAT　杀　进行体
那三个人正在杀老虎。

(67b)的动词前不能再加数量短语，因为受事标记会阻断数量短语指向受事，这样一来，动词前的数量短语就只能指向施事，但施事已经包含了数量短语，因此句子会不合乎语法，如例(68a)所示。如果去掉(68a)中的受事标记“di^{31}”，句子又变得合乎语法了，如(68b)所示。

(68) a. *tʂhu^{55} na^{55} sa^{33} ma^{55} la^{31} pa^{31}-di^{31} sa^{33} ma^{55}
人 那 三 Cl 老虎-PAT 三 Cl$_{只}$
ɕi^{31} ki^{33}.
杀 进行体

b. tʂhu^{55} na^{55} sa^{33} ma^{55} la^{31}pa^{31} sa^{33} ma^{55} ɕi^{31}
人 那 三 Cl 老虎 三 Cl$_{只}$ 杀
ki^{33}.
进行体
那三个人正在杀三只老虎。

弄清楚了数量短语的语义指向机制之后，现在我们可以解释为什么例(63)具有四种不同的解读了。动词“咬”不包含施受关系的信息，进行体标记“ki^{33}”也不包含施受关系的信息，“老虎”和“狮子”的生命度相当，因此，“老虎”和“狮子”都可以充当施事或受事。另外，动词前的数量短语既可以指向施事，也可以指向受事。这样一来，例(63)就会产生如下四种不同的解读：

(69) la^{31}pa^{31} zɿ^{31}pa^{31} sa^{33} ma^{55} khɔ^{31} ki^{33}.
老虎 狮子 三 Cl$_{只}$ 咬 进行体

a. 有三只老虎正在咬狮子

b. 老虎正在咬三只狮子

c. 有三只狮子正在咬老虎

d. 狮子正在咬三只老虎

当句子的谓语动词为及物动词时,动词前的数量短语既可以指向主语,也可以指向宾语。在(70a)和(70b)中,动词前的数量短语指向主语。

(70) a. mi^{55}-ku^{55} a^{55}nɯ^{31} ha^{55} tʂhʅ^{31} khɯ^{55} dʑa^{31} ki^{33}.
地-LOC 牛 庄稼 一 Cl$_{\text{头}}$ 吃 进行体
地里有一头牛在吃庄稼。

b. ɕo^{13}sen^{33} pɛ^{13}tɕin^{33} nɯ^{31} ma^{55} ʑi^{55} kuɛ^{13}.
学生 北京 二 Cl$_{\text{个}}$ 去 已行体
有两个学生去了北京。

当句子的谓语动词为双及物动词的时候,间接宾语必须带与格标记"di^{31}",数量短语在句法上只能指向直接宾语,如(71a)所示。在(71b)中,数量短语指向施事,句子不合乎语法。想要表达同样的意思,必须借助于关系结构(71c)。

(71) a. lau^{31}sʅ^{33} ŋa^{33}-di^{31} thi^{31}u^{31} tʂhʅ^{31} pen^{31} ʔa^{31}u^{31}.
老师 我-DAT 书 一 Cl$_{\text{本}}$ 借给
老师借给了我一本书。

b. *lau^{31}sʅ^{33} ŋa^{33}-di^{31} thi^{31}u^{31} sa^{33} ma^{55} ʔa^{31}u^{31}.
老师 我-DAT 书 三 Cl$_{\text{个}}$ 借给
拟表达:有三个老师借书给我了。

c. lau^{31}sɿ^{33} ŋa^{33}-di^{31} thi^{31}u^{31} ʔa^{31}u^{31} a^{31}pa^{31} ‖
老师 我-DAT 书 借给 NMZ
sa^{33} ma^{55}.
三 $Cl_{个}$
借书给我的老师有三个。

数量短语的语义指向受到句子体特征的制约。当句子为进行体,且受事不带受事标记时,数量短语可以指向主语或宾语,例如:

(72) la^{31}pa^{31} a^{55}nɯ^{31} sa^{33} ma^{55} kho^{31} ki^{33}.
老虎 牛 三 Cl 咬 进行体
a. 有三只老虎正在咬牛。
(数量短语"三只"指向主语"老虎")
b. 老虎正在咬三头牛。
(数量短语"三只"指向宾语"牛")

例(73)中的受事带有受事标记"di^{31}",施受关系明确,由于"di^{31}"的阻断效应,数量短语只能指向施事。

(73) a. la^{31}pa^{31} zɿ^{31}pa^{31}-di^{31} sa^{33} ma^{55} kho^{31} ki^{33}.
老虎 狮子-PAT 三 $Cl_{只}$ 咬 进行体
有三只老虎正在咬狮子。
b. zɿ^{31} pa^{31}-di^{31} la^{31}pa^{31} sa^{33} ma^{55} kho^{31} ki^{33}.
狮子-PAT 老虎 三 $Cl_{只}$ 咬 进行体
有三只老虎正在咬狮子。

当句子为完成体的时候,数量短语只能指向宾语。例(74)也有两个意思,该句是完成体,数量短语只能指向受事,该句中的"人"和

"老虎"都可以充当受事。

(74) tʂhu^{55} la^{31}pa^{31} sa^{33} ma^{55} ɕi^{31} a^{55}tɕi^{55}.
人 老虎 三 Cl 杀 完成体
a. 有人杀了三头老虎。
b. 老虎杀了三个人。(受事话题化,移动到了句首位置)
c. *有三个人杀了老虎。
d. *有三只老虎杀了人。

当句子为持续体的时候,数量短语只能指向宾语。

(75) a. a^{55}dʑy^{55} tho^{33}lo^{33} nɯ^{31} ma^{55} tʂha^{31} dʑa^{31}.
老鹰 兔子 两 Cl$_{\text{只}}$ 叼 持续体
老鹰叼着两只兔子。
b. *a^{55}dʑy^{55} tho^{33}lo^{33} nɯ^{31} ma^{55} tʂha^{31} dʑa^{31}.
老鹰 兔子 两 Cl$_{\text{只}}$ 叼 持续体
拟表达:两只老鹰叼着兔子。

当句子为经历体的时候,数量短语只能指向宾语。在这种情况下,指向主语的数量短语只能单独作谓语。

(76) a. *tʂhu^{55} la^{31}pa^{31}-di^{31} sa^{33} ma^{55} ɕi^{31} pɛ^{55}.
人 老虎-PAT 三 Cl$_{\text{个}}$ 杀 经历体
拟表达:有三个人杀过老虎。
b. [tʂhu^{55} la^{31}pa^{31}-di^{31} ɕi^{31} pɛ^{55} a^{31}pa^{31}] sa^{33} ma^{55}.
人 老虎-PAT 杀 经历体NMZ 三 CL$_{\text{个}}$
杀过老虎的人有三个。

需要说明的是，与众多的汉藏语不同，腊罗彝语无法构成“名数量”这样的名词性结构来表达不定指意义，它采用的是在动词前加名量词这样“形义错配”的方式来表达不定指意义。这样的表达方式受动词的及物性、句子的体特征、数量短语的语义指向等诸多条件的制约，在很多情况下，是无法使用这种表达方式的。因此，人们往往会采用句型转换、名物化关系结构等手段来表达不定指意义。例如，当妈妈指着图画书中的两头小猪问正在上幼儿园的儿子“这是什么？”的时候，儿子不会回答说“这是两头小猪”，而会说“这两头是小猪”。因为腊罗彝语中没有“两头小猪”这样的表达方法，但是存在“指（数）量”结构。又例如，“阿木被三个人杀了”这样的意思在腊罗彝语中难以直接表达，因为腊罗彝语没有“三个人”这样的对应结构，只能采用下面的方式来迂回表达：

(77) [a^{55}mu^{13}-di^{31} ɕi^{31} a^{55}tɕi^{55} a^{31}pa^{31}] sa^{33} ma^{55}.
阿木-PAT 杀 完成体 NMZ 三 Cl$_{个}$
阿木被三个人杀了。（字面意思：杀阿木的人（有）三个。）

在形容词谓语句中，数量短语无法放在谓语的前面。当要表达“阿木养的四头猪很肥”这样的意思时，只能说成“阿木养的很肥的猪（有）四头”。

(78) a. *[a^{55}mu^{13} hõ^{55} ta^{31} a^{55} a^{55}vi^{31} ʔlɯ^{33} ma^{55}]
阿木 养 ASP NMZ 猪 四 Cl$_{头}$
ʈʂho^{13} ʈʂʅ^{55}.
很 肥
拟表达：阿木养的四头猪很肥。

b. [$a^{55}vi^{31}$ $a^{55}mu^{13}$ $h\tilde{o}^{55}$ ta^{31} a^{55} $tʂho^{13}$ $tʂʅ^{55}$ a^{55}]
猪 阿木 养 ASP NMZ 很 肥 NMZ
$ʔlɯ^{33}ma^{55}$.
四 $Cl_{头}$
阿木养的很肥的猪有四头。

腊罗彝语中的数量短语在表达不定指意义时,不能跟名词构成一个名词性结构,只能出现在动词前,作为分裂式数量短语使用。日语的数量短语在表达不定指意义时,既可分裂也可不分裂。腊罗彝语呈现出的"分裂式数量短语"现象,虽然在日语和韩语研究中广为人知,但在汉藏语中,此类现象目前还鲜为人知。与日语和韩语中的情况有所不同的是,腊罗彝语的数量短语,即使跟名词紧贴在一起,也无法构成一个句法成分,表面上的"名数量"结构仍然需要分裂成"名"和"数量"两部分。腊罗彝语不能用"名+数+量"结构表达不定指意义。当动词前的分裂式数量短语由于受某种制约,也无法表达不定指意义时,作为补救方式,腊罗彝语只能借助关系结构进行迂回表达。

从类型学的角度来看,腊罗彝语代表了和汉语、日语不同的一类语言。当表示不定指意义的时候,汉语中的名量词和名词组合成名词性短语,日语中的名量词既可以和名词组合,也可以和动词组合,但是腊罗彝语中的名量词只能和动词组合。腊罗彝语这类语言的存在,有力地支持了附加语分析法,也使得搁浅分析法不攻自破,说明日语中的漂移式量化词和非漂移式量化词,在句法上没有衍生关系。

3.2.4 湘西苗语的简单名词性结构①

湘西苗语中,简单名词性结构的语序为:Num+Cl+N+Dem。湘西苗语的光杆名词可以表示类指、定指和不定指。湘西苗语往往通过“数+量+名”结构表达不定指意义。李旭平等(2016)观察到湘西苗语中存在大称和小称标记,这些标记可以和名词或量词连用。下面我们主要从湘西苗语中的量词、大称和小称标记、量词与大称和小称标记共现三个方面讨论湘西苗语的简单名词性结构。

3.2.4.1 湘西苗语的量词

湘西苗语计数时会使用“数+量+名”结构。名词不能直接受数词修饰,必须使用量词。例如:

(79) a. ku[22] ŋəŋ[44] ba[35]
十 头 猪
十头猪

b. ɯ[53] te[44] u[53]
两 根 水
两条河

c. pʐa[53] pa[35] le[53] ne[31]
五 百 个 人
五百个人 (余金枝 2011:36)

湘西苗语中存在“度量短语+A”结构,此时的形容词只局限于少数

---

① 本书中所使用的苗语语料除注明出处的,皆为湘西凤凰勾良苗语,属于湘西苗语中的西部方言。勾良苗寨坐落于湘黔边界的凤凰县阿拉镇落潮井乡,寨里以苗语通话,语言环境单纯。

几个维度形容词。例如：

(80) a. ɔ^{42}　tɕu^{35}　ljəŋ^{31}
　　一　岁　大
　　一岁大

b. pu^{53}　kaŋ^{53}　njəŋ^{44}
　　三　斤　重
　　三斤重

湘西苗语名词性结构的指称性，可以从下面的例句中归纳总结出来。

(81) a. vɛ^{22}　jan^{214}　tɔ^{214}-kwɯ^{42}.
　　我　喜欢　前缀$_{分类词}$-狗
　　我喜欢狗。

b. vɛ^{22}　njɤ^{33}　i^{42}　ɔ^{42}　ŋɤ^{22}　(tɔ^{214}-)kwɯ^{42}.
　　我　买　了　一　只　(前缀$_{分类词}$-)狗
　　我买了只狗。

c. vɛ^{22}　ɕɔŋ^{35}　njɤ^{33}　(ɔ^{42})　ŋɤ^{22}　kwɯ^{42}.
　　我　想　买　一　只　狗
　　我想买只狗。

(81a)中的"狗"表示类指，需要在词根"kwɯ^{42}"前面加上前缀"tɔ^{214}"，"tɔ^{214}"可以看成是类指标记。名词"kwɯ^{42}"和数量词组合的时候，表示个体指称，此时，类指标记"tɔ^{214}"可以省略，如(81b)所示。在宾语位置上，数词"一"可以省略，如(81c)所示。如果不省略，则强调数量是"一"而不是其他。值得注意的是，分类词“tɔ^{214}”和名词“kwɯ^{42}”组合，出现在主语位置的时候，除了表示类指，还可以表示定指，这种情况下，“tɔ^{214}”是不能省略的。量词“ŋɤ^{22}”（只）和名词“kwɯ^{42}”可以直接组合形成“量+名”结构，出现在主语位置的时候，表示定指，此时，分类词“tɔ^{214}”是不能出现的。例如：

（82） a. *（tɔ^{214}-）kwɯ^{42}　tai^{35}n̥ĩ^{214}　lɔ^{44}　po^{42}səŋ^{42}.
（前缀$_{分类词}$-）狗　正在　啃　骨头
狗正在啃骨头。

b. ŋɤ^{22}　（*tɔ^{214}-）kwɯ^{42}　tɔ^{42}　i^{22}.
只　（前缀$_{分类词}$-）狗　死　了
这只狗死了。

虽然“tɔ^{214}-kwɯ^{42}”和“ŋɤ^{22}kwɯ^{42}”都可以表示定指，但两者还是有区别的。（82a）中的定指义来自类指标记，这和汉语普通话光杆名词定指义的来源一致；而（82b）中的定指义来自量词，这和粤语中“量+名”结构定指义的来源一致。

湘西苗语的指示词不能单独修饰名词，只能出现在“数+量+名”结构的后面。例如：

（83） a. vu^{22}　tai^{214}nin^{214}　pɤ^{53}　（ɔ^{42}）　ŋɤ^{22}　kwɯ^{42}　ai^{214}.
他　正在　打　一　只　狗　那
他正在打那只狗。

b. *vɛ^{22}　jan^{214}　kwɯ^{42}　nain^{42}.
我　喜欢　狗　这
拟表达：我喜欢这只狗。

3.2.4.2　湘西苗语的大称和小称标记

李旭平等(2016)考察了湘西苗语的大称和小称标记。下面将简要介绍李旭平等(2016)对湘西苗语大称和小称标记的分析。湘西凤凰勾良苗语中有两组表示“大、小”的语素,即“min^{22}$_{大}$/tɛ^{214}$_{小}$”和“ljo^{53}$_{大}$/ɕu^{214}$_{小}$”。

(84) a. min^{22}　hai^{44}　　　tɛ^{214}　hai^{44}
　　大　凳子　　　小　凳子
　b. mɒ^{53}　ljo^{53}　hai^{44}　　　mɒ^{53}　ɕu^{214}　hai^{44}
　　助　大　凳子　　　助　小　凳子

虽然这两组语素都能表示“大/小”这两个语义概念,但它们的语法性质迥异。从形态句法角度来看,“min^{22}$_{大}$/tɛ^{214}$_{小}$”是大称和小称词缀,属于形态单位;“ljo^{53}$_{大}$/ɕu^{214}$_{小}$”是表示大小的维度形容词,在句法上和名词构成修饰和被修饰的关系。这一现象在苗瑶语中相当普遍,但在汉藏语系中的汉语族和藏缅语族语言中却极为罕见。根据毛宗武(2004)的介绍,瑶族勉语标敏方言中,语素“tin^{42}$_{大}$/twan^{53}$_{小}$”分别表示“大”和“小”,而语素“ɔ^{53}$_{大}$/ŋjɛ^{35}$_{小}$”也可以表示“大”和“小”。广东连南油岭八排瑶勉语(藻敏方言)中,既可以用语素“tam^{53}$_{大}$/dan^{44}$_{小}$”也可以用“lou^{44}$_{大}$/hei^{41}$_{小}$”表示“大”和“小”的意思(巢宗祺 1990:19)。广东乳源过山瑶勉语(优勉方言)中的“大”和“小”既可以用单独的形容词表示,也可以用“大称”和“小称”词缀表示(刘鸿勇 2016:110)。苗语方言中也普遍有两套“大/小”语素共存的情况,在东部、中部和西部苗语中均普遍存在。这两组语素到底在意义和用法上有何区别?尽管意义上,两组语素是相同的,但一组是形容词,另一组是指大和指小词

缀,理由有以下三点:

第一,勾良苗语中,“ljo$^{53}_{大}$/ɕu$^{214}_{小}$”可以单独作谓语,被程度副词修饰,而“min$^{22}_{大}$/tɛ$^{214}_{小}$”不能被程度副词修饰,也不能充当谓语。

(85) a. ɒ^{42} lɛ^{214} pai^{44}tsi^{35} nain^{42} ja^{214} ljo^{53}.
一 个 杯子 这 很 大
这个杯子很大。
b. *ɒ^{42} lɛ^{214} pai^{44}tsi^{35} nain^{42} ja^{214} min^{22}.
一 个 杯子 这 很 大
拟表达:这个杯子很大。

第二,“ljo$^{53}_{大}$/ɕu$^{214}_{小}$”能被否定词否定,“min$^{22}_{大}$/tɛ$^{214}_{小}$”不能。

(86) a. ɒ^{42} lɛ^{214} pai^{44}tsi^{35} nain^{42} i^{53} ljo^{53}.
一 个 杯子 这 不 大
这个杯子不大。
b. *ɒ^{42} lɛ^{214} pai^{44}tsi^{35} nain^{42} i^{53} min^{22}.
一 个 杯子 这 不 大
拟表达:这个杯子不大。

第三,“ljo$^{53}_{大}$/ɕu$^{214}_{小}$”能构成“A不A”式极性问句,而“min$^{22}_{大}$/tɛ$^{214}_{小}$”不能构成“A不A”式极性问句。

(87) a. ɒ^{42} lɛ^{214} pai^{44}tsi^{35} nain^{42} ljo^{53} i^{53} ljo^{53}?
一 个 杯子 这 大 不 大
这个杯子大不大?

b. *ɒ^{42} lɛ^{214} pai^{44}tsi^{35} nain^{42} min^{22} i^{53} min^{22}?

一 个 杯子 这 大 不 大

拟表达:这个杯子大不大?

基于以上这些区别,李旭平等(2016)认为"min^{22}$_{\text{大}}$/tɛ^{214}$_{\text{小}}$"运作于形态层面,是大称标记(augmentative marker)和小称标记(diminutive marker);而"ljo^{53}$_{\text{大}}$/ɕu^{214}$_{\text{小}}$"为普通的维度形容词,运作于句法层面。

3.2.4.3 湘西苗语大小称标记和量词共现的情况

勾良苗语的"min^{22}$_{\text{大}}$/tɛ^{214}$_{\text{小}}$"除了可以修饰名词之外,还可以和量词共现。"min^{22}$_{\text{大}}$/tɛ^{214}$_{\text{小}}$"和量词共现时,"min^{22}"只能出现在量词之前,而"tɛ^{214}"只能出现在量词之后。不过,不是所有的量词都可以与"min^{22}$_{\text{大}}$/tɛ^{214}$_{\text{小}}$"共现。"min^{22}$_{\text{大}}$/tɛ^{214}$_{\text{小}}$"只能出现在容器量词等非个体量词前后。

(88) a. ɒ^{42} min^{22} pai^{44} au^{214}

一 大 杯 水

一大杯水

b. ɒ^{42} pai^{44} tɛ^{214} au^{214}

一 杯 小 水

一小杯水

(89) a. ɒ^{42} min^{22} wan^{22} lhi^{35}

一 大 锅 饭

一大锅饭

b. ɒ^{42} wan^{22} tɛ^{214} lhi^{35}

一 锅 小 饭

一小锅饭

(90) a. ɒ^{42} min^{22} thəŋ^{35} ɕɛ̃^{214}
一 大 桶 油
一大桶油
b. ɒ^{42} thəŋ^{35} tɛ^{214} ɕɛ̃^{214}
一 桶 小 油
一小桶油

另外,“min^{22}$_{大}$/tɛ^{214}$_{小}$”和量词同现的时候,可以表达两种不同的意义。例如:

(91) vɛ^{22} hau^{44} a^{44} ɒ^{42} min^{22} pai^{44} tɕɤ^{42}.
我 喝 了 一 大 杯 酒
我喝了一大杯酒。

例(91)的第一种解读是,我用一个大杯子喝酒,“杯子”本身是大的。此时,“min^{22}$_{大}$”修饰容器名词,构成复合名词“min^{22}pai^{44}”(大杯),然后,复合名词作为一个整体被借用为容器量词。这时,只要求容器本身的容积大,但对容器里装的东西的量没有要求。第二种解读大致相当于普通话的“我喝了一大杯的酒”。它表示说话者主观认为的“大量”,这时“min^{22}$_{大}$”的使用和杯子的绝对容积大小没有直接关系。它表达的是说话者对容器所盛物体的数量的一个主观评估。例(91)因此可以理解为说话者认为自己喝太多了,超过了说话者能承受的范围。

主观量的大小往往会映射出客观量的大小。汉语中“一大杯”的意思是杯子大,杯子里装的水也多。用一个很小的喝白酒的酒杯装水,即使装满了水,也不能说成是“一大杯水”,而用很大的杯子装了一点点水，也不大能说成"一大杯水"。这说明主观量和客观量在一般情况下，是趋于一致的。客观量是主观量的基础，客观上数大量多，往往会导致主观上也同样表现为数大量多。当我们在说"一大杯水"的时候，此时的"大"肯定指向度量器(scale)上的一个点。在此语境下，度量器的维度既可以借用杯子的尺寸，也可以借用水的多少(Liu 2012)。当杯子的尺寸也大，水也多时，即完全满足客观量大的两个标准时，"一大杯水"的语义最为清晰。当杯子很大，水不是很多时，虽然勉强可以说成"一大杯水"，但显然这仅满足了客观量大的一个标准。当杯子很小的时候，即使满杯，水也不会很多，此时完全不满足客观量大的标准，这时候说"一大杯水"显然就不合逻辑了。但客观量小，并不表示主观量必然也小，在特殊的语用条件下，存在主观量与客观量不一致的情况。例如，用很小的酒杯喝白酒，当热情的主人给不胜酒力的客人敬酒的时候，他会说"请喝了这一小杯酒"，但客人会说"这一大杯酒，我的确喝不了"。客观上讲，酒杯小，装的酒自然不会多，但如果客人滴酒不沾，即使用很小的杯子装一杯酒，对他而言，主观上已是很多了。在这种情况之下，客人可以用例(91)中的"ɒ^{42} min^{22} pai^{44} tɕɤ^{42}"("一大杯酒")来表达主观量大。

3.2.5　乳源勉语的简单名词性结构①

乳源勉语简单名词性结构的基本语序为：Num+Cl+N。如果

---

① 乳源勉语指的是粤北韶关乳源瑶族同胞所使用的语言，属于勉语中的优勉方言。瑶族勉语是目前国内外瑶族群众使用最多最广泛的语言。乳源瑶族属于过山瑶，所使用的勉语属于苗瑶语族瑶语支勉方言广滇土语。乳源多数瑶族人会讲客家话，一部分还会讲普通话和广东话，这和乳源所处的地理位置有关。粤北是各种方言土语交汇的熔炉，语言情况十分复杂。广东乳源作为世界过山瑶之乡，所使用的勉语与湖南、广西、云南、贵州以及境外的瑶语勉方言都能自由交流，是勉方言广滇土语在广东的主要代表方言点。

包含指示词，那指示词出现在名词性结构的最左边，表现为：Dem+Num+Cl+N。刘鸿勇（2016）对乳源勉语的语音、词汇和语法做了一个初步的梳理。下面我们在刘鸿勇（2016）的基础上，集中讨论乳源勉语的简单名词性结构。

3.2.5.1　乳源勉语名词短语的功能

乳源勉语的名词可以分为普通名词、专有名词、时间名词和方位名词。名词投射成名词短语之后可以承担多种语法功能，可以做句子的主语、宾语、表语和定语。光杆名词构成的名词短语可以作主语，语义上是定指或类指。例如：

（92） a. fu^{33}cui^{53}　dzuɔn^{21}　a^{33}.　（定指）

小孩　回来　了

小孩回来了。

b. mi^{53}　tsai^{35}　mæŋ^{33}　ɲei^{33}.　（类指）

草　是　绿　的

草是绿的。

量名短语不能充当主语，（93a）是一个不合语法的句子。和汉语普通话一样，乳源勉语的主语中倘若出现量词，那就必须在量词前加上“mai^{31}（jiet^{31}）”（“有（一）”）或在量词前加上指示词，分别表示不定指和定指。例如：

（93） a. *tau^{31}　fu^{33}cui^{53}　dzuɔn^{21}　a^{33}.

个　小孩　回来　了

拟表达：有个小孩回来了。

b. mai^{31}　（jiet^{31}）　tau^{31}　fu^{33}cui^{53}　dzuɔn^{21}　a^{33}.

有　（一）　个　小孩　回来　了

有(一)个小孩回来了。

c. u^{53} tau^{31} $fu^{33}cui^{53}$ $dzuɔn^{21}$ a^{33}.

那 个 小孩 回来 了

那个小孩回来了。

主语位置上的光杆名词可以表示类指意义。例如:

(94) $tuŋ^{35}$ $jiet^{5}$ $cɔʔ^{2}$ $jiet^{5}$ $ləŋ^{21}$.

猪 越 肥 越 好

猪越肥越好。

名词短语作表语时接在系动词后面,一起构成系表结构。做表语的名词短语没有指涉性。例如,(95a)和(95b)的主语一个是单数,一个是复数,但是做表语的"蝴蝶"并没有表现出不同,这说明做表语的"蝴蝶"并不具体指单个或者多个的蝴蝶,而是指向(单数和复数)主语所指称对象的共同属性。

(95) a. u^{53} $tsei^{35}$ $sa^{33}pan^{33}$.

那 是 蝴蝶

那是蝴蝶。

b. $u^{53}dei^{33}$ $tsei^{35}$ $sa^{33}pan^{33}$.

那些 是 蝴蝶

那些是蝴蝶。

名词短语亦可和量词合并,组成量词短语充当表语。例如,(96b)就是量词短语充当表语,而(96c)则是数词短语充当表语。

(96) a. i^{33} tsei^{35} jəu^{33}mien^{31}.

我 是 瑶族

我是瑶族。

b. i^{33} tsei^{35} tau^{31} jəu^{33}mien^{31}.

我 是 个 瑶族人

我是个瑶族人。

c. i^{33} tsei^{35} jiet^{31} tau^{31} jəu^{33}mien^{31}.

我 是 一 个 瑶族人

我是一个瑶族人。

光杆名词作宾语时，往往带有类指意义。例如：

(97) təm^{33}sien^{31} ɲiet^{2} mien^{31}.

老虎 吃 人

老虎吃人。

例(97)中的宾语“人”不是指具体的个体，而是作为一个类别与其他生物区分。当宾语表示不定指的时候，名词需要和量词组合成量词短语。例如：

(98) a. i^{33} mai^{35} a^{33} puɔn^{53} səu^{33}.

我 买 了 本 书

我买了本书。

b. nin^{33} dəŋ^{21} ɟie^{33} jiet^{31} nɔm^{33} siaŋ^{33} muʔ^{2}.

他 戴 着 一 顶 新 帽子

他戴着一顶新帽子。

(98a)中“量+名”形式的宾语前可以加上“一”,(98b)中的“一”也可以省略。

3.2.5.2 乳源勉语量词短语的功能

在乳源勉语中,和名词关系最密切的词类就是量词。由于乳源勉语没有专门的复数标记,因此需要使用量词来界定名词的所指。乳源勉语中的量词主要可以分为个体量词、度量量词和动量词。

量词与名词短语合并组成量词短语;量词短语可以和数词合并组成数词短语。结构分别如下:

(99) a. 量词与名词短语合并,组合成量词短语:

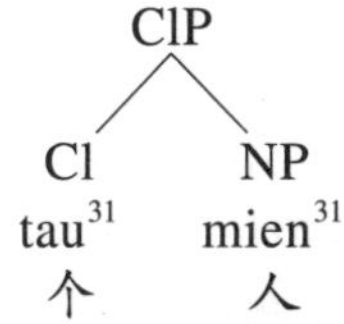

b. 数词与量词短语合并,组合成数词短语:

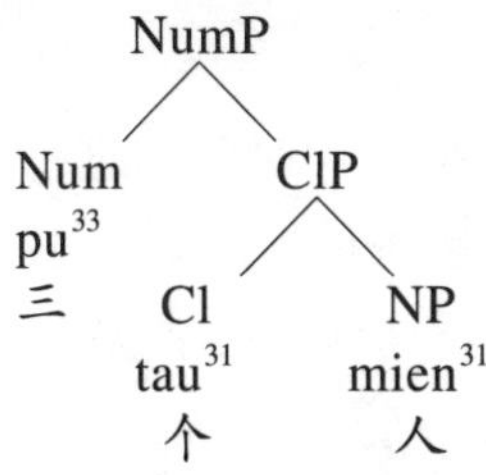

名量词分为个体量词(sortal classifier)和度量量词(mensural classifier)。个体量词表示的是名词形状、属性的量词;度量量词的作用主要用来对物质名词进行度量,分为度量衡量词和借用量词。个体量词的例子如下:

（100） a. jiet^{31} tau^{31} mien^{31}
一 个 人
b. jiet^{31} tau^{31} tuŋ^{35}
一 头 猪
c. jiet^{31} c^{h}ien^{31} tsat^{2}
一 件 事

度量量词能与大称前缀“derm-”（国际音标：təm^{33}-）和小称后缀“-duan”（国际音标：-tuan^{33}）构成复合的度量量词。例如：

（101） a. i^{33} həp^{5} a^{33} jiet^{31} jien^{53} t^{h}ɔŋ^{33}.
我 喝 了 一 碗 汤
我喝了一碗汤。
b. i^{33} həp^{5} a^{33} jiet^{31} jien^{33} tuan^{33} / təm^{33} jien^{53} t^{h}ɔŋ^{33}.
我 喝 了 一 碗 小称 大称 碗 汤
我喝了一小碗/大碗汤。

动量词的作用是修饰动作持续的时间或进行的频率。可分为：专用的动量词，如表示动作频率的“下、趟、次、回”，表示时间的“年、天”；借用名词构成的动量词，如“巴掌、脚”等。

（102） a. nin^{33} miŋ^{31} a^{33} pu^{33} luɔn^{31} pæʔ^{31}ciŋ^{33}.
他 去 了 三 次 北京
他去了三次北京。
b. nin^{33} jiet^{31} luɔn^{31} pæʔ^{31}ciŋ^{33} tu^{33} m^{53}ciŋ^{53} miŋ^{31}.
他 一 次 北京 都 没 去
他一次北京都没去。

表示时间的动量词也可称为时量词。从语义上来看，时量词是表示动作持续的时间的，但从结构上看，却是修饰其后边名词的。例如，(103a)中的“三年”从语义上看是修饰“学英语”的，但从结构上看，是修饰名词“英语”的。因此在(103b)中，我们看到“一天英语”可以作为一个句子成分移位到谓语动词的左边。

(103) a. nin^{33}　huʔ^{31}　a^{33}　pu^{33}　ɲ̥iaŋ^{21}　jiŋ^{33}ji^{33}.
　　他　学　了　三　年　英语
　　他学了三年英语。
　b. nin^{33}　jiet^{31}　n̥uai^{33}　jiŋ^{33}ji^{33}　tu^{33}　m^{53}ciŋ^{53}　huʔ^{31}　ci^{21}.
　　他　一　天　英语　都　没　学　过
　　他一天英语都没学过。

有时候普通名词也可被借用为动量词。例如：

(104) a. i^{33}　bɔʔ^{5}　a^{33}　nin^{33}　jiet^{31}　pu^{33}tsuaŋ^{53}.
　　我　打　了　他　一　巴掌
　　我打了他一巴掌。
　b. nin^{33}　t^{h}i^{35}　a^{33}　i^{33}　jiet^{31}　tsau^{21}.
　　他　踢　了　我　一　脚
　　他踢了我一脚。

此类动量词也能与大称前缀和小称后缀构成复合度量量词。

(105) a. nin^{33}　t^{h}i^{35}　a^{33}　i^{33}　jiet^{31}　təm^{33}　tsau^{21}.
　　他　踢　了　我　一　大　脚
　　他踢了我一大脚。

b. nin^{33} bɔʔ^{5} a^{33} i^{33} jiet^{31} təm^{33} pu^{33}tsuaŋ^{53}.
他 打 了 我 一 大 巴掌
他打了我一大巴掌。

乳源勉语中,动量词短语可以出现在宾语前面,也可以出现在宾语后面。如果动量词短语出现在宾语前面,那句子的信息焦点就在宾语上;如果动量词短语出现在宾语后面,那句子的信息焦点就落在动量词短语上。例如:

(106) a. nin^{33} muaʔ^{31} a^{33} jiet^{31} muei^{21} u^{53} tau^{31} siʔ^{5}.
他 看 了 一 眼 那 个 姑娘
他看了一眼那个姑娘。

b. nin^{33} muaʔ^{31} a^{33} u^{53} tau^{31} siʔ^{5} jiet^{31} muei^{21}.
他 看 了 那 个 姑娘 一 眼
他看了那个姑娘一眼。

3.2.5.3 乳源勉语限定词短语的功能

限定词的作用是给名词性结构(名词短语、量词短语、数词短语)赋予定指意义。在乳源勉语中,限定词包括:指示词、代词、专有名词。乳源勉语的指示词是两分的,包括"nai^{53}"("这")和"u^{53}"("那")。

(107) a. nai^{53} nɔŋ^{33} ts^{h}i^{33} lət^{2} mien^{31}waʔ^{2} la^{33}fei^{21} kɔŋ^{53}?
这 个 词 用 勉语 怎么 讲
这个词用勉语怎么讲?

b. u^{53} ciəu^{21} waʔ^{2} lət^{2} mien^{31}waʔ^{2} la^{33}fei^{21} kɔŋ^{53}?
那 句 话 用 勉语 怎么 讲

那句话用勉语怎么讲？

c. u^{53} pu^{33} tau^{31} mien^{31}

那 三 个 人

u^{53} pu^{33} tei^{21} lui^{33}

那 三 件 衣服

d. 指示词与数词短语合并，组合成限定词短语：

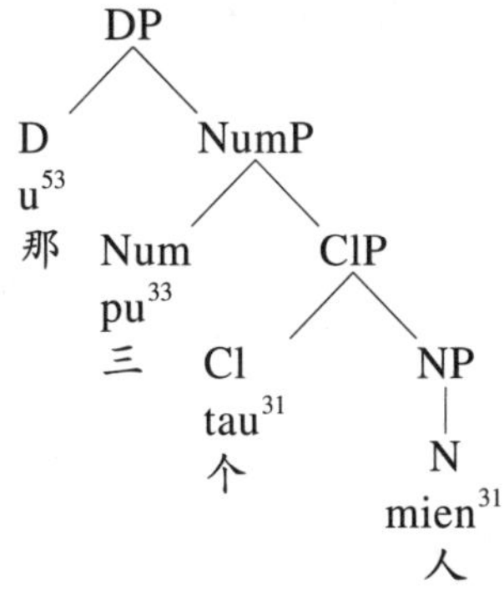

乳源勉语指示词修饰名词时，其后一般需要加(数)量词，但如果后面的名词为不可数名词，指示词可不接(数)量词直接修饰名词。例如：

(108) a. Uv miv maih dih nang.

u^{53} mi^{53} mai^{31} ti^{31} naŋ^{33}

那 草 有 条 蛇

那草里有条蛇。

b. Naiv werm maih mbiaux.

nai^{53} wəm^{33} mai^{31} biau^{35}

这 水 有 鱼

这水里有鱼。

乳源勉语的简单名词性结构具有苗瑶语的一些共性。例如，具有大称和小称标记，并且大称和小称标记都能和名词或量词组合。与湘西苗语指示词出现在名词性结构的右边缘位置不同（Num+Cl+N+Dem），乳源勉语中的指示词出现在名词性结构的左边缘位置（Dem+Num+Cl+N）。

在这一小节里，我们集中讨论了景颇语、凉山彝语、腊罗彝语、湘西苗语、乳源勉语的简单名词性结构。每种语言都有自身独特的组合规律，形式丰富，功能多样，充分展现了汉藏语语法结构的多样性。在这些结构中，量词都起到了关键作用。汉藏语中的量词主要包括个体量词和度量量词。个体量词可以组成数目短语，度量量词可以组成度量短语。下面我们以汉语普通话为例，分别讨论度量短语和数目短语的语法属性。

3.3 汉语的度量短语①

3.3.1 度量短语的单调性假设

度量短语（measure phrase）由数词和度量单位组合而成。不管有没有个体量词，每种语言都会有度量单位。汉语是量词发达型语言，有丰富的度量词，如（109a）所示；英语不是量词型语言，但也存在各种表示度量的单位词，功能上等同于汉语中的度量词，如（109b）所示。

（109）a. 4 斤　　18 克拉　　50 分贝
　　　　　几英寸　　70 公里每小时　　12 摄氏度

① 本小节的部分内容，参见：刘鸿勇 2020《英汉名词性结构中度量短语的句法语义对比研究》，《外语教学与研究》第 4 期。

b. 4 pounds	18 karat	50 decibels
several inches	70 miles per hour	12 degree centigrade

度量短语可以出现在以下两类不同的名词性结构中：

（110）准切分结构（pseudo-partitive construction）

a. 6 ounces of gold

b. 3 gallons of water

c. several pounds of cherries

d. 34 pounds of cherries

（111）定中结构（attributive construction）

a. 18 karat gold

b. 20 degree water

c. *several pound cherries

d. 34 pound cherries

Schwarzschild（2006）将准切分结构和定中结构的不同，归纳为以下几点：（1）准切分结构度量短语后有 of，定中结构没有 of；（2）准切分结构中的单位词有单复数变化，定中结构中的单位词只能是单数形式；（3）准切分结构中的数词可以是 several、some、a few 这类数值不确定的数词，定中结构不允许这样的数词出现。Schwarzschild（2006）认为度量短语所表现出来的这些区别，源于准切分结构中的度量短语具有单调性解读（monotonic reading），而定中结构中的度量短语具有非单调性解读（non-monotonic reading）。基于这样的观察，他提出单调性假设：度量短语在语义上的单调性解读和非单调性解读是由度量短语所在的句法结构决定的。

所谓单调性解读，是指度量短语所表示的程度值会随着名词所表示的事物的加减而变化,而非单调性解读,是指度量短语所表示的数值不会随着名词所表示的事物的加减而变化。例如,从 6 公斤的水里倒出 3 公斤的水,就只剩下 3 公斤的水,这说明“6 公斤”具有单调性解读,水的重量随着水的减少而发生变化。与此不同,把一杯 20 度的水倒掉一半,剩下的一半仍然是 20 度的水,这说明“20 度”具有非单调性解读,水的温度并没有随着水的减少而发生变化。

汉语中带度量短语的名词性结构主要有两种形式:(i)“度量短语+N”;(ii)“度量短语+的+N”。其中,(i)是准切分结构,具有集合性解读(collective reading)①;(ii)在某些语境下具有集合性解读,在某些语境下具有分配性解读(distributive reading),因此,(ii)有时候是准切分结构,有时候是定中结构。

(112) 准切分结构(具有集合性解读)

a. 六克黄金　　　a′. 六克的黄金

b. 三瓶子水　　　b′. 三瓶子的水

c. 二十斤西瓜　　c′. 二十斤的西瓜

d. 几斤西瓜　　　d′. 几斤的西瓜

(113) 定中结构(具有分配性解读)

a. 二十度的水

b. 三斤的鱼

c. 二十斤的西瓜

d. *几斤的鱼

① “集合性解读”是指各组成部分作为一个整体进行解读,而“分配性解读”是指各组成部分作为独立的个体分别进行解读。例如,“我今天买了三斤鱼,一共有五条”中的“三斤”是五条鱼总共的重量,具有集合性解读。“我今天买了两条三斤的大鱼”中的“三斤”是每条鱼的重量,具有分配性解读。

例(112)和例(113)显示,汉语的定中结构需要加"的"。不过,加了"的"的"度量短语+的+N"结构,有时候也会具有集合性解读。例如:

(114) a. 我昨天去商店买了六米网线和四米电话线。
(集合性解读)

b. 我昨天去商店买了六米的网线,应该够用了。
(集合性解读)

c. 我昨天去商店买了两根六米的网线。
(分配性解读)

从例(114)可知,"六米的网线"是一个具有歧义的结构,既可以是集合性解读(114b),即我昨天买的网线,总的长度为六米;也可以是分配性解读,即每根网线的长度为六米,如(114c)。出现在"数量短语+度量短语+的+N"结构中的"度量短语+的"成分,和出现在独立的"度量短语+的+N"结构中的"度量短语+的"成分不同:前者具有分配性解读,后者具有集合性解读。李旭平、杨锐(2019)详细考察了汉语名词性结构中度量短语的单调性,认为"数量短语+度量短语+的+N"结构中的"度量短语+的"成分有时也可以有单调性解读。他们给出的例句如下:

(115) 小王买了两块6尺的红布和三块5尺的白布,然后把它们缝在了一起。

a. 布的总长度=6尺×2+5尺×3=27尺(单调性解读)
→个体解读(entity)

b. 布的总长度:不确定(非单调性解读)
→次类解读(sub-kind)

李旭平、杨锐(2019)认为例(115)中的“6尺的红布”和“5尺的白布”可以理解为布的两种次类(sub-kind),“6尺的”和“5尺的”表示的是次类特征,可以落实到次类所对应的个体集合中的相应成员。在这种情况下,即使小王只买了半块6尺的布,他买的东西仍然是“那种6尺的布”,可能因为缺损,“两块6尺的布”并不等同于“12尺布”,因此,这种情况下,布的总长度是不确定的,度量短语具有非单调性解读。当然,另外一种可能性就是,小王买了5块布,其中的两块正好就是6尺长,另外的三块正好就是5尺长,在这种情况下,布的总长度就是27尺,度量短语具有单调性解读。基于如上的分析,李旭平、杨锐(2019)认为度量短语的单调性和非单调性解读可理解为个体解读和次类解读。

例(115)中“6尺的”和“5尺的”出现在“两块”和“三块”的后面,我们赞同Schwarzschild(2006)的观点,认为这种情况下的定语“6尺的”和“5尺的”只具有非单调性解读。不过在“我昨天买了6尺的布”这句话中,“6尺的布”可以具有单调性解读,句中“6尺的布”本质上是准切分结构。李旭平、杨锐(2019)认为例(115)中的“度量短语+的”成分(“6尺的”和“5尺的”)也可以理解为具有单调性解读,这是因为他们模糊了单调性解读中涉及的部分和整体的关系(part-whole relation)。我们将提供新的证据证明,汉语中的“度量短语+的”如果出现在“数量短语”后,那么它只具有非单调性解读,即李旭平、杨锐(2019)提出的次类解读。

Schwarzschild(2006)发现出现在准切分结构和定中结构中的度量短语,会有不同的语义解读。例如:

(116) a. John used **3 inches of cable** to set up his computer.
约翰用3英寸长的电缆来调试他的电脑。

b. John used **3 inch cable** to set up his computer.
约翰用 3 英寸粗的电缆来调试他的电脑。

在(116a)这样的准切分结构中,“3 inches”度量的是电线的长度,在(116b)这样的定中结构中,“3 inches”度量的是电线的直径。“长度”和“直径”是两个不同的测量维度(dimension)。有些维度具有单调性(例如电线的长度、水的重量),有些维度不具有单调性(例如电线的直径、水的温度)。所谓单调性,是指参数 A 随着参数 B 的减少而减少。具体到准切分结构和定中结构,它们都包含一个度量短语和一个光杆名词。如果度量短语具有单调性解读,那么度量短语所度量的维度值随着名词所指事物的减少而变小。例如,一根 4 米的电线剪掉一半,剩下部分的长度就成了 2 米,说明电线的长度值随着电线的减少而减小。一根直径为 3 英寸的电线剪掉一半,剩下部分的直径还是 3 英寸,说明电线的直径不随电线的减少而减小。

根据单调性假设,在定中结构中,度量短语永远都是非单调性解读。如何解释这种现象呢? Schwarzschild(2006)认为可数名词和不可数名词会影响度量短语的单调性解读。例如,我们可以说“2 pound bean”,但不能说“2 pound coffee”,这是因为单数可数名词指称的集合只包含原子个体,具有不可分割性,也就不存在部分和整体的关系。因此,这种情况下,“2 pound bean”中的“2 pound”自然只能获取非单调性解读。按照 Chierchia(1998)的观点,不可数名词和复数名词一样,它所指称的集合除了包含原子个体之外,还包含加合个体,因而存在部分和整体的关系。这就与定语位置的“2 pound”只能具有非单调性解读不匹配了,因此,我们不能说“2 pound coffee”。但在一种情况下,“2 pound coffee”是可以说的,那就是在描述“2 磅一包的咖啡”的时候,我们可以说“2 pound coffee”。在这种情况下,“2 pound”实际上是“2 pounds per bag”的意思,具有非单调性解读。Schwarzschild(2006)认为单调性度量短语的句法结构如(117a)所示,非单调性度量短语的句法结构如(117b)所示。

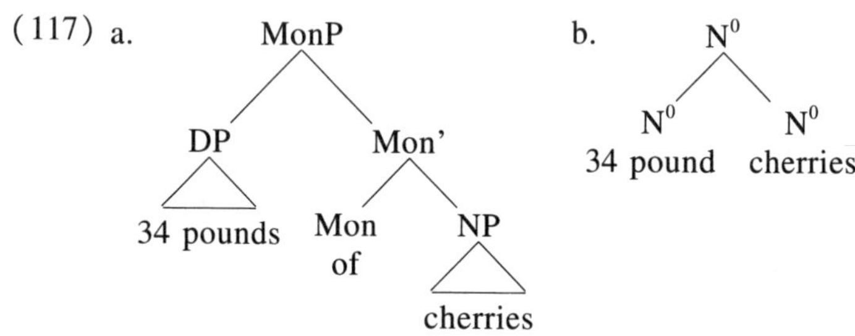

对于充当定语的度量短语,Schwarzschild(2006)认为它们同核心名词在词的层面(N^0)构成复合词,如(117b)所示。因为在复合词中是不允许出现屈折语素的,所以“three inch cable”中的单位词并没有转化为复数形式。单数可数名词所指称的集合由不可分割的原子个体组成,原子是不存在部分和整体的关系的,因此,修饰可数名词的度量短语只具有非单调性解读。当然,有些维度天然就不具有单调性,例如,水的温度、电线的直径、黄金的纯度等。用来测量此类维度的度量短语不管后面跟的是可数名词还是不可数名词,永远不可能产生单调性解读。也就是说,“20 degree”这样的度量短语只能出现在定中结构中,不可能出现在准切分结构中。

对于准切分结构中的度量短语,Schwarzschild(2006)给出的句法分析如(117a)所示。整个结构是由表示单调性的功能范畴投射而成的单调性短语,度量短语位于指定语位置,名词投射而成的名词短语位于补足语位置。度量短语 34 pounds 说明测量的维度为重量，重量是具有单调性的维度，因而可以出现在准切分结构中。(117a)的语义如下：

(118) ∃x∃DIM：cherries(x) ∧ 34 pounds(DIM(x)) ∧ MON(DIM, cherries)

存在一个个体变量，存在一个维度变量，个体表现为一部分樱桃，樱桃在维度变量上的值为34磅，并且该维度变量和樱桃的多少之间存在单调性。

单调性假设实际上是涉及句法和语义之间关系的一个假设，即句法形式决定语义解读。充当定语的度量短语只能有非单调性解读，而准切分结构本质上是由单调范畴投射而成的单调性短语，其指定语位置上的度量短语只有单调性解读。

3.3.2　汉语名词性结构中的度量短语

李旭平、杨锐(2019)考察了汉语定中结构中的度量短语，认为汉语定中结构中的度量短语不支持Schwarzschild(2006)提出的单调性假设，他们认为汉语定中结构中的度量短语不仅允许非单调性解读，也允许单调性解读。

(119) 我吃了[半只[[四两的]大闸蟹]]。

a. 'I ate half a crab, which weighs 200 grams.'(单调性)

我吃了半只大闸蟹，这只大闸蟹总共八两。

b. 'I ate half of a 200 gram crab.'(非单调性)

我吃了半只大闸蟹，这只大闸蟹总共四两。

李旭平、杨锐(2019)认为例(119)中充当定语的度量短语具有歧义,既可以有单调性解读,也可以有非单调性解读。例(119)中"四两的大闸蟹"既可以指"那半只大闸蟹的重量为四两"(119a),也可以指"我吃了半只那种四两的大闸蟹"(119b),前者为单调性解读,后者为非单调性解读。我们认同"四两的大闸蟹"的确是有歧义的结构。例如:

(120) a. 我今天晚上没吃什么,只吃了四两的大闸蟹。(单调性解读)
b. 我要四两的大闸蟹,不要六两的。(非单调性解读)

当度量短语作单调性解读时,"四两的大闸蟹"中的核心名词是不能省略的,要省略的话,需要把"的"一起省略。例如:

(121) a. 我昨天晚上大闸蟹只吃了四两的。(非单调性解读)
b. 我昨天晚上大闸蟹只吃了四两。(单调性解读)

(121a)中的"四两的"不具有单调性解读,只有非单调性的解读。例如,可以说"我昨天晚上大闸蟹只吃了四两的,没吃六两的"。(121b)的基本结构不是定中结构,而是准切分结构"四两大闸蟹"。如果我们把(119)中的核心名词提前,得到"我大闸蟹吃了半只四两的",此时在这句话中,"四两的"只有非单调性解读,意思是"四两一只的那种大闸蟹"。李旭平、杨锐(2019)观察到汉语"度量短语+的+N"结构存在歧义,但例(121)则证明,接在数量词"半只"后的"四两的大闸蟹"没有单调性解读,只有非单调性解读。

下面我们着重考察的问题是:(i)为什么汉语中允许有两种不

同形式的准切分结构(例如“20 斤西瓜”和“20 斤的西瓜”),它们之间是否存在差异?(ii)为什么汉语中“度量短语+的+N”(例如“20 斤的西瓜”)既可以是准切分结构,也可以是定中结构?

李旭平、杨锐(2019)并未讨论准切分结构,其关注的重点是定语位置的度量短语是否有单调性解读。他们认为汉语定中结构和英语定中结构不同,度量短语在汉语定中结构中可以有单调性解读,由此提出汉语定中结构中度量短语的单调性解读和非单调性解读,本质上可以理解为个体解读和次类解读。单调性度量短语修饰个体,非单调性度量短语修饰次类。

(122) a. 他带着一条 30 克的金项链,这是他用两个 15 克的戒指重新打的。

b. 深圳还将在晶都酒店原址新建一座 600 米左右的高楼。

李旭平、杨锐(2019)认为(122a)中的度量短语“30 克”具有单调性解读,因为“30 克”表示的是金项链的重量,而重量这个维度上的具体值,是可以随着物体自身的变化而变化的。(122b)中的度量短语“600 米左右”具有单调性解读,因为“600 米左右”表示的是楼的高度,而高度这个维度上的具体值,也是可以随物体自身的变化而变化的。我们认为重量和高度这些维度上的具体值,的确是可以随物体自身的变化而变化,但需要注意的是,这一说法的前提是物体自身具有变化的可能性。“金项链”和“高楼”其实都不具备“部分和整体的关系”(part-whole relation)。当我们把金项链分割成几段之后,每一段都不能称之为金项链。“一个 2 米的学生”中的“学生”是无法分割成几个不同的长度单位的。Schwarzschild(2006)将这种限制定义为单独个体限制,具体内容如下:

(123) 单独个体限制(singular count restriction):

$\forall x\ \forall y(x \leqslant_{Part} y \rightarrow x = y)$ 'y has no proper parts'

意思是:对于所有的 x 和所有的 y,如果 x 是 y 的一部分,那么 x 就等于 y。也就是说,y 是一个不可分割的原子个体。

例(123)说明一个不可分割的原子个体是不存在部分和整体的关系的。鉴于这个限制,所有修饰原子个体的度量短语都是非单调性的,因为不存在维度值随之变化的部分和整体的关系。不可数名词和复数名词存在部分和整体之间的关系,可不受单独个体限制,因此对于"20 斤的西瓜",当"西瓜"表示一个不可分割的原子个体时,如"一个 20 斤那么重的西瓜",那么"20 斤"具有非单调性,而"他今天吃了 20 斤的西瓜"这句话中,"西瓜"则具有不可数的物质名词的属性,具有可分割性,因此"20 斤"具有单调性解读。这个例子说明度量短语的单调性,除了和维度本身是外延量还是非外延量有关之外,还和核心名词是否表示原子个体相关。贺川生(2017)提到长度、容积、重量等物理量是外延量,外延量的特点是待测量事物的增加会带来量的增加,一杯 50 毫升的水加入相同容积的水会引起整杯水的容积增加;而温度、速度、硬度等物理量是非外延量,这种量的特点是待测量事物的增加不会带来量的增加,增加一小盆温度相同的水不会引起整盆水的温度增加。而例(122)中的"金项链"和"高楼",尽管度量短语选取的维度"重量"和"高度"都是外延量,但它们不具备"部分和整体的关系"(part-whole relation),故而(122)中的度量短语"30 克"和"600 米左右"都无法获得单调性解读,只有非单调性解读。

上面我们回答了汉语中"度量短语+的+N"结构(例如"20 斤的西瓜")为什么既可以有单调性解读(准切分结构),也可以有非单调性解读(定中结构)。接下来需要解决的问题是:汉语为什么允许有两种不同形式的准切分结构(例如"20 斤西瓜"和"20 斤的西瓜"),它们之间有何差异? 我们发现"20 斤西瓜"和"20 斤的西瓜"在以下三方面存在差异:(i)核心名词省略;(ii)添加形容词;(iii)回答方式。

(124) 他吃了 20 斤(的)西瓜。(单调性解读)
　　a. 他吃了 20 斤~~西瓜~~。
　　b. *他吃了 20 斤的~~西瓜~~。
(125) a. *他吃了 20 斤那么多西瓜。
　　a′. *他吃过 20 斤那么重西瓜。
　　b. 他吃了 20 斤那么多的西瓜。
　　b′. 他吃过 20 斤那么重的西瓜。
(126) Q1:他吃了多少西瓜?
　　A11:他吃了 20 斤那么多。
　　A12:*他吃了 20 斤那么多的。
　　Q2:他吃过什么样的西瓜?
　　A21:*他吃过 20 斤那么重。
　　A22:他吃过 20 斤那么重的。

从(124a)和(124b)的对比中,我们可以发现"度量短语+的+N"表示单调性解读时,核心名词无法省略。在 Lobeck(1995)提出的理论框架下,蔡维天(2015)从名词短语的同形删略角度,提出汉语中其实有两个不同的"的":一个是修饰语标记,其后所接的名词是不能省略的,例如,"博士生的第一年比硕士生的 *(第一年)更辛苦"。另一个是功能中心词,其后所接的名词是可以省略的,例如,"一年级的博士生比二年级的(博士生)更认真"。张志恒、李昊泽(2015)在讨论汉语普通话和粤语的内外修饰语的时候,也采用名词省略和移位的方式,证明了汉语中存在两个不同的"的/嘅":一个是修饰语标记,一个是功能中心词。当"20 斤的西瓜"中的"20 斤"是单调性解读的时候,"的"是修饰语标记,不是功能中心词。当"20 斤的西瓜"中的"20 斤"是非单调性解读的时候,"的"是功能中心词,整个结构投射成修饰短语(127a)。

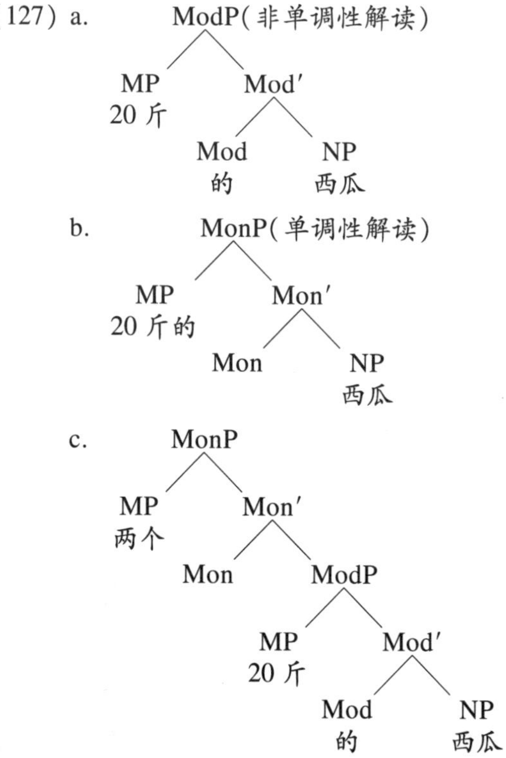

在英语的定中结构中,度量短语可以直接修饰名词,两者是在词层面(N^0)的组合。与英语不同,汉语定中结构中的度量短语作修

饰语的时候,无法直接和名词组合,需要借助“的”,此时的“的”是一个名物化标记,相当于 Chierchia(1998)提出来的下向算子∩,可以将“20 斤”由属性转换成类。类是无法加合的,在这种情况下,“20 斤的西瓜”具有非单调性。如果“20 斤的”表示类指,光杆名词“西瓜”也表示类指,那么两个类指名词是如何组合的呢? 类和类是无法直接组合的。解决的办法就是通过上向算子将“20 斤的”和“西瓜”从类转换成属性,然后通过谓词修饰(predicate modification)的语义操作,得到新的属性,对应着一个新的类,也就是李旭平、杨锐(2019)中所说的次类解读。经过这样的操作之后,“20 斤的西瓜”和“西瓜”一样,都表示类指,可以与数量短语组合,得到诸如“两个 20 斤的西瓜”这样的复杂结构(127c)。当“20 斤的西瓜”中的“20 斤”是单调性解读时,“的”是修饰语标记,不是功能中心词,因此,“的”无法允准核心名词的省略,结构如(127b)所示。

与“20 斤的西瓜”不同,“20 斤西瓜”只有单调性解读,在这种情况下,“20 斤西瓜”的语义如例(128)所示。

(128) a.

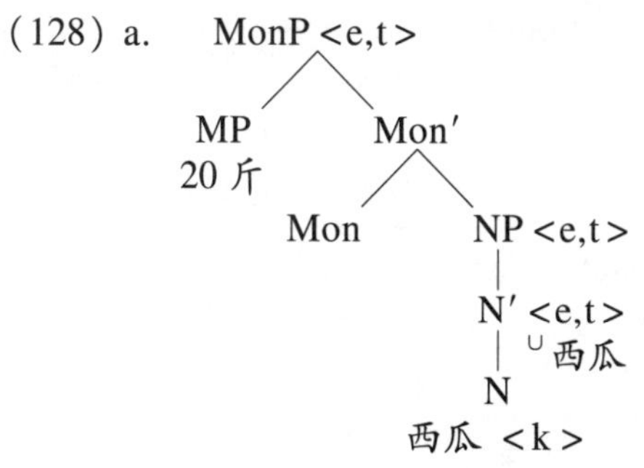

b. $[\![\text{斤}]\!] = \lambda n\ \lambda P\ \lambda x. |x| = n \wedge P(x)$

c. $[\![20\ \text{斤}]\!] = \lambda P\ \lambda x. |x| = 20 \wedge P(x)$

d. $[\![\text{西瓜}]\!] = \lambda y. {}^{\cup}\text{西瓜}(y)$

e. $[\![20\ \text{斤西瓜}]\!] = \lambda x. |x| = 20 \wedge {}^{\cup}\text{西瓜}(x)$

如何理解(127b)这样的结构?我们认为处在指定语位置的“20斤的”实际包含有形容词“多”。我们可以从例(125)发现,虽然“20斤”是表示重量的单位,但是在具有单调性解读的“20斤的西瓜”中,需要和“20斤”搭配的形容词不是“重”,而是“多”,如(125b)所示。也就是说,(127b)实际的意思是“20斤那么多的西瓜”,基于这样的分析,我们可以把(127b)扩展成(129a),其中的“的”为修饰语标记(语缀)。

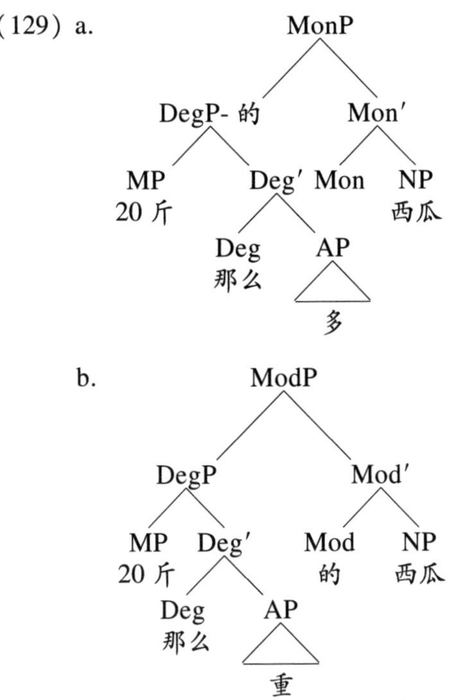

对于具有非单调性解读的“20斤那么重的西瓜”,内部结构如(129b)所示,其中的“的”为功能中心词,可以允准“西瓜”的省略。

最后,还可以从回答方式观察“度量短语+N”和“度量短语+的+N”在表示单调性解读时的区别。当问“他吃了多少西瓜”时,只能用“他吃了二十斤(那么多)”来回答,不能用“他吃了二十斤(那么重)的”来回答。

3.4 汉语的数目短语

3.4.1 数目短语的数量意义

汉语的“数+量+名”短语是不定指结构,不定指结构往往是不能出现在汉语主语位置的,然而,汉语中的确又存在大量句首是数量短语的句子。例如:

(130) a. 十个人吃一锅饭。

b. 三个人抬得动这架钢琴。

李艳惠、陆丙甫(2002)认为,例(130)中的“十个人、三个人”是单纯表示数目的数目短语。此类句首“数+量+名”短语的使用都合乎语法,这一现象与现代汉语中不定指结构不能作主语的说法矛盾。目前,已有不少研究(A.Li 1998; Tsai 2001;李艳惠、陆丙甫 2002;邓思颖 2003;陆烁、潘海华 2009 等)探究过汉语无定主语的合法性问题。这些研究大致可以归纳为两个方向:指称表达和数目表达。

邓思颖(2003)认为有两个条件制约着汉语中的数量主语:(i)空数词 Num 必须得到允准;(ii)空限定词 D 必须得到辨认。由于汉语中屈折词与主语在人称与数上没有一致关系,因此数量主语必须出现显性数词。例如,我们可以说“昨天下午一个学生来了”,但不能说“昨天下午个学生来了”。如果数量主语中的空限定词无法被语境识别,就得不到允准。例如,我们可以说“昨天下午一个学生发生了车祸”,却不能说“一个学生发生了车祸”。陆烁、潘海华(2009)认为数量主语在特定的语境下(简单判断句、通指句与分配句)可以受到“存在算子”“通指算子”或“全称算子”的约束,得到合适的语义解读。

数目短语用于数目表达,可以规避汉语主语倾向于定指或特指成分这一要求,并不影响句子的合法性。例如,“三个人吃得完六碗饭”,这句话关注的是三个人的饭量与六碗饭这两个数量之间的关系,表达六碗饭可以被三个人吃完。“三个人”并不指称具体的个体,不能用人称代词“他们”进行回指,不具有个体指称意义。这就牵扯出另一个棘手的问题,如果“三个人”是数量表达,而不是个体指称表达,那么这个名词性短语是不是动词“吃”的论元?换句话说,动词给数目短语分配的是什么题元角色?李艳惠、陆丙甫(2002)发现,只有当语境关注的是量的对比关系时,数量短语才能用作数目表达。在某些明显地提示量的对比的句型中,我们总能发现句首数量短语,这说明具有数目解读的句首数量短语与特定句型有密切关系。例如,现代汉语中,包含“才”“就”“也”的句子往往会涉及量的对比,这类句子中,就很容易出现句首数量短语。

汉语的数量短语之所以能够被解读成数目表达而非个体指称表达,是因为包含数量短语的句子隐含“足够”义,也就是说,能被解读成数目表达的句首数量短语,句中的两个量之间存在一种“足够关系”,形式上这种关系可由显性或隐性的表量谓词“够”来表示。不论是否出现“(能)够”,只要句中包含足够关系,都会使句子的关注焦点从句首名词短语和宾语的指称对象转移到两个量的对比上。

(131) a. 三个人能吃六碗饭。
b. 六碗饭够三个人吃。

(131a)中出现了情态动词“能”。以往研究认为情态句能够激发句首数量短语的数目解读,但并非所有的情态词都能允准用于数目表达的句首数量短语(李艳惠、陆丙甫 2002;邓思颖 2003)。情态词的确跟句首数量短语句有很密切的关系,但情态词并非触发数量短语顺利出现在句首的根本原因,句子所包含的“足够关系”才是触发数量短语出现在句首的根本原因。(131b)中有显性的数量谓词“够”,可以引出两个有序序列:{一碗饭,二碗饭,三碗饭,……,N 碗饭},{一个人,二个人,三个人,……,N 个人}。按照强调的内容不同,(131b)的“六碗饭”和“三个人”都可以成为焦点成分。当回答六碗饭够几个人吃的时候,“三个人”就成为句子的语义焦点;当回答几碗饭够三个人吃的时候,“六碗饭”就成为句子的语义焦点。例(131)实际表达的是“三个人”和“六碗饭”这两个量之间的数量关系,可以用两个集合之间的关系来表示。我们可以把“六碗饭”看成一个集合(A={1,2,3,4,5,6}),假设每碗饭的重量为 1 斤,那么元素 1 代表 1 斤饭,2 代表 2 斤饭,6 代表 6 斤饭。“三个人”在例(131)中实际可以理解为三个人所具备的饭量,可以通过测量函数将“三个人”转化为“三个人的饭量”,表示为一个集合 B。如果三个人能吃六碗饭,那么三个人的饭量可以是 1 斤、2 斤、3 斤、4 斤、5 斤、6 斤。也就是说,如果三个人能吃六碗饭,那么三个人肯定也能吃 1 斤、2 斤、3 斤、4 斤、5 斤、6 斤,这些数量值就是构成“三个人”的饭量这个集合(B)的元素,我们发现 A 中的任何一个元素都是 B 的元素。这里我们需要特别注意的是,“三个人能吃六碗饭”并不表示“三个人只能吃六碗饭”,很有可能三个人的饭量大于 6 碗,也就是说集合 B 的元素可能多于集合 A 的元素。但无论如何,A 中的任何一个元素都是 B 的元素。也就是说,B 是 A 的超集(superset),A 是 B 的子集(subset),而这种关系就是我们所理解的两个量之间的"足够关系"。

我们还是以(131)为例来说明这个句子的论元结构是如何实现的。我们知道动词"吃"的论元结构为<施事,受事>。具有不定指解读的"三个人"和"六碗饭"分别为谓词"吃"的施事和受事,我们可以说"有三个人吃了六碗饭",这个句子中的数量短语具有指称解读,而非数量解读。与此不同,(131a)中的谓词是"能吃",指涉的是"三个人"吃饭的能力,由三个人所吃米饭的量体现出来,引出一个集合 A{一碗饭,两碗饭,三碗饭,……,N 碗饭}。我们可以发现情态动词"能"激发了"三个人"的数目解读。如果"三个人能够吃六碗饭"为真的话,那么宾语"六碗饭"所代表的集合 B{一碗饭,两碗饭,三碗饭,四碗饭,五碗饭,六碗饭}中的每一个元素都是 A 中的元素,但 A 不仅仅包含 B 中的元素。句首数量短语"三个人"与宾语"六碗饭"这两个量之间建立起足够关系。

用于数目表达的句首数量短语并非没有指称性,事实上,数目短语也是一类指称语,只不过指称的不是个体,而是程度值或者数值。例如:

(132) a. 三比二大。

b. 三个人比两个人多。

(132a)中的主语数词"三"和宾语数词"二"并非无指的,其指称对象是数值。再看(132b),尽管句子的主语和宾语换成了"数量名"结构,我们可以假设句子中存在一个测量函数<e, d>,可以将具有指称解读的名词性结构转化为程度值或数值。(132b)所要表达的核心意思仍然是“3>2”，名词“人”不过是提供了比较的维度罢了，我们可以把(132b)中的数量短语“三个人”和“两个人”的指称对象抽象成数值“3”和“2”。下面这一组句子可以让我们更清楚地观察到数目短语预设的“足够关系”。

(133) a. 他们家三个人一年能吃一袋米。
b. 一袋米够他们家三个人吃一年。
c. 一袋米不够他们家三个人吃一星期。
d. 一袋米吃了他们家三个人一年。

如上文所说，(133a)中的“能”可激发主语的数量解读，但是“他们家三个人”不是数量短语，而是限定词短语，具有指称意义。在这种情况下，宾语位置上数量解读的“一袋米”和情态动词“能”，同样会激发主语“他们家三个人一年吃的米的数量”这一解读。(133b)中出现了“够”。“够”是一个专门的数量谓词，只能带数量义论元。(133d)既没有“能”，也没有“够”，但为什么句子仍然合乎语法呢？我们认为(133d)主语位置的“一袋米”仍然可以理解为数目短语。虽然该句中没有“能、够”，但是“他们家三个人一年”仍然具有强烈的数量解读意义，并且，该句仍然表达的是一种“足够关系”。我们可以认为(133d)中出现了两个量并且两个量之间通过隐性的谓词“够”建立起了“足够关系”，因此句首数量短语“一袋米”不再依靠名词短语来体现指涉意义，而是通过数词“一”所表示的数学概念使句首数量短语变为指称语。由此可知，句首数量短语句中的名词短语是因为动词题元结构的需要而存在的，但是动词原本的论元结构会受到“足够关系”的压制，使得句首的数量短语产生数目解读而非个体解读。

3.4.2 以数目短语为类指短语的分析

汉语中包含数目短语的句子,往往存在数量上的“足够”关系,因此,这类句子的主语和宾语往往可以互换,形成所谓的转翻句(flip-flop sentences),例如:

(134) a. 三个童子军睡一张床。 (正序句)

b. 一张床睡三个童子军。 (反序句)

这类句子的特殊之处表现在主宾语位置可以互换。目前学界对该结构有三种不同的分析。第一种分析以李艳惠、陆丙甫(2002)为代表。他们认为转翻句由两个数目短语和零形式动词“够”组合而成。“一锅饭吃三个人”的底层形式是“一锅饭(够)三个人吃”,表层形式是“一锅饭(够)吃三个人”。转翻句中的“数+量+名”结构是作数量解读的数目短语,而非作个体解读的不定指短语。这种分析得到以下两方面证据的支持。首先,转翻句中的“数量名”结构在后续句中无法用代词替换,说明此时的“数量名”结构不能指向个体。

(135) a. * 五个小孩吃不完一碗饭,他们胃口太小了。

b. 有五个小孩吃不完一碗饭,他们胃口太小了。

其次,(136a)和(136b)之间存在不同。(136b)可以得到“那五个小孩每个小孩都吃不完一碗饭(共五碗饭)”这样的解读,但(136a)没有“五碗饭”的解读,只有“一碗饭”的解读,说明转翻句中的数量名结构只有数量解读,没有个体解读。

(136) a. 五个小孩吃不完一碗饭。

b. 有五个小孩吃不完一碗饭。

如果按照李艳惠、陆丙甫(2002)的分析,(136a)中的"五个小孩"和"一碗饭"便是数量解读,在语义类型上可以理解为是一个程度论元<d>,程度论元可以和数量谓词"够"组合成一个类似于"5大于1"这样一个表示数量关系的命题,但转翻句除了表示数量关系之外,还包含有具体的事件意义("童子军+睡+床";"小孩+吃+饭")。

转翻句的第二种分析以蔡维天为代表(Tsai 2001;蔡维天、钟叡逸 2014)。他们认为转翻句是一类特殊的情态句(modality sentences)。数量名结构能在这类结构中充当主语,是因为句子中包含了零形式的情态词,情态词后面的动词短语映射到三分量化结构的核心域。核心域内的不定指成分在逻辑层可以受到存在封闭的允准。(137a)的句法分析如(137c)所示,其中的主语会在[EPP]特征的驱使下,移动到ModP的指定语位置,但是在逻辑层,"三个童子军"必须要重建到核心域内,才能得到允准。

(137) a. 三个童子军睡一张床。　　(正序句)
　　b. 一张床睡三个童子军。　　(反序句)
　　c.

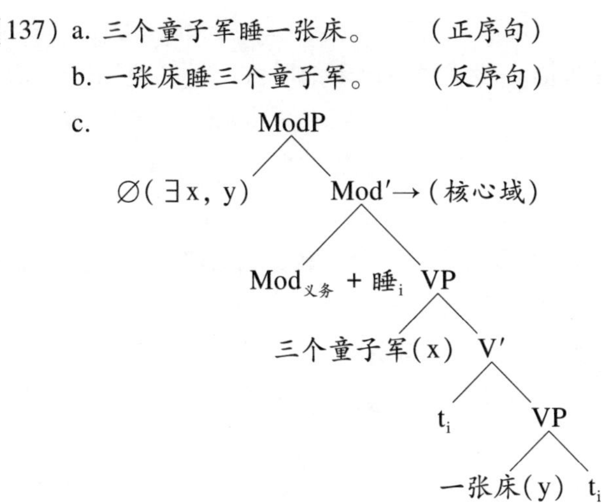

这样的分析,是把转翻句中的"数+量+名"结构的语义处理成了个体变量,在逻辑式中,这些变量受到存在封闭的约束,因此可以出现在句首位置充当主语。这样处理的好处是,能清楚地交代转翻句中核心动词的论元结构和每个论元的题元角色。不足之处在于无法说明转翻句中包含的数量关系。

转翻句的第三种分析以汪昌松、靳玮(2016)为代表。他们认为这类句子中的动词并非在句法操作阶段引入。他们观察到转翻句的动词是无法受方式状语修饰的,例如:

(138) a. *三个人大口地吃一锅饭。
b. *一锅饭大口地吃三个人。

这说明转翻句里动词的属性已经发生了改变,和光杆动词原本的属性存在差异。他们认为转翻句的动词在句法层面并不存在,句法中存在的是没有语音形式的轻动词 HOLD,该轻动词具有"容纳"义,整个句子表现为"三个人+HOLD+一锅饭"。当我们把这个句子通过语音形式表达出来的时候,动词"吃"附着在轻动词 HOLD 上,句子呈现出"三个人+吃-HOLD+一锅饭"这样的语音形式。汪昌松、靳玮(2016)认为转翻句中的动词并不是句子的主要动词,而是为了满足轻动词的语音需要在语音层引入的。这样的分析能比较清楚地解释为什么转翻句的动词无法受方式状语修饰,理由是在句法阶段,动词并不存在,而方式状语必须在句法层就附接在动词短语上。借由轻动词 HOLD 也能交代清楚转翻句包含的数量关系意义,但把转翻句中的谓词处理成一个表示"容纳"义的轻动词,并不能解释"三个人"和"一锅饭"与动词"吃"之间存在的题元关系。

如果认为转翻句中的"数+量+名"结构是作数量解读,那么就无法解释转翻句包含的事件意义；如果认为转翻句中的“数+量+名”结构是作个体解读，那么就无法解释转翻句包含的数量意义。我们认为转翻句中的数量意义和事件意义都很明显。如何解决这个矛盾呢？下面我们从量（amount）的角度切入，把量看成是一种特殊的类（kinds），并行处理转翻句所包含的数量意义和事件意义。

Scontras（2017）在讨论英语中的数量义关系从句和类属义关系从句的时候，观察到数量词 amount 和 kind 都具有存在解读。

（139） a. John ate that amount of apples that Bill ate.

b. John ate that kind of apples that Bill ate.

（139a）的意思是存在一个数量值 d，比尔吃了 d 那么多的苹果，约翰也吃了 d 那么多的苹果，而（139b）的意思是存在一个类别 k，比尔吃了 k 这类的苹果，约翰也吃了 k 这类的苹果。基于这样的平行属性，Scontras（2017）认为“程度”也应该处理成“类”。Anderson & Morzycki（2015）发现 so/such 在许多语言中都可以用来修饰名词表示类属、修饰形容词表示程度、修饰动词表示方式。基于这样的平行属性，Anderson & Morzycki（2015）认为程度可以处理成表示状态的类，而方式可以处理成表示事件的类，也就是说，程度（degrees）、方式（manners）和类（kinds）在本质上是没有什么区别的。

Scontras（2017）认为如果把数量/程度处理成类，那么就可以采用类的语义重新定义数量/程度。我们可以重新回顾一下 Chierchia（1998）关于类的分析。

（140） a. Dogs are barking in the garden.

b. $\exists x[{}^{\cup\cap}\text{DOGS}(x) \wedge \text{BARKING IN THE GARDEN}(x)]$(DKP 产生存在义解读)

在例(140)中,谓语"barking in the garden"需要个体论元,但是 dogs 是表示类指的光杆复数名词,为了解决语义上的不匹配现象,Chierchia(1998)提出了 DKP,将类($^{\cap}$DOGS)转化成属性($^{\cup\cap}$DOGS),与此同时,DKP 会自动引入存在算子,并且该存在算子只作用在谓词$^{\cup\cap}$DOGS 内部,不会给句子带来辖域歧义。

程度可以看成是一种数量属性。利用下向算子,可以将属性转化为类。Scontras(2017)将程度重新定义如下:

(141) $\text{DEGREE} = {}^{\cap}\lambda x.\exists k[\mu(x) = n \wedge \pi(k)(x)]$

根据该定义,度量短语"3 斤"的语义可以表述为:

(142) $[\![3\text{ 斤}]\!] = {}^{\cap}\lambda x.\exists k[\mu_{\text{斤}}(x) = 3 \wedge \pi(k)(x)]$

这种情况下的"3 斤"是由属性转化而成的类,可以直接充当数量谓词的论元,例如"3 斤不够/太多了"。下面我们以"三个人搬得动这架钢琴"为例,说明将数量处理成类,能很好地解释转翻句的论元结构以及题元角色的分配问题。

(143) a. 三个人搬得动这架钢琴

b. $[\![\text{三个人}]\!] = d = {}^{\cap}\lambda x.[\mu(x) = 3 \wedge \pi(\text{人})(x)]$

c. $[\![d\text{ 搬得动这架钢琴}]\!]$ = 搬得动(这架钢琴)(d) via DKP

d. $[\![d\text{ 搬得动(这架钢琴)}]\!] = \exists y({}^{\cup}d(y) \wedge$ 搬得动(这架

钢琴)(y)

e. ⟦三个人搬得动这架钢琴⟧ $= \exists y[\mu(y) = 3 \wedge \pi($人$)(y))] \wedge$ 搬得动(这架钢琴)(y)

根据(143b),数目短语“三个人”的语义为数量解读,数量可以看成是程度,程度可以看成是由属性 $\lambda x.\ \mu(x) = 3 \wedge \pi($人$)(x)$ 转化而成的类。光杆名词“人”具有类指解读,算子π相当于上向算子,可以将类转化成属性。μ是测量函数,测量的是变量 x 的个数(cardinality)。根据李艳惠(A.Li 1998),“三个人搬得动这架钢琴”中的“三个人”并不具有个体解读,只有数量解读,如(143c)所示。“搬得动这架钢琴”不是类指谓词(kind-predicate),而程度论元已经被处理成了类,这样就需要使用类衍生述谓结构(DKP):$P(k) = \exists x[{}^{\cup}k(x) \wedge P(x)]$,经过 DKP,我们可以得到(143d),句子获得存在义解读。将(143b)代入(143d),我们可以得到(143e),“三个人搬得动这架钢琴”的意思是存在一个个体变量 y,y 是人,y 的个数是 3,并且 y 搬得动这架钢琴。如果我们把数量论元处理成类指论元,那么通过 DKP 的操作,引入被存在算子约束的变量 y,充当“搬得动这架钢琴”的域外论元,承担施事的语义角色。在这种情况下,表示类指的数目短语就可以和个体谓词组合成句,并且不会产生辖域歧义。

3.5　小　　结

本章讨论的是汉藏语的简单名词性结构。简单名词性结构由名词、量词、数词和限定词构成。量词的基本功能是个体化,数词的基本功能是计数,限定词的基本功能是赋予定指义。藏缅语中,名词、数词、量词组合时，有两种不同的语序："名+数+量"和"名+量+数"。语序是"名+数+量"结构的语言，往往是量词丰富型语言；语序是"名+量+数"结构的语言，往往是量词贫乏型语言。

本章以汉语为例，对数目短语和度量短语进行了讨论。对于度量短语，我们发现汉语同样遵循单调性假设：直接修饰名词的度量短语只有非单调性解读，而出现在单调性短语指定语位置的度量短语只有单调性解读。对于数目短语，我们发现将数量处理成类，借助类衍生述谓规则，引入承担题元角色的个体变量，一方面能解释转翻句中必然存在的数量关系，另一方面也能解释转翻句中动词和论元之间存在的题元关系。

第四章　复杂名词性结构的句法分析

复杂名词性结构是指包含有关系结构的名词性结构。汉藏语系大部分语言中的关系结构本质上都是名物化结构，是一种借助名物化标记构成的外名物化结构。我们以汉语普通话、凉山彝语、腊罗彝语、粤语和吴语为例，考察这些语言中的关系结构，并为这些语言中的关系结构提供一个统一的基于名物化的分析。

4.1　关系结构的名物化分析①

4.1.1　名物化标记与名物化结构

简单名词性结构是只包含数词、量词、限定词这些核心功能词的名词性结构，而复杂名词性结构指的是具有修饰语的名词性结构，最典型的就是带关系从句的名词性结构。本章围绕汉藏语中的关系从句（relative clause）展开讨论。我们先来看普通话中的关系从句。普通话中的关系从句由结构助词"的"引导。刘鸿勇、叶凤霞（2017）梳理了相关研究中关于汉语结构助词"的"的来源。从历时角度来看，结构助词"的"的最初形式是"底"。吕叔湘

---

① 关系从句（relative clause）属于从属小句的一种，功能是充当定语。充当定语的关系从句加上核心名词（head noun）构成关系结构（relative construction）。例如，the book which I bought yesterday 这个关系结构包含核心名词 book 以及关系从句 which I bought yesterday，该关系从句由关系代词 which 引导。

([1955] 1984)考查了“底”字的由来,发现唐宋时期的“底”已经具备现代汉语“的”的各种用法。至于“底”的最初形式是什么,各家有不同的意见。吕叔湘(1984)从语法功能的对应性和继承性方面进行了考察,认为“底”源于“者”。王力(1980)则从语音演变的规律方面进行了考察,认为“底”源于“之”。江蓝生(2000)考察了“底”的由来,她认为在唐代以前,汉语的结构助词是由“之、者、所”三者共同承当的,三者的功能大体呈互补之势,但从先秦开始,“者”就有兼并“之”的趋势。江蓝生认为,从词汇上看,“底”来源于方位词“底”;从功能上看,“底”集合了“之、者、所”的用法。

在考察汉语结构助词语法化的过程中,我们发现有以下两点不容忽视。第一,结构助词源于名词或代词。在上古,使用最广泛的结构助词是“之”,来源于指示代词;而后,结构助词变为“者”,来源于名词;而后,所有的结构助词由源于处所名词的“底”取代。第二,名物化结构和关系结构之间存在一种动态的关系。结构助词可以被分析为名物化标记(nominalizer)或者关系化标记(relativizer)。很多人认为名物化结构是省略了核心名词的关系结构,但 Shibatani(2009)通过跨语言的比较研究得出结论,认为关系结构是在名物化结构的基础上,通过添加核心名词构成的,先有名物化结构,后有关系结构。Shibatani 的观点与汉语结构助词的发展历史较为吻合。由“之”构成的关系结构,是在“之”后加上核心名词构成的;由“者”构成的关系结构,“者”即是虚化了的代名词。

(1a)中,“者”本身就是关系结构中的核心名词,不需要额外的核心名词。上古的“之”是指示代词的用法,可以直接修饰名词,如(1b)所示。当“者”吸收“之”的功能后,其后可接同位性核心名词,例如,(1c)中“定殷者”后能接同位核心名词“将吏”,此时的“者”相当于结构助词“的”。

(1) a. [知我]者,谓我心忧。(《诗经·王风·黍离》)
b. [其谓陨]之者,皆是星也。(《论衡·说日》)
c. 项王怒,将诛[定殷者][将吏]。(《史记·陈丞相世家》)

罗仁地(LaPolla 1994, 2008)在分析汉藏语的名物化现象时,指出藏缅语中的许多名物化标记由名词演变而来,该名词原本为关系结构的核心名词,整个结构为“定语从句+核心名词”,如(1a)所示。随着语义的虚化,该核心名词(“者”)演变为意义空泛的名物化标记,该名物化结构(如(1c)中的“定殷者”)可以与另外一个名词(“将吏”)并置在一起,构成包含名物化结构的关系结构:“[关系从句+名物化标记]$_{名物化结构}$+核心名词”。该分析基于以下前提:汉语中的定语从句原本是不需要任何引导词的,形式为“VP+N”,如(1a)和例(2)所示。

(2) 然闻其西可千余里,有乘象国。(《史记·大宛列传》)

罗仁地(LaPolla 1994, 2008)的观点是:汉语先有关系结构,在关系结构的基础上衍生出名物化结构,即核心名词虚化为名物化标记。具体而言,“者”由核心名词彻底虚化为意义空泛的结构助词。这其中的桥梁便是“之”字结构,随着“之”的脱落,“者”吸收了“之”的语法功能,成为可接续另一核心名词的结构助词。综上,在例(3)中,我们可以归纳出以下几点:

(3) a. 名物化结构和关系结构之间并不是简单的省略或添加核心名词的关系。关系结构分为两种:包含名物化结构的关系结构,以及不包含名物化结构的关系结构。

b. 在上古,助词"之"后面的核心名词不能省略,它必须与其后的核心名词结合成一个直接成分后,才能受动词短语的修饰,这一特性源于"之"本身所具有的指涉性(源于指示词)。

c. 与"之"不同,"者"可以与谓词修饰成分先组成一个直接成分,形成一个名物化结构,然后再与核心名词构成一个包含了名物化结构的关系结构。

现代汉语的定语标记"的"与古代汉语中的"者"关系密切,而与"之"关系不大。譬如,"我喜欢的书"明显不能被分析为"我喜欢[的[书]]";"的书"不能单独成一个直接成分,但是"我喜欢的"可以单独存在。

4.1.2 名物化结构与关系结构

现代汉语中,"的"可作名物化标记,例如"我买的"中的"的"属于名物化标记,也可作关系化标记,例如"我买的书"中的"的"是关系化标记。目前对关系化标记"的"有以下几种不同的分析方法。Simpson(2003)认为可以将关系化标记"的"处理为限定词,他采用了 Kayne(1994)的理论,提出了汉语关系结构的"D-CP"分析,具体的句法操作包括两步:(a)将核心名词通过非论元移位移动到标句词短语的指定语(SpecCP)位置;(b)将剩下的主谓结构移位到以"的"为中心的限定词短语的指定语(SpecDP)位置。Simpson(2003)的弱点在于不能提供证据证明现代汉语的"的"可用作限定词。基于这样的语言事实,更多的人认为"的"只是一个标记而已,它的功能是黏着在词或者短语的后面,是一个语缀(徐杰 2001)。"的"的功能完全视被附着的成分而定:如果附着在体词上,那它就充当领属格标记;如果附着在谓词上,那它就充当名物化标记;如果附着在一个完整的句子上,那就充当句末助词。我们认为当“的”充当定语标记时,名物化是它的核心功能。朱德熙(1982, 1983)将“的”字结构作定语的偏正结构分为两类:一类是同位性偏正结构,如(4a)所示;另一类是不具有同位性的结构,如(4b)所示。

(4) a. 我的眼镜　新来的老师　他写的诗

b. 开车的技术　走路的样子　请假的理由

他不去的原因　火车到站的时候

我们认为同位性偏正结构(4a),实际上可分析为包含了名物化结构的关系结构,其生成步骤如下:

(5) a. [$_{IP}$ 他写]

b. [$_{IP}$ 他写]的 $_{=名物化标记}$ 　(名物化过程)

c. [$_{NOM}$ [$_{IP}$ 他写]的 $_{=名物化标记}$]　[NOM=名物化结构]

d. [$_{NOM}$ [$_{IP}$ 他写]的 $_{=名物化标记}$] $_i$ +[诗] $_i$ (同位语并置过程)

对于非同位性偏正结构(4b),袁毓林(1995)否定了朱德熙(1983)关于非同位性偏正结构自指的说法。在谓词隐含理论的基础上,他提出汉语偏正结构无自指,全部都是转指的观点。袁毓林认为“开车的技术”中隐含了谓词“指导”,完整的结构应该为“指导开车的技术”,他给出的例子如下:

(6) a. VP+的+N→VP+(V)+的+N

游泳的姿势→游泳造成的姿势

关门的声音→关门发出的声音

跳舞的场地→跳舞使用的场地

看报的时间→看报占用的时间

b. VP+的+N→(V)+VP+的+N

开车的技术→指导开车的技术

迟到的原因→造成迟到的原因

出差的经费→用于出差的经费

前进的力量→推动前进的力量

如果我们将隐含了谓词的非同位性偏正结构中的谓词补充完整,那么原先的非同位性偏正结构就变成了同位性偏正结构。在这种情况下,我们仍然可以运用名物化的分析方法将其分析为包含名物化结构的关系结构。下面以"开车的技术"为例,说明其生成过程。

(7) a. [$_{VP}$开车]

b. [$_{VP}$(指导)[开车]]　　　　(动宾结构)

c. [$_{VP}$(指导)[开车]]的$_{=名物化标记}$　　　　(名物化过程)

d. [$_{NOM}$[$_{VP}$(指导)[开车]]的$_{=名物化标记}$]$_i$+[技术]$_i$

(同位语并置过程)

从跨语言的视角来看,关系从句的名物化过程可以分为内名物化结构和外名物化结构(卜维美等 2019)。在考察非洲阿姆哈拉语(Amharic)的关系结构时,欧哈拉(Ouhalla 2004)发现与英语不同的是,该语言中不存在关系代词,其关系从句由定冠词引导。例如:

(8) a. [lɨj-u　yä-gäddälä] -w　ɨbaab

boy-the GM-killed　-the　snake

'the snake the boy killed'(那个男孩杀掉的那条蛇)

b. [$_{DP}$ D[$_{NumP}$[$_{DP}$[$_{TP}$ 男孩-有定标记　领属格-杀]-定指标记$_D$][Num[$_{NP}$蛇]]]]

对于(8a)这样的关系结构,欧哈拉(Ouhalla 2004)给出的分析如(8b)所示,关系从句[$_{TP}$ boy-the GM-killed]直接被定冠词-w 名物化,形成一个限定词短语(DP)。关系从句的内部结构为[$_{DP}$[TP]-D],结构中不包括关系代词,并且从句的动词仍然是限定性的(finite),具有时态特征。值得注意的是,作为名物化标记的定指标记-w 不是作用在核心名词上的。这点让我们想到上古汉语中由"之"引导的定语从句。虽然"之"源于指示词,应与核心名词组合成一个语法成分,但是当"之"用作结构助词之后,它与后接的核心名词之间的联系变得松散,而与前接的谓词之间的联系变得紧密起来。而在阿姆哈拉语中,这个限定词已经黏着在谓词上了。欧哈拉(Ouhalla 2004)区分了两类不同的名物化过程:

(9) 关系从句的名物化过程:

a. 内名物化结构:用 Num_{Gen}替代 T_{Nom}

b. 外名物化结构:用 D(P)替代 C(P)

所谓内名物化结构是指将能指派主格的时态范畴替换为能指派领属格的数范畴。以英语为例,将从句中具有时态特征的谓语动词,替换为现在分词或动名词。这样,原本的限定性从句(finite clause)就变成了一个非限定性从句(non-finite clause),从句中的主语只能获得领属格,不能获得主格。所谓外名物化结构指的是,保持从句内部的时态性,不使用标句词(C)来引导从句,而是使用限定词(D)来引导从句,从而达到将从句名物化的目的。换言之,内名物化过程作用于从句的动词本身,通过改变从句的限定性以达到名物化目的;而外名物化过程作用于整个从句,不需要改变从句内部的限定性。欧哈拉(Ouhalla 2004)对此类由定指标记引导的关系从句的分析,与我们对英语关系从句的分析完全不同。英语的关系从句由关系代词来引导,而阿姆哈拉语关系结构中没有关系代词,是通过定冠词来引导关系从句的。

关系结构的内名物化过程,在蒙古语中表现得十分明显。与土耳其语、维吾尔语等阿尔泰语系语言一样,蒙古语的关系结构使用动词词干加形动词词尾,来连接关系从句与核心名词。“形动词”由动词词干和具有形容词属性的动词词尾构成,而所谓的形容词属性就是名词性。力提甫·托乎提(1995, 2006)指出维吾尔语中的名词和形容词具有相同的[+N]特征,都具有静词的属性。蒙古语也是如此,清格尔泰(1991)同样是将蒙古语的名词和形容词都划归静词类,与动词类相区分。形容词和名词一样,都能后接复数标记、格标记和领属标记。蒙古语等阿尔泰语系语言中的“形动词”的功能和英语中的“动名词”功能一致,都是一种可充当定语的动词形式。①具体而言,蒙古语往往使用“ɣsɑn/gsən、xʊ/xu、dɑg/dəg”这三组最常用的形动词词尾来连接关系从句与核心名词。

(10) ɑŋɣil xələ mədə-dəg tərə ɣʊrbɑn sʊrʊɣtʃi
英 语 会-VN.HAB 那 三 学生
会英语的那三个学生

蒙古语的关系从句是前置型的。赫如意(2018)认为蒙古语关系

① 形动词既有动词性,也有静词性。动词性表现在它的词干有态和体的变化,可以带宾语,可以受状语修饰,可以充当谓语成分。静词性表现在有格的变化,可以加表达数的附加成分和领属附加成分(清格尔泰 1991)。

从句的生成过程包括两个步骤:第一步,把原句中的谓语动词的词尾变成相应的形动词词尾“ɣsɑn/gsən、xʊ/xu、dɑɣ/dəg”,例如,将“xɑri-bɑ”改成“xɑri-ɣsɑn”。第二步,将句子中所要修饰的名词从原句中移出来,放到形动词词尾“ɣsɑn/gsən、xʊ/xu、dɑɣ/dəg”后面,并在原位留下一个空位。蒙古语的关系从句基本上使用留空手段,没有像英语关系从句中“which”之类的关系代词或标句词“that”。

在蒙古语关系结构研究中,大家关注的焦点是形动词。高莲花(2013)提出形容词化短语是动词短语的一种形容词化形式,是包括蒙古语在内的阿尔泰语系语言的一大特点,它的功能类似于英语、德语等印欧语系语言中的关系从句。下面以提取间接宾语为例,我们来看一下何谓动词短语的形容词化。

(11) [bɑtʊ in Ø ɣʊrbɑn nɔm bələglə-gsən] tərə sʊrʊɣtʃi
巴图 GEN 三 书 送-VN.PFV 那 学生
巴图送了他三本书的那个学生

例(11)中,关系从句的述语“bələglə-gsən”是一个形动词,由动词词干“送”加上表示完成体的形动词词尾“-gsən”构成。形动词一方面具有形容词的属性,可以修饰后面的“那学生”,另一方面,它具有动词属性,可以支配前面的论元“三本书”。

(12)
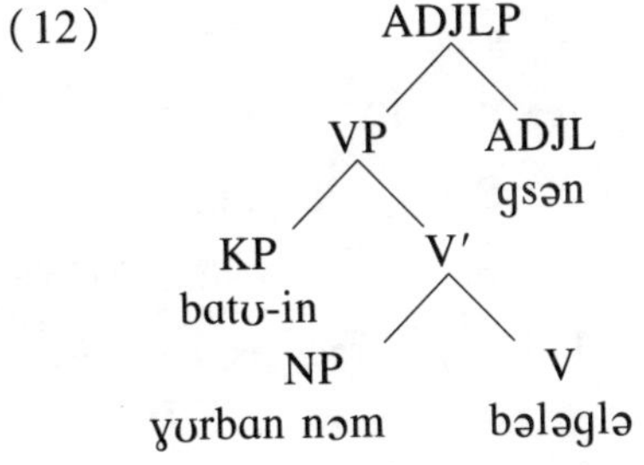

根据高莲花(2013)对蒙古语形容词化短语的分析,例(11)中的关系结构可以分析为例(12),其中 ADJL 是形容词化成分(adjectivalizer)。与以往的分析不同,高莲花认为形容词化成分不是将单个动词静(体)词化,而是作用于整个动词短语之上。这些形容词化成分在关系从句中到底表示时范畴还是体范畴呢?如果它们表示的是时范畴,那么关系从句就是一个限定性子句,在这种情况下,关系从句的主语就会获得主格;如果它们表示的是体范畴,那么关系从句就是一个非限定性子句,在这种情况下,关系从句的主语就会获得领属格。萧素英(Hsiao 2012)考察了蒙古语关系从句中主语主格和领属格的切换问题,提出拥有主格主语的关系从句是限定性子句,拥有领属格主语的关系从句是非限定子句。蒙古语中两种情况都存在,但据萧素英(Hsiao 2012)的统计,使用更频繁的是拥有领属格主语的关系从句。例如:

(13) a. Bi/*Minü öčügedür Batu yi
1SG.NOM/1SG.GEN yesterday Batu ACC
ol-ǰu üǰe-be.
meet-CVB.IMP see-IND.PST
'I met Batu yesterday.'

b. [Bi/Minü öčügedür ün
1SG.NOM/1SG.GEN yesterday GEN
ol-ǰu üǰe-gsen]
meet-CVB.IMP see-VN.PFV
tere kümün čini Batu bayi-na.
that person TOP Batu exist-IND.NONPST
'The person who I met yesterday is Batu.'
(Hsiao 2012:361)

在(13b)中,主语如果是主格代词bi,那么我们可以确定这个关系从句是一个限定性子句,其中的形动词可以充当主句的谓语。这类关系结构的形式为:[RC_{finite}]+N。(13b)中的,如果关系从句的主语是领属格代词"Minü",那么我们可以确定这个关系从句是一个非限定性子句,由此形成的关系结构,其形式为:[$RC_{non\text{-}finite}$]+N。

黄成龙(Huang 2008)观察到,在蒲溪羌语中关系从句可以是限定性的。例如,当核心词不是施事论元或工具论元时,关系从句的动词带有人称和体标记,不能带名物化标记,此时的关系从句是限定性的。如下例所示:

(14) a. [[ŋa zə^{r}]$_{RC}$ tɕi tha-gu]$_{NP}$
1sg:TP exist:1 house that-CL
'the house that I live in'
我居住的房子

b. [[ŋa zə-u-a]$_{RC}$ tɕi tha-gu]$_{NP}$
1sg:TP exist-PROS-1 house that-CL
'the house that I live in'
我居住的房子

c. [[ŋa zə-si]$_{RC}$ tɕi tha-gu]$_{NP}$
1sg:TP exist-CSM:1 house that-CL
'the house that I live in'
我居住的房子 (Huang 2008:752)

罗仁地(LaPolla 2008)提出在藏缅语中,带名物化标记的关系从句，由不带名物化标记的关系从句演变而来，其中的名物化标记多来源于核心词。黄成龙（Huang 2008）认为羌语中不带名物化标记的关系从句，反映的恰恰是藏缅语关系从句的早期形式。

与羌语中的情况不同，蒙古语中的［RC_{finite}］+N 形式和［$RC_{non\text{-}finite}$］+N 形式，两者唯一的区别在于主语的格位不同，而造成主语格位不同的根本原因则在于动词的词尾。如果将 ɣsɑn/gsən、xʊ/xu、dɑg/dəg 看成是时态标记，那么蒙古语关系从句的结构，就和例（15）这类包含了限定性子句的关系结构一样。如果将形动词词尾“ɣsɑn/gsən、xʊ/xu、dɑg/dəg”看成是体标记，那么蒙古语关系从句的结构就可以看成是一种内名物化结构，是形态意义上的名物化，即形动词词尾作用于词干，将动词词干变为分词形式，由此形成的关系结构是一个非限定性的子句。

（15）
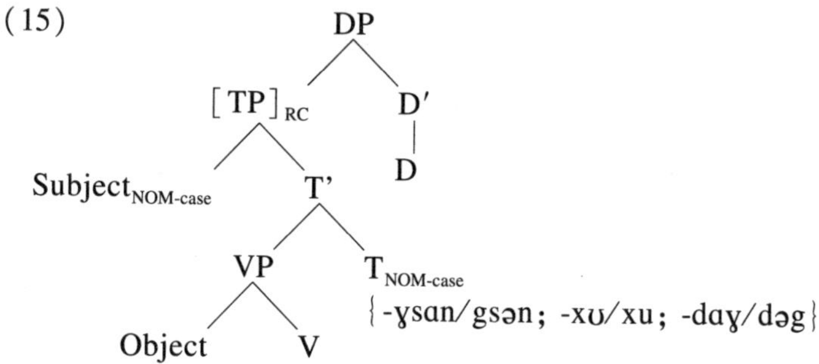

按照欧哈拉（Ohalla 2004）对内名物化过程的定义，我们可以把例（15）中的 T_{Nom} 替换成 Num_{Gen}。这样，原本的限定性子句（finite clause）就变成了一个非限定性子句（non-finite clause），子句中的主语只能获得领属格，不能获得主格。其结构如下：

(16)

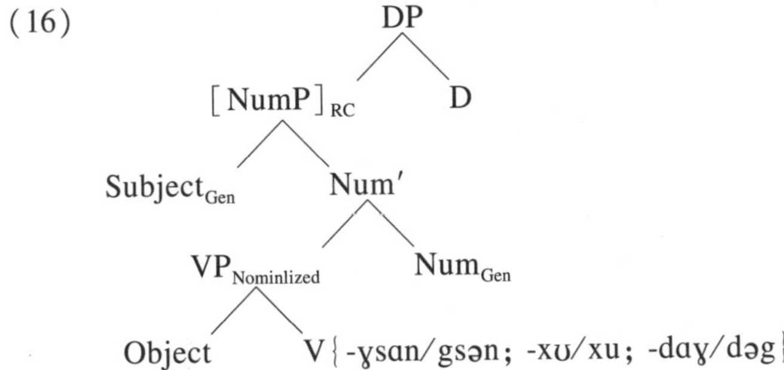

这样的分析从结构上揭示了蒙古语关系从句中主语格位的灵活性。蒙古语关系从句中主语位置既可以是主格,也可以是领属格,这是由形动词词尾的句法形态属性决定的。当"ɣsɑn/gsən、xʊ/xu、dɑɣ/dəg"占据时态T的位置时,它们就可给主语赋主格;当它们用作形动词词尾时,它们的功能就是将一个动词短语转换为一个名物化结构,而处于Num的指定语位置的主语由Num赋领属格。

与蒙古语不同,汉语的关系结构是由名物化标记"的"构成的。"的"将一个小句转化为具有指称意义的名物化结构。下面我们以"他写的书"为例,来说明汉语关系结构的外名物化过程。

(17) a. <u>约翰写的</u>很有趣。
$\lambda P.\iota x[\text{WRITE}(约翰,x) \wedge P(x)]$
b. <u>约翰写的{书,小说,论文……}</u>很有趣。
$\lambda P.\iota x[\text{BOOK}(x) \wedge \text{WRITE}(约翰,x) \wedge P(x)]$

从(17a)名物化结构的语义表达式,我们可知变量x被ι算子约束,但是并没有被限制,我们无从知道约翰写的到底是什么。(17b)中核心名词{书,小说,论文……}的作用就是来限制该变量x的。如果变量被限制为"书",那么我们就能知道约翰写的不是

“小说”或“论文”，而是“书”这类东西了。普通话中的“的”和其他汉藏语中的名物化标记一样，作用都是将函数（<e,t>）转化为论元（<e>）。以往的研究要么认为“约翰写的”作定语，修饰后面的核心名词，要么认为“约翰写的”和“书”是同位语关系。我们不认同“约翰写的”和“书”之间是同位语关系。所谓同位语，是指两个成分之间具有相同的指称。我们知道“约翰写的”已经名物化，可以充当论元，语义类型为<e>。核心名词“书”的功能是用来限制名物化结构所指涉的对象的属性，具体指明约翰写的到底是什么。按照这样的分析，核心名词不再是被修饰的对象，反而变成了谓词。这种对关系结构的分析是基于“的”的名物化功能，可以看成是一种基于名物化的分析方法。具体而言，可以通过以下树形图表示：

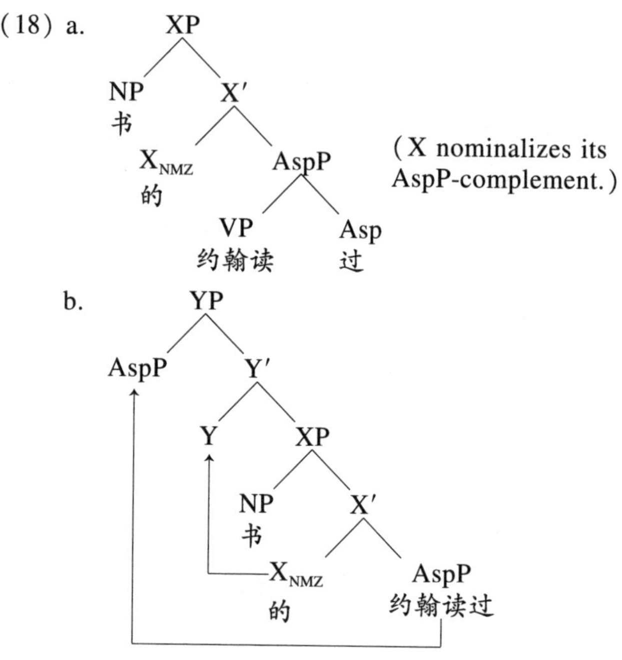

根据(18a),“的”名物化“约翰读过”,形成的 X′的语义为:$\lambda P.\iota x$[READ(约翰,x)∧P(x)]。“书”在指定语的位置,起限制变量的作用,整个名物化结构 XP 的语义为:$\lambda P.\iota x$[书(x)∧READ(约翰,x)∧P(x)]。这样生成的结构其语序为“书的约翰读过”,不是正常的语序。受汉语前置型关系结构的语序制约,“约翰读过”会移动到 SpecDP 的位置。要完成这样的移动,必须触发“X-to-Y”的中心词移位,因为只有这样,才能让“约翰读过”与 SpecXP 和 SpecYP 的距离相等,从而可以让“约翰读过”越过 SpecXP,移动到 SpecYP 的位置。经过这样的等距移位之后,形成的就是汉语的关系结构“约翰读过的书”。按照这样的分析,我们可以将(19a)处理成切分结构(partitive construction),而将(19b)处理成真正的同位语结构。

(19) a. 我在图书馆找到了两本约翰读过的书。
　　b. 我在图书馆找到了约翰读过的那两本书。
　　c. ? 我在图书馆找到了约翰读过的两本书。

(19c)这样的外修饰语结构不大能说,因为“约翰读过的”在ι算子的作用下呈现定指义,而“两本书”是不定指的,两者无法构成同位关系。如何分析(19a)中的“两本约翰读过的书”?我们认为这是一个切分结构,相当于英语的“two of the books that John read”,我们知道(18b)的 YP“约翰读过的书”的语义为:$\lambda P.\iota x$[书(x)∧READ(约翰,x)∧P(x)],语义类为≪e,t>,t>,是一个广义量词,和“两本”正好可以组合成一个切分结构。也就是说,汉语中的“两本书”和“两本我买的书”是不同的结构,前者可以看成是准切分结构,而后者是切分结构。

4.2 汉藏语关系结构的名物化分析

4.2.1 凉山彝语关系结构的名物化分析

在凉山彝语中,关系化手段最常见的表现是留空,也就是说,关系从句中的某个论元位置表现为零形式,该零形式语义上指向核心名词。例(20)的关系从句中,动词“抓”的逻辑主语表现为空位,该空位的语义指向核心名词“猫”。核心名词“猫”与关系从句构成关系结构,充当主句动词“笑话”的逻辑宾语。

(20) [a^{34} ȵɛ^{33}[Ø a^{34} hɛ^{33} ʐu^{33} a^{21}kɯ^{55} su^{33}]] tsho^{55}
猫 老鼠 抓 不能 名物化 人
ʑɿ^{21} ʑɿ^{33}.
笑话
不会逮老鼠的猫惹人笑。 (陈康、巫达 1998:64)

凉山彝语的核心名词出现在关系从句之前。核心名词可以省略,形成无核关系结构(headless relative)。在(21a)中,核心名词“人”省略;在(21b)中,核心名词“物、东西”省略。

(21) a. [thɯ^{21} ʐɿ^{33} pi^{33} su^{33}] li^{33} thi^{55} ȵi^{33}.
书 读 名物化 话题 这里 坐
读书的人坐在这里。 (陈康、巫达 1998:65)

b. ŋa^{33} li^{33} [tshɿ^{33} vɿ^{33} su^{33}] kha^{33}.
我 话题 他 买 名物化 要
我要他买的东西。 (陈康、巫达 1998:69)

在凉山彝语的关系结构中，核心名词可以充当关系从句中的施事，如例(20)中的“猫”在关系从句中是动词“抓”的施事；核心名词也可以充当关系从句中的受事，如例(22)中的“猪”在关系从句中是动词“喂”的受事。

(22) vo^{55} [mu^{33}ka^{55} xo^{33} ta^{33} su^{33}] a^{55} ko^{21} kɯ^{21}
猪 木呷 喂 助词 名物化 阿果 施事
si^{55} dze^{33} o^{34}.
杀 吃 了
阿果把木呷喂的猪杀了吃了。

以上例句中的关系从句是由名物化标记“su^{33}”引导的。这些句子中的“su^{33}”除了作为名物化标记来引导关系从句之外，还有一个重要的作用，即标记整个关系结构为定指结构。定指结构不能出现在存在句中，这一点可以通过下面的例句得到检验。

(23) a. i^{21} si^{33} a^{33} ɬɯ^{34} mo^{21} [vo^{55} [mu^{33}ka^{55} xo^{33} ta^{33}
从前 猪 木呷 喂 助词
ma^{33}]] dʑo^{33}.
量词 有
从前有一头木呷喂的猪。

b. * i^{21} si^{33} a^{33} ɬɯ^{34} mo^{21} [vo^{55} [mu^{33}ka^{55} xo^{33} ta^{33}
从前 猪 木呷 喂 助词
su^{33}]] dʑo^{33}.
名物化 有

c. * i^{21} si^{33} a^{33} ɬɯ^{34} mo^{21} [vo^{55} [mu^{33}ka^{55} xo^{33} ta^{33}
从前 猪 木呷 喂 助词

ma^{33} su^{33}]] dʑo^{33}.
量词 名物化 有

关于凉山彝语“su^{33}”的定指用法,陈士林(1989)指出,彝语中表示定指的最主要形式是“名+量+su^{33}”结构,表示的是交际者双方都知情的限定意义。很多学者(陈康、巫达 1998;戴庆厦、胡素华 1999;胡素华 2002; Gerner 2013 等)都观察到凉山彝语的“su^{33}”既可以充当名物化标记,也可以充当定指标记。

这种名物化标记与定指标记的同形现象不是凉山彝语独有的现象,在世界范围内的众多语言中都存在此类现象。刘丹青(2005)提到在阿尔巴尼亚语中存在类似的“连接性冠词”(linking article),兼有冠词和介引定语的作用。上文提到的埃塞俄比亚官方语言阿姆哈拉语中也存在此类现象。阿姆哈拉语的定指标记有两个变体形式。当定指标记接在辅音后时,表现为“-u”;接在元音后时,表现为“-w”。例如:

(24) [lɨj-u yä-gäddälä]-w ɨbaab
小孩-定指标记 领属格-杀-定指标记 蛇
小孩杀的蛇 (Ouhalla 2004:294)

在例(24)中,引导关系从句的是定指标记。阿姆哈拉语关系结构中的核心名词在关系从句的后面,表现为“关系从句+定指标记+核心名词”的语序。基于阿姆哈拉语及其他语言的材料,欧哈拉(Ouhalla 2004)从类型学的角度将世界的语言分为两类:一类语言是用标句词(如英语用“that”)来引导关系从句;另一类语言是用定指标记(如阿姆哈拉语用“-w”)来引导关系从句。根据欧哈拉(Ouhalla 2004)对阿姆哈拉语关系结构的分析,我们认为凉山彝语中，像例（20）那样的关系从句是一个由“su^{33}”引导的名物化结构。“su^{33}”一方面是关系从句的引导词，另一方面是作为定指标记标记整个关系结构的定指性。

根据核心名词的单复数以及有定/无定的语法特征，凉山彝语的关系结构可以分为以下三种类型：由量词引导的关系结构，如例句（25b）所示；由名物化标记“su^{33}”引导的关系结构，如例句（25a）所示；由“量词+名物化标记 su^{33}”引导的关系结构，如例句（25c）所示。量词做名物化标记的例子常见于汉语的吴、粤、闽方言中，在这些方言中，量词往往兼具定指标记和定语标记双重功能（石汝杰、刘丹青 1985；施其生 1996；周小兵 1997；刘丹青 2005；陈玉洁 2007）。

（25）a. vo^{55} [mu^{33}ka^{55}　xo^{33}　ta^{33}　su^{33}]　a^{55} ko^{21}　kɯ^{21}
猪　木呷　喂　助词　名物化　阿果　施事
si^{55}　dze^{33}　o^{34}.
杀　吃　了
阿果把木呷喂的猪杀了吃了。

b. vo^{55}　[mu^{33}ka^{55}　xo^{33}　ta^{33}　ma^{33}]　a^{55} ko^{21}
猪　木呷　喂　助词　量词　阿果
kɯ^{21}　si^{55}　dze^{33}　o^{34}.
施事　杀　吃　了
阿果把木呷喂的一头猪杀了吃了。

c. vo^{55} [mu^{33}ka^{55}　xo^{33}　ta^{33}　ma^{33}　su^{33}]　a^{55}ko^{21}
猪　木呷　喂　助词　量词　定指　阿果
kɯ^{21}　si^{55}　dze^{33}　o^{34}.
施事　杀　吃　了
阿果把木呷喂的那头猪杀了吃了。（Liu & Gu 2011）

(25a)中的核心名词单复数性质不确定,(25b)中的核心名词是单数且是不定指的,(25c)中的核心名词是单数且是定指的。以上例句表明凉山彝语关系结构中核心名词的有定性(definiteness)与"su^{33}"有直接的关系。当"su^{33}"出现时,整个关系结构为定指结构;当"su^{33}"不出现时,整个关系结构为不定指结构。同时,以上例句表明核心名词的单复数与量词的使用有关,不使用量词的时候,核心名词的单复数性质不确定。当使用了量词而数词又没有出现的时候,核心名词一定是单数。量词前出现大于"一"的数词时,核心名词随之变成复数义名词。我们还关注到凉山彝语的核心名词必须是光杆名词,例如,(26b)中,"三头猪"不能受关系从句的修饰,也就是说,凉山彝语中不允许外修饰语。

(26) a. vo^{55}[$mu^{33}ka^{55}$ xo^{33} ta^{33} so^{33} ma^{33} su^{33}]
猪 木呷 喂 助词 三 量词 定指
$a^{55}ko^{21}$ $kɯ^{21}$ si^{55} dze^{33} o^{34}.
阿果 施事 杀 吃 了
阿果把木呷喂的那三头猪杀了吃了。

b. *$\underline{vo^{55}\ so^{33}\ ma^{33}}$ [$mu^{33}ka^{55}$ xo^{33} ta^{33} su^{33}]
猪 三 量词 木呷 喂 助词 名物化
$a^{55}ko^{21}$ $kɯ^{21}$ si^{55} dze^{33} o^{34}.
阿果 施事 杀 吃 了
拟表达:阿果把木呷喂的那三头猪杀了吃了。

这一点与汉语不同。黄正德(Huang 1982:69)认为(27a)中的关系从句“我买的”是非限制性的关系从句,而(27b)中的关系从句“我买的”是限制性的关系从句。所谓的非限制性是指关系从句不能限制名词的指涉性。(27a)中名词的定指性来自关系从句之外的指示词“那”,关系从句只起到描述作用;(27b)中的关系从句不受指示词的约束,因此它能帮助后面出现的指示词“那”共同来限定名词的指涉性。

(27) a. 那本[[我买的]书]

b. [[我买的][那本书]]

和汉语不同,凉山彝语的关系从句不能修饰量词短语,只能修饰光杆名词。

我们发现凉山彝语的关系从句不能堆叠(stacking),一个核心名词只能带一个关系从句。而汉语中一个核心名词可以带多个关系从句,如[[我父亲给我买的][[每个中国人必读的]书]]。为什么存在这样的差别?下面我们着重讨论“凉山彝语关系从句为什么只能修饰光杆名词”和“凉山彝语的关系从句为什么不能堆叠”这两个问题。

凉山彝语的关系结构与欧哈拉(Ouhalla 2004)讨论的阿姆哈拉语的关系结构存在共性,都可以通过定指标记来名物化整个关系从句。不过,阿姆哈拉语与凉山彝语在动词时体方面存在差别。如果将阿姆哈拉语的关系从句看成是一个时态短语TP(tense phrase),那么阿姆哈拉语的关系结构为:$[_{DP}[TP]\text{-}D]\text{-}N$,其中的定指标记(限定词)直接将TP名物化,修饰后面的核心名词。凉山彝语没有时标记,只有体标记,因此我们将凉山彝语的关系从句看成是一个体貌短语 AspP(aspect phrase)。凉山彝语的关系结构可分析为:N-[$_{DP}$[AspP]-D],其中的定指标记 su[33] 直接将 AspP 名物化。对于例句(25a)中的关系结构,我们给出的句法分析如下:

(28)

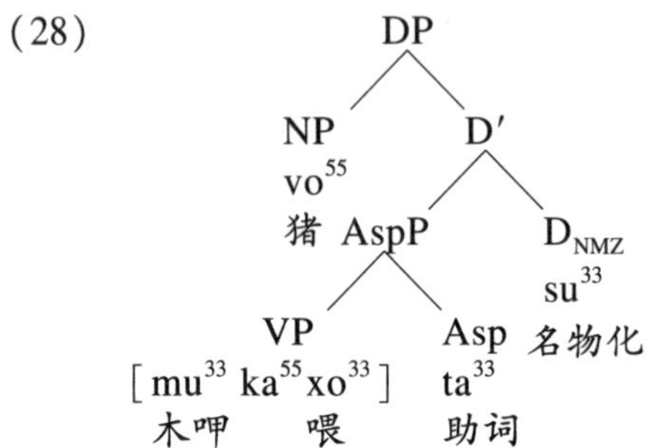

在例(28)中,定指标记"su[33]"充当名物化标记,整个结构不包含数词和量词。体貌短语充当定指标记"su[33]"的补足语,意思是"木嘎喂养的 x",表达的是一个集合,集合中的每个元素 x 都具有"是木嘎喂养的"属性。名物化标记"su[33]"相当于 ι 算子,即:可以将属性转化为定指个体。光杆名词表示的也是一个集合,集合中的每个元素都具有猪的属性。该名词的主要功能是将 D′的语义范围"木嘎喂养的 x"缩小为"木嘎喂养的猪",这个过程中涉及一种隐性的主谓关系,主语为个体 x,谓语为带有属性意义的光杆名词"vo[55]"。指定语位置上的名词实际上是充当谓词的角色,作用是限制个体变量 x 的属性。因此凉山彝语关系结构中的核心词不能带数量成分,具体而言,就是不可能像汉语那样存在由数量结构充当核心词的外定语结构,例如,"戴眼镜的那三个学生"。如果凉山彝语的关系结构中出现了数量词,那么充当名物化标记的就只能是量词。例如:

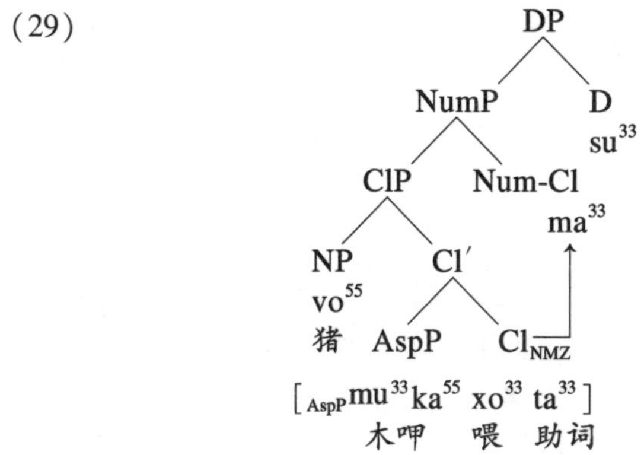

在例(29)中,量词充当名物化标记。当量词充当名物化标记时,充当量词补足语的不再是名词短语,而是被名物化的从句成分。在这种情况下,刘鸿勇(Liu 2006)提出复杂量词投射假设(complex classifier hypothesis),即如果一个名词和修饰它的关系从句由量词连接,那么投射出来的量词短语的内部结构如下:关系从句充当量词的补足语,量词的功能是将关系从句由属性(语义类<e,t>)转化为相对应的个体,核心名词位于量词短语的指定语位置,起限制个体变量的作用。在例(29)中,体貌短语充当量词的补足语,形成的 Cl′表示的意思是"木嘎喂养的一个 x",之后,Cl′成分与处于指定语位置的光杆名词"vo55"("猪")合并,形成的 ClP 表示的意思是"木嘎喂养的一头猪"。之后,该 ClP 可以和数词合并,表达"木嘎喂养的三头猪"这样的含义。注意,凉山彝语中的数词具有词缀性,需要吸引下层的中心词与其合并,形成的 NumP 与定指标记合并,形成 DP。值得注意的是,在例(25)中,作为关系子句的 AspP 充当名物化标记的补足语。我们知道,一个中心词最多只能带一个补足语,因此凉山彝语的关系从句是无法堆叠的,一个中心词只能带一个关系从句。

凉山彝语关系从句的名物化分析很好地揭示了其关系结构中,“su^{33}”表现出来的定指标记和关系从句标记的类并现象。更为重要的是,这样的分析也解释了我们在上文提到的凉山彝语与汉语的区别:(a)为什么凉山彝语关系结构的核心词不能带数量成分;(b)为什么凉山彝语的关系从句不能堆叠。同时,在凉山彝语中,我们既没有发现关系代词,也没有发现标句词,名物化标记直接作用在体貌短语上,整个结构完全不需要出现关系代词,该分析也避免了在关系从句的内部结构中添加不必要的功能范畴。

4.2.2 腊罗彝语关系结构的名物化分析

腊罗彝语的关系结构是名物化的直接产物,名物化过程是关系结构形成的前提。指人的名物化标记“a^{31}pa^{31}”和指物的名物化标记“a^{55}po^{33}”兼为关系化标记,使用范围最广的关系化标记是“a^{55}”。使用“a^{55}”作为关系化标记时,核心名词既可以指人也可以指物。当核心名词指人时,关系化标记“a^{55}”和“a^{31}pa^{31}”的区别在于:“a^{31}pa^{31}”只能用于关系化施事,而“a^{55}”既可以用于关系化施事,也可以用于关系化受事。在(30a)和(30b)中,核心名词都是“学生”,(30a)的关系从句中,“学生”是受事,所以不能用“a^{31}pa^{31}”;而(30b)中,“学生”是施事,所以既可以用“a^{31}pa^{31}”,也可以用“a^{55}”。

(30) a. lɑ^{31} sɿ^{33}　kha^{31}u^{31}　a^{55}/ * a^{31}pa^{31}　ɕo^{13} sen^{33}　tʂhɿ^{55}
老师　骂　名物化　学生　那
ma^{55}　ʔla^{55}ty^{55}　kuɛ^{13}.
个　跑回家　了
被老师骂的那个学生跑回家了。

b. lɑ^{31} sɿ^{33}-di^{31} dɛ^{31}u^{31} a^{55}/a^{31}pa^{31} ɕo^{13} sen^{33} tʂhɿ^{55}
老师-受事 打 名物化 学生 那
ma^{55} ʔla^{55}ty^{55} kuɛ^{13}.
个 跑回家 了
打老师的那个学生跑回家了。

当核心名词指物时,关系化标记为“a^{55}po^{33}”和“a^{55}”。两者的区别在于:如果关系从句中的动作还未发生,用“a^{55}po^{33}”;如果关系从句中的动作已经发生或正在发生,只能用“a^{55}”。

(31) a. a^{31}gu^{55}ʔny^{33} ʑy^{31} a^{55} po^{33} a^{55}tha^{31} ŋa^{55} tshɿ^{31}
明早 吃 名物化 刀子 我 洗
ta^{31} pɛ^{55}.
好 了
明早用来吃饭的刀子我洗好了。

b. ŋa^{55} pi^{55} ta^{31} a^{55} dza^{55} tʂhɿ^{55} ku^{33} tʂhɿ^{31}
我 做好 名物化 饭 那 锅 一点
tin^{31}ma^{31} mi^{55}.
不 好吃
我做的那锅饭一点也不好吃。

(31a)中,关系从句中时间词“a^{31}gu^{55}ʔny^{33}”(“明早”)说明动作未发生,所以用“a^{55}po^{33}”。(31b)有表示完成的助词“ta^{31}”(“完成,好”),“pi^{55} ta^{31}”的意思是“做好”,动作已经发生,不能用“a^{55}po^{33}”。以上例句说明,在腊罗彝语中,关系结构中名物化标记的选择和关系从句的体貌特征有关。

在腊罗彝语中,关系从句通常与指量短语一起构成论元。限定词的位置相对固定,出现在关系从句之后。从语序上看,核心名词的位置,可以出现在关系从句之前,也可以出现在关系从句之后,甚至可以内置于关系从句中。在这三种结构中,名物化标记都不可省。腊罗彝语关系化结构涉及的成分包括:被修饰的核心词N、关系从句RC、名物化标记NMZ、数词Num、量词Cl以及指示词Dem。考察完所有可能的语序组合之后,我们得出如下组合形式:①

(32) a. 核心词前置型关系结构:

(i) N+[RC-NMZ]

(ii) N+[RC-NMZ]+Dem+Num+Cl

b. 核心词内置型关系结构:

(i) 完整小句-NMZ

(ii) [完整小句-NMZ]+Dem+Num+Cl

c. 核心词后置型关系结构:

(i) $[_{NP}$[RC-NMZ]+N]

(ii) [RC-NMZ]+N+Dem+Num+Cl

在腊罗彝语中,要表达"木嘎喂的猪"这个意思,可以有以下三种表达方式:

(33) a. $a^{55}vi^{31}$ [$mu^{31}ka^{33}$ $hõ^{55}$ ta^{31} a^{55}]

猪 木嘎 喂 助词 名物化

b. [$mu^{31}ka^{33}$ $a^{55}vi^{31}$ $hõ^{55}$ ta^{31} a^{55}]

木嘎 猪 喂 助词 名物化

---

① 从例(32)可知,如果腊罗彝语关系结构中出现量词,则指示词也必须同时出现。这是因为腊罗彝语中不存在"N+Num+Cl"结构,腊罗彝语的数量短语只能是分裂式数量短语。

c. [mu^{31}ka^{33}　hõ^{55}　ta^{31}　a^{55}]　a^{55}vi^{31}

　木嘎　　喂　　助词　名物化　猪

对于(33a)这种语序的关系结构,我们可以做如下分析:

(34)

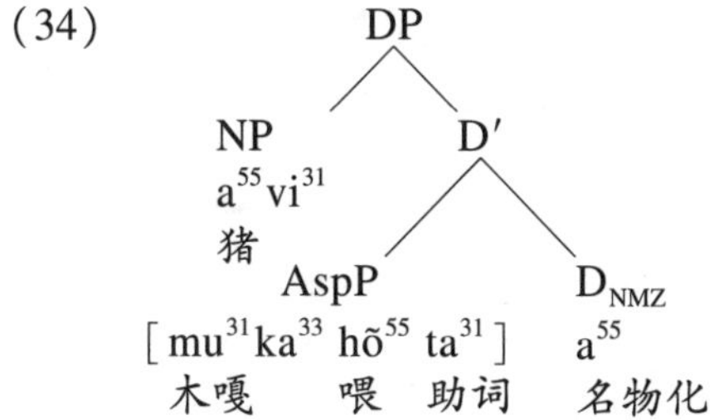

在例(34)中,最后投射而成的结构可以充当句子的论元,因此,可以看成是一个 DP。其中中心词 D 由名物化标记承当,相当于一个ι算子。对于(33b)这类核心词内置型关系结构,核心词具有对比焦点的属性,(33b)具有“木嘎喂的是猪而非牛、羊、鸡”之意。

(35)

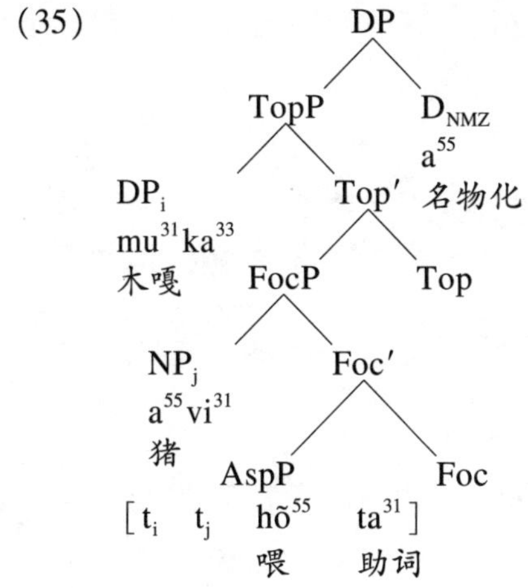

对于(33c)这类核心词后置型关系结构,核心词是不可省略的,是焦点信息。名物化标记的作用是将 AspP 转化为属性,修饰核心名词,如例(36)所示。在例(36)中,名物化标记用作定语标记。

(36)

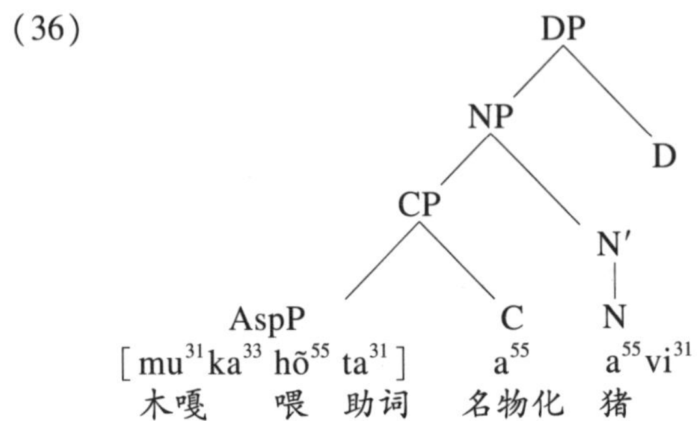

在腊罗彝语中,“木嘎喂的三头猪”这个意思是无法表达的,因为腊罗彝语的数量词无法和名词组合,“a^{55}vi^{31}sa^{33}ma^{55}”(“猪三头”)是不合乎语法的结构。“三头[木嘎喂的猪]”这个意思在腊罗彝语中也是无法表达的,因为腊罗彝语的数量词无法和关系结构“木嘎喂的猪”组合。在腊罗彝语中,“木嘎喂的那三头猪”这个意思有以下三种表达方式。

(37) a. [a^{55}vi^{31} [[mu^{31}ka^{33} hõ^{55} ta^{31}] a^{55}] na^{55} sa^{33} ma^{55}]
猪 木呷 喂 助词 名物化 那 三 量词
hɯ^{55} a^{55}tɕi^{55}.
死 了
[[那三头木呷喂的]猪]死了。

b. [[[mu^{31}ka^{33} a^{55}vi^{31} hõ^{55} ta^{31}] a^{55}] na^{55} sa^{33} ma^{55}]
木呷 猪 喂 助词 名物化 那 三 量词

hɯ^{55} a^{55}tɕi^{55}.

死 了

那三头[木呷喂的猪]死了。

c. [[[mu^{31}ka^{33} hõ^{55} ta^{31}] a^{55}] a^{55}vi^{31} na^{55} sa^{33} ma^{55}]

木呷 喂 助词 名物化 猪 那 三 量词

hɯ^{55} a^{55}tɕi^{55}.

死 了

木呷喂的[那三头猪]死了。

值得注意的是,腊罗彝语中的指示词借用了汉语的“这、那”,与此同时,腊罗彝语还借用了汉语的“指示词+数+量”结构。对于(37a)核心词前置型关系结构,我们给出的句法分析如例(38)所示:

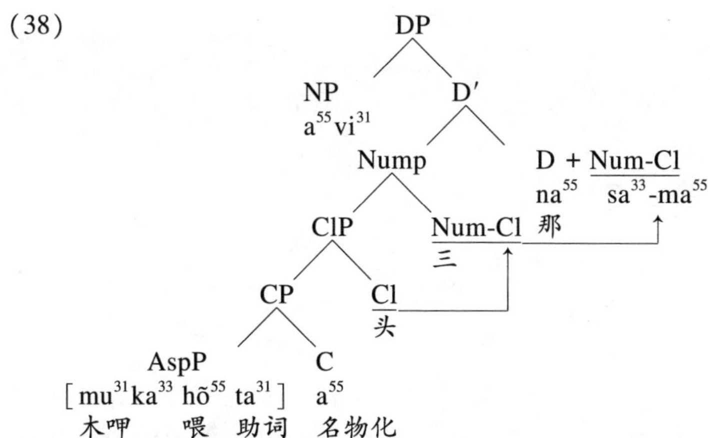

在例(38)这样的结构中,名物化标记为C,其功能是将一个体貌短语(AspP)名物化,形成的CP相当于一个由个体变量组成的集合,

此时量词的作用是个体化,将“木呷喂的”的指谓指向一个个的原子个体。核心名词位于 SpecDP 的位置,用来说明“那三头木呷喂的 x”中的 x 是“猪”,整个关系结构表达的意思是:[[那三头木呷喂的]猪]。该关系结构中的核心名词“a⁵⁵vi³¹”是可以省略的,省略后表达的意思是:[那三头木呷喂的],可以看成是一个无核关系结构。

对于(37b)核心词内置型关系结构,我们给出的句法分析如例(39)所示。在例(39)这样的核心词内置型关系结构中,名物化标记作用在一个完整的小句(AspP)上,此时只能关系化其中的受事论元,整个名物化结构表达的意思为:[木呷喂的猪],具体结构如例(35)所示。名物化标记后面还可以加“指示词+数+量”成分表定指意义。该结构中的核心名词“a⁵⁵vi³¹”(“猪”)是焦点信息。

(39)

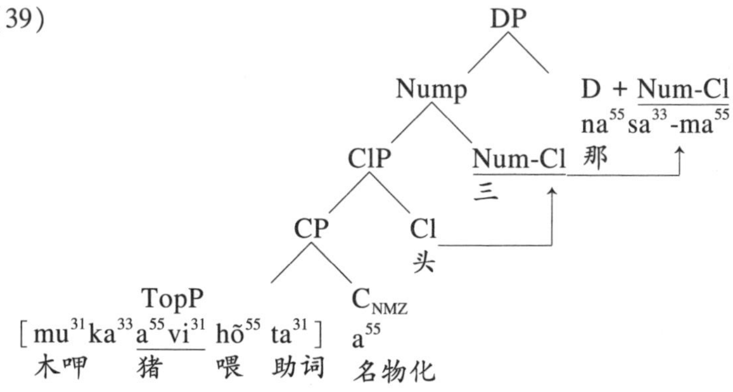

对于(37c)核心词后置型关系结构,我们给出的句法分析如例(40)所示。名物化标记作用在一个体貌短语上,整个名物化结构表达的意思为:“木呷喂的”,充当定语修饰后面的限定词短语“那三头猪”。整个关系结构表达的意思是:[木呷喂的]那三头猪。

(40)

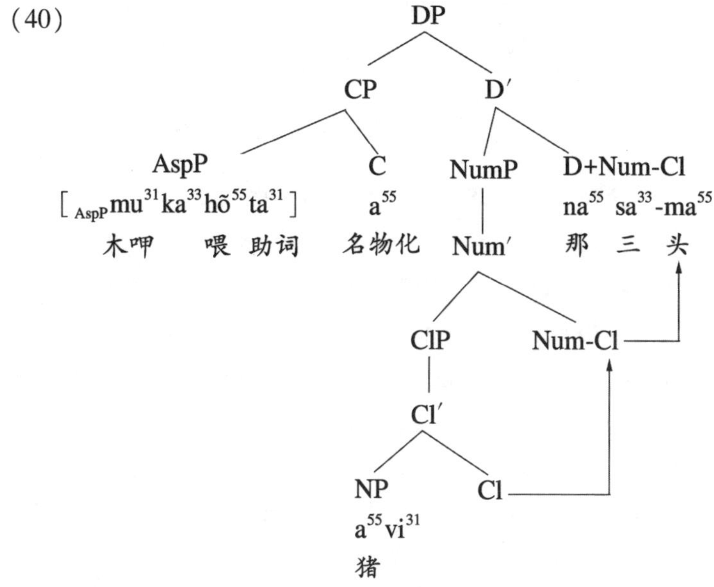

综上所述，在腊罗彝语中，数量词无法和名词组合，数量词也无法和关系结构直接组合。因此，腊罗彝语只存在例(32)列出的三类关系结构，即以下这三种可能性：

(41) a. 核心词前置型关系结构：

(i) N+[RC-NMZ]

(ii) N+[RC-NMZ]+Dem+Num+Cl

b. 核心词内置型关系结构：

(i) [完整小句-NMZ]

(ii) [完整小句-NMZ]+Dem+Num+Cl

c. 核心词后置型关系结构：

(i) [$_{NP}$[RC-NMZ]+N]

(ii) [RC-NMZ]+N+Dem+Num+Cl

我们对这三类关系结构的细微语义差异进行了阐释，并在名物化的基础上对各类关系结构进行了句法分析。

4.2.3 湘西苗语关系结构的名物化分析

吴秀菊（2013）详细考察了湘西凤凰勾良苗语的关系结构，发现勾良苗语关系从句有前置和后置两种类型，二者的关系化标记、语法结构、语义特点、语用特点存在明显差异，前置型关系从句比后置型使用频率高，是优势语序。在吴秀菊（2013）的语料基础上，我们拟对湘西苗语的各类关系结构进行基于名物化的统一分析。我们先来看吴秀菊（2013）对湘西苗语关系结构的分类。

（42）a. 后置型关系结构：由名物化标记“$mɔ^{53}$”引导，如例（43）—例（44）所示。

b. 前置型关系结构：

（i）由名物化标记“$nɔŋ^{42}$”引导，如例（45）—例（46）所示。

（ii）由“$mɔ^{53}$”和“$nɔŋ^{42}$”联合作关系化标记，如例（47）所示。

（iii）由“$mɔ^{53}$”和量词联合作关系化标记，如例（49）所示。

（iv）由量词引导，如例（51）—例（52）所示。

后置型关系结构由“$mɔ^{53}$”引导。“$mɔ^{53}$”是名物化标记，放在关系从句之前，和关系从句组合成一个名物化结构，这类关系从句是苗语固有的语序。后置型关系从句修饰的中心语往往包含量词。以“$ɔ^{42}$ $main^{22}$ mje^{42} ai^{44}”（“那一个人”）为例，后置型关系从句可以出现在两个不同的位置：（i）数+量+名+[关系从句]+指示词，如

(43a)所示,其中的核心名词可以省略,如(43b)所示;(ii)数+量+[关系从句]+量+名+指示词,如(43c)所示。例(43)中出现在量词前的“一”都可以省略。

(43) a. ɔ^{42} main^{22} mje^{42} [mɔ^{53} tai^{214}nin^{214} phu^{22}tau^{35}] ai^{44}
一 个 人 NMZ 正在 说话 那
nin^{33} pɯ^{214} ɕɛn^{44} ʂain^{42}.
是 我的 老师
那个正在说话的人是我的老师。

b. ɔ^{42} main^{22} [mɔ^{53} tai^{214}nin^{214} phu^{22}tau^{35}] ai^{214}
一 个 NMZ 正在 说话 那
nin^{33} pɯ^{214} ɕɛn^{44} ʂain^{42}.
是 我的 老师
那个正在说话的是我的老师。

c. ɔ^{42} main^{22} [mɔ^{53} tai^{214}nin^{214} phu^{22}tau^{35}] main^{22}
一 个 NMZ 正在 说话 个
mje^{42} ai^{214} nin^{33} pɯ^{214} ɕɛn^{44} ʂain^{42}.
人 那 是 我的 老师
正在说话的那个人是我的老师。

此类关系结构也可以作句子的宾语,例如:

(44) Ve^{22} qhɛ^{42}qan^{33} i^{22} main^{22} [mɔ^{53} tai^{214}nin^{214}
我 看见 了 个 NMZ 正在
phu^{22}tau^{35}] main^{22} mje^{42} ai^{214}.
说话 个 人 那
我看见了那个正在说话的人。

当中心语为光杆名词时,需要使用前置性关系结构。前置性关系结构需要使用“nɔŋ^{42}”。“nɔŋ^{42}”相当于汉语的“的”。例如:

(45) tai^{214}nin^{214} ŋgɤ^{214}sa^{42} nɔŋ^{42} tɛ^{214}mphɔ^{44}
正在 唱苗歌 的 姑娘
正在唱苗歌的姑娘

当然,前置性关系结构的中心语也可以是“数量名”或者“数量名+指示词”结构:

(46) a. tai^{214}nin^{214} ŋgɤ^{214}sa^{42} nɔŋ^{42} ɔ^{42} main^{22} tɛ^{214}mphɔ^{44}
正在 唱苗歌 的 一 个 姑娘
一个正在唱苗歌的姑娘
b. tai^{214}nin^{214} ŋgɤ^{214}sa^{42} nɔŋ^{42} ɔ^{42} main^{22} tɛ^{214}mphɔ^{44} ai^{44}
正在 唱苗歌 的 一 个 姑娘 那
正在唱苗歌的那个姑娘

“mɔ^{53}”和“nɔŋ^{42}”可以联合作关系化标记,其中“mɔ^{53}”连接关系从句和前面的量词,而“nɔŋ^{42}”连接关系从句和后面的中心语。例如:

(47) ɔ^{42} main^{22} ([mɔ^{53} tai^{214}nin^{214} ŋgɤ^{214}sa^{42}] nɔŋ^{42}
一 个 NMZ 正在 唱苗歌 的
tɛ^{214}mphɔ^{44}) ai^{44} njɛn^{42} i^{44}.
姑娘 那 哭 了
正在唱苗歌的那个姑娘哭了。

例(47)中的关系结构为:数+量+([$_{NOM}$RC]-nɔŋ^{42}+名)+指示词。湘西苗语中,谓词修饰名词的时候,需要通过名物化标记"mɔ^{53}"将谓词性成分转化为体词性成分,才能充当定语。例如,形容词修饰名词时,也需要使用"mɔ^{53}"将形容词体词化,"nɔŋ^{42}"的功能是连接两个体词性成分,表示领属、修饰或限制关系。

(48) a. mɔ^{53}　ʂa214　nɔŋ^{42}　mje^{42}
NMZ　高　的　人
高的人
b. tɛ^{214}mphɔ^{44}　nɔŋ^{42}　ɯ^{42}
姑娘　的　衣服
姑娘的衣服

也就是说,当"mɔ^{53}"和"nɔŋ^{42}"联合作关系化标记时,其中"mɔ^{53}"的功能是名物化标记,可以将关系子句转化为名词性成分,而"nɔŋ^{42}"起到结构助词的功能,连接两个体词性成分,组合成一个偏正结构。我们可把整个偏正结构看作一个名词,"数+量+([$_{NOM}$RC]-nɔŋ^{42}+名)+指示词"结构就相当于"数+量+名+指示词"结构。

在例(47)中,结构助词"nɔŋ^{42}"后的中心语除了可以是一个光杆名词之外,也可以是数量短语。在这种情况下,关系结构会呈现"(数+量+[$_{NOM}$RC])-nɔŋ^{42}+(量+名+指示词)"结构,如(49a)所示。"nɔŋ^{42}"在这种情况下,也是可以省略的,如(49b)所示。(49b)和(43c)都是"数+量+[关系从句]+量+名+指示词"结构,本质上是同一类结构。这种结构中出现了量词拷贝的现象,原因在于湘西苗语中指示词不可直接修饰名词,名词前必须加上量词。本质上,(49b)还是属于后置型关系结构,是在"数+量+名+指示词”结构中插入了一个由名物化标记“mɔ^{53}”引导的关系从句。

(49) a. {main^{22} [mɔ^{53} tai^{214} nin^{214} ŋgɤ^{214}sa^{42}]} nɔŋ^{42}
个 NMZ 正在 唱苗歌 的
main^{22} tɛ^{214}mphɔ^{44} ai^{44} njɛn^{42} i^{44}.
个 姑娘 那 哭 了
正在唱苗歌的那位姑娘哭了。

b. main^{22} [mɔ^{53} tai^{214}nin^{214} ŋgɤ^{214}sa^{42}] main^{22}
个 NMZ 正在 唱苗歌 个
tɛ^{214}mphɔ^{44} ai^{44} njɛn^{42} i^{44}.
姑娘 那 哭 了
正在唱苗歌的那位姑娘哭了。

RC 最理想的插入位置是在名词和指示词之间。如果 RC 插在量词和名词之间,就会形成“数+量+RC+名+指示词”结构,此时,必须在名词前拷贝一个量词,才可避免指示词直接修饰名词。注意,下面例(50)是受汉语影响的句子,并不被母语者完全接受,是不地道的苗语。

(50) *main^{22} mɔ^{53} tai^{214}nin^{214} phu^{22}tau^{35} nɔŋ^{42} mje^{42}
个 NMZ 正在 说话 的 人
ai^{44} njɛn^{42} i^{44}.
那 哭 了

吴秀菊(2013:123)观察到湘西苗语中量词也可以用来引导关系从句。在(51a)和(52a)中,“mɔ^{53}”和“nɔŋ^{42}”都没有出现,关系从句和核心名词之间通过量词连接,表达的是定指意义。

（51）a. [ŋgɤ^{214}sa^{42}]　main^{22}　tɛ^{214}mphɔ^{44}　ʐau^{35} mphɔ^{44}　ta^{42}.
唱苗歌　个　姑娘　好看　极
唱苗歌的那个姑娘漂亮极了。

b. [ŋgɤ^{214}sa^{42}　nɔŋ^{42}]　main^{22}　tɛ^{214}mphɔ^{44}　ʐau^{35}
唱苗歌　的　个　姑娘　好看
mphɔ^{44}　ta^{42}.
极
唱苗歌的那个姑娘漂亮极了。（预设义：其他的姑娘不如她漂亮）

（52）a. [tɛ^{214}mphɔ^{44}　ŋgɤ^{214}]　po^{214}　sa^{42}　ʐau^{35}taŋ^{44}　ta^{42}.
姑娘　唱　些　歌　好听　极
姑娘唱的那些歌好听极了。

b. [tɛ^{214}mphɔ^{44}　ŋgɤ^{214}　nɔŋ^{42}]　po^{214}　sa^{42}　ʐau^{35}
姑娘　唱　的　些　歌　好听
taŋ^{44}　ta^{42}.
极
姑娘唱的那些歌好听极了。（预设义：其他人唱的不如她好听）

值得注意的是，湘西苗语中，量名结构是不能用来表达定指意义的。这点和广州话不同，但和宁波话类似。在广州话中，量名结构可以单独使用，用来表达定指义，并且量词也能作关系化标记，同样表达定指义。在宁波话中，量名结构不能单独使用，但量词可以作关系化标记，表达定指义。

当一个意思既可用后置型关系结构，也可用前置型关系结构表达时，湘西苗语母语者优先使用的是后置型关系结构。（53a）中的关系结构是后置型关系结构。前置性关系结构包括（53b）到

(53f)中五种不同的形式。例如：

(53) a. ɔ^{42} main^{22} tɛ^{214}mphɔ^{44} [mɔ^{53} tai^{214}nin^{214} ŋgɤ^{214}sa^{42}]

一 个 姑娘 NMZ 正在 唱苗歌

ai^{44} njɛn^{42} i^{44}.

那 哭 了

正在唱苗歌的那位姑娘哭了。

b. [tai^{214}nin^{214} ŋgɤ^{214}sa^{42} nɔŋ^{42}] ɔ^{42} main^{22} tɛ^{214}mphɔ^{44}

正在 唱苗歌 的 一 个 姑娘

ai^{44} njɛn^{42} i^{44}.

那 哭 了

正在唱苗歌的那位姑娘哭了。

c. ɔ^{42} main^{22} [mɔ^{53} tai^{214}nin^{214} ŋgɤ^{214}sa^{42} nɔŋ^{42}

一 个 NMZ 正在 唱苗歌 的

tɛ^{214}mphɔ^{44}] ai^{44} njɛn^{42} i^{44}.

姑娘 那 哭 了

正在唱苗歌的那位姑娘哭了。

d. {main^{22} [mɔ^{53} tai^{214}nin^{214} ŋgɤ^{214}sa^{42}]} nɔŋ^{42}

个 NMZ 正在 唱苗歌 的

main^{22} tɛ^{214}mphɔ^{44} ai^{44} njɛn^{42} i^{44}.

个 姑娘 那 哭 了

正在唱苗歌的那位姑娘哭了。

e. ɔ^{42} main^{22} [mɔ^{53} tai^{214}nin^{214} ŋgɤ^{214}sa^{42}] main^{22}

一 个 NMZ 正在 唱苗歌 个

tɛ^{214}mphɔ^{44} ai^{44} njɛn^{42} i^{44}.

姑娘 那 哭 了

正在唱苗歌的那位姑娘哭了。

f. [tai^{214}nin^{214} ŋgɤ^{214}sa^{42}] main^{22} tɛ^{214}mphɔ^{44} njɛn^{42} i^{44}.
正在 唱苗歌 个 姑娘 哭 了
正在唱苗歌的那位姑娘哭了。

例(53)中这六种形式都能表达"正在唱苗歌的那位姑娘哭了",但母语者优先选用的是后置型关系结构。后置型关系结构和前置型关系结构存在三方面的差异。首先,在指涉性方面,后置型关系结构只能表达定指意义,不能表达不定指义;而前置型关系结构既可以表达定指意义,也可以表达不定指意义。例如,出现在存现句中的关系结构,就只能采用前置型关系从句。例(54)中是不可以出现"mɔ^{53}"的。

(54) pi^{42} qɤ^{22} lɔ^{35} qɤ^{22} mɛ^{53} ɔ^{42} ko^{42}(*mɔ^{53}) tai^{214}nin^{214}
山上 有 一些 正在
ŋgɤ^{214}sa^{42} nɔŋ^{42} tɛ^{214}mphɔ^{44}.
唱苗歌 的 姑娘
山上有一些正在唱苗歌的姑娘。

其次,后置型关系结构只能提取主语,而前置型关系结构可以提取领有者之外的其他所有成分。从来源来看,后置型是苗语固有的,由于后置型关系从句只能提取主语,存在使用上的局限性,为了适应语用需要而新增了前置型关系从句。

4.2.4 广州话关系结构的名物化分析

目前对广州话关系结构的研究主要关注于以下两个问题:(a)广州话中有多少种不同的关系化标记?(b)广州话关系化标记和其他方言中的关系化标记有何异同?

马诗帆、叶彩燕(Matthews & Yip 2001)对第一个问题的回答是,粤语中有两种常见的关系化标记,即结构助词“嘅”以及量词。量词充当关系化标记的情况又可以分为两种:光杆量词以及指量短语。两者的区别在于光杆量词后的核心名词不能省,但指量短语后的核心名词可以省。彭小川(2006)认为广州话连接定语和中心名词的结构助词有两个:“嘅”和“啲”。其中“啲”是包含复数意义的结构助词,由不定量词虚化而来,其语法化过程为:不定量词→指示词→结构助词。

第二个问题是从类型学的角度提出来的。刘丹青(2005)考察了汉语及方言中“的”类泛用定语标记以外的一些关系从句标记手段,包括北京话中的指示词、粤语中的指量短语、吴语中的量词、吴语中有体标记作用的“在里”类复合词。他提出确定关系从句标记的句法标准有两条:(a)用了它可以不用“的”类标记;(b)删除它必须补进其他标记。利用这两条标准,唐正大(2008)考察了永寿话关系从句的类型。他发现除了常见的关系化标记之外,永寿话中带有体貌意义的趋向补语“下”也可单独或与“的”结合作关系化标记,永寿话中还有少量零标记关系结构。陈伟蓉(2017)考察了福建惠安闽南方言关系从句的类型,并发现惠安方言的关系从句标记主要包括:定语标记“其”、指示词、指量短语和量词。关系从句也可以是零标记的。在实际口语中,惠安方言以指示词、指量短语为标记的关系从句以及零标记关系从句较为常见。盛益民(2017)详细考察了定指“量名”结构受定语修饰时的情况。他将定指“量名”结构分为准指示词型和准冠词型两类。如果定指“量名”结构受定语修饰的时候,量词后的名词可以省略,那这样的“量名”结构就是准指示词型的“量名”结构,量词可以独用,具有类似指示代词的功能。如果定指“量名”结构受定语修饰时,量词后的名词不可以省略,那这样的“量名”结构就是准冠词型的“量名”结构,量词在功能上类似定冠词,不能单独使用。这些研究无一例外都把粤语当作一个重要的参考坐标。这是因为粤语中的量词具有类冠词的定指功能,而量词和指量短语又是南方方言中非常典型的关系化标记手段(施其生 1996;周小兵 1997;刘丹青 2005;陈玉洁 2007;张庆文、邓思颖 2014;Cheng & Sybesma 1999;Matthews & Yip 2001;Li & Bisang 2012)。具体而言,广州话关系从句结构有如下四种标记类型:“嘅”作关系化标记、量词作关系化标记、指量短语作关系化标记、“嘅+指量短语”作关系化标记。①

4.2.4.1 “嘅”作关系化标记

广州话中的“嘅”相当于汉语普通话“的”的一部分用法。“嘅”作关系化标记是指关系从句与核心名词之间只有“嘅”,指示成分“嗰”、“呢”、量化成分、量词等都不出现,这种只用“嘅”作关系化标记的情况在广州话中是很常见的。唐正大(2007)指出关中永寿话中只用“的”作关系化标记时,主句和从句的谓语性质都必须是属性谓语。广州话关系从句中的谓语既可以是事件谓语,也可以是属性谓语。例如:

(55) a. pou5 zyu6 sai3 lou6 zai2 ge3 neoi5 yan4
抱 住 细路仔 嘅 女人
抱着孩子的女人
b. bei6 go1 yau6 daat3 hak1 ge3 maau1
鼻哥 有 笪 黑 嘅 猫
鼻子上有一块黑斑的猫

① 下一节关于广州话关系结构的例句,除非特别说明,均引自曹珊(2018)。

广州话中,只用“嘅”作关系化标记的关系从句结构,倾向于要求主句和从句的谓语性质保持一致,即同为属性谓语或同为事件谓语。例如:

(56) a. 温紧书嘅学生听日要考试。正在复习的学生明天要考试。

b. *温紧书嘅学生都钟意学习。拟表达:正在复习的学生都喜欢学习。

(56a)中的主句和从句的谓语均为事件谓语,句子合乎语法;(56b)中的主句谓语为属性谓语,但从句中的谓语为事件谓语,该句不合乎语法。

4.2.4.2 量词作关系化标记

在一些语言/方言中量词兼有定指和定语标记功能(石汝杰、刘丹青 1985;刘丹青 2005, 2012;施其生 1996;周小兵 1997;陈玉洁 2007 等)。陈玉洁(2007)给出了量词发展为定语标记的两个条件,一是量名结构能够独立使用,即量词发展出有定或无定的类冠词功能,二是量词必须位于修饰语与核心名词中间。对于第一个要求,刘丹青(2005)曾指出,量词作关系化标记仅见于部分量词功能发达的南方方言,如吴语、粤语,这些语言中的量词具有定冠词的作用,如广州话中“我买咗本书。(我买了这/那本书)”,其中“本书”相当于英语不分远近指的 the book。广州话的量名结构,以有定为显著意义并符合居中条件,已经发展成标记有定名词短语的关系化标记。量词作关系化标记在广州话里十分普遍,其对主句和从句的谓语性质没有什么特殊的要求,是使用频率非常高的一种关系化标记。

(57) a. 佢哋开间药材铺生意兴隆。他们开的那间药材店生意兴隆。

b. 你琴日要批货补齐啦!你昨天要的那批货补齐啦!

需要注意的是，量词作关系化标记时，整个关系化结构不能包含数词。(57b)“你琴日要批货”中量词“批”包含指涉义和数量义，若变成“你琴日要一批货”会使量词“批”失去定指功能，同时也失去引导关系从句的功能，“你琴日要一批货”就只能理解为主谓宾结构，而不能理解为关系结构。

4.2.4.3　指量短语作关系化标记

在广州话里指示词与量词组合成指量短语，可以充当关系化标记。量词和结构助词“嘅”单独作关系化标记的关系从句，在广州话里最为普遍，指量短语作关系化标记的使用频率没有两者高，使用上受到一定的限制。

广州话有两个指示词：“呢”表示“这”“嗰”表示“那”。从使用范围上看，“指量短语+名”和有定的“量+名”是完全重合的，即所有的“量+名”都可以用“指量短语+名”置换而形成合法的句子，但两者有语义上的差别，不能说“量+名”是“指量短语+名”的省略，因为“量+名”不论远近而论计量单位，“指量短语+名”论远近(施其生 1996)。指量短语和量词作为关系化标记的差别，除了语义上的差别，还有另外两点句法上的差异：(a)量词作关系化标记，后面的核心名词不能省略，但指量短语后的核心名词可以省略；(b)量词作关系化标记时，关系化结构中不能加入数词，指量短语作关系化标记时并没有这一限制。例如：

(58) a. 区委发落来嗰份档去咗边啊？区委发下来的那份文件去哪了？

b. 区委发落来嗰三份档去咗边啊？区委发下来的那三份文件去哪了？

c. 区委发落来份档去咗边啊？区委发下来的那份文件去哪了？

d. *区委发落来三份档去咗边啊？拟表达：区委发下来的那三份文件去哪了？

指量短语作关系化标记的关系从句，其主句和关系从句内部的谓语性质并没有特殊要求。

4.2.4.4 “嘅+指量短语”作关系化标记

以上三类关系化标记已经大致满足了广州话的表达需求,在以往的研究中发现广州话里不能使用“嘅+指量短语”作关系化标记。例如:“区委发落来嘅嗰(三)份档去咗边啊?”我们发现这种糅合了多种标记的类型可以被一部分人接受并使用,虽然使用频率不高,但也从无到有发生了质的变化,这可归因于受到强势语言普通话的影响。在普通话中,“的”是泛用定语标记,也是使用频率最高的关系化标记。由于北方方言是指示词发达的语言,普通话关系结构里使用“的+指量短语”的频率也十分高,因仿照普通话里的标记形式,广州话里的泛用定语标记“嘅”也和指量短语结合,形成了复杂形式的标记类型“嘅+指量短语”。

4.2.4.5 广州话量词型关系结构的内部句法

下面我们在名物化的基础上分析广州话量词型关系结构的内部句法。我们以例(59)来说明量词作关系化标记和指量短语作关系化标记之间的差别。

(59) a. 区委发落来嗰份档去咗边啊?区委发下来的那份文件去哪了?

b. 区委发落来嗰三份档去咗边啊?区委发下来的那三份文件去哪了?

c. 区委发落来份档去咗边啊?区委发下来的那份文件去哪了?

d.

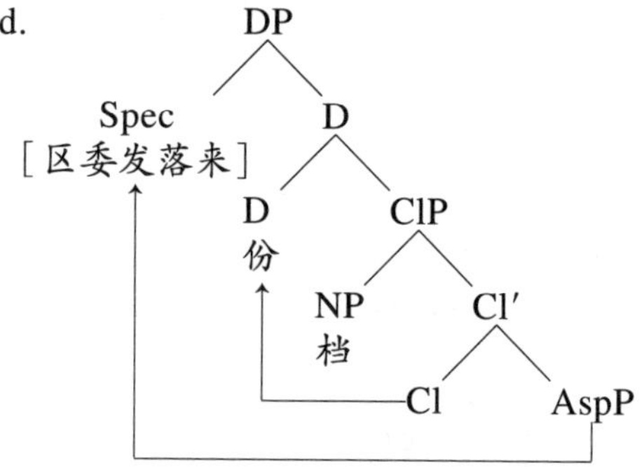

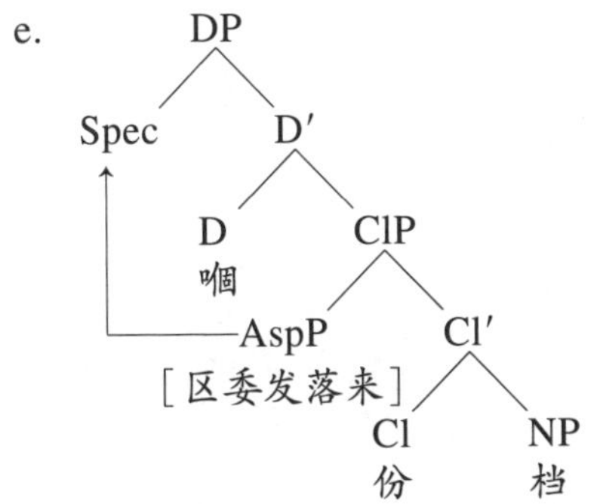

在(59d)中,量词选择一个子句作为它的补足语,量词作为名物化标记,作用在关系子句上。核心名词基础生成在 SpecClP 位置,作用是限制个体变量。限定词的位置空置,量词移动到 D 位置,形成等距移位关系,关系从句移动到 SpecDP 位置,生成(59c)这样的结构。由于一个中心词只能带一个补足语,因此广州话量词型关系结构不允准关系从句的堆叠(stacking)。另外,由于量词需要移动到 D 位置,因此,Num 必须空缺,这就是(58d)不合乎语法的原因。在(59e)中,限定词的位置被指示词占据,量词无法向上移动。限定词的[+EPP]特征会驱使关系从句移动到 SpecDP 位置。由于量词并没有向上移动,因此,可以出现数词,如(59b)所示。

4.2.5 宁波话关系结构的名物化分析

宁波方言的关系化标记比汉语普通话丰富,包括零标记(Ø)、持续体标记"tiɪʔ^{55}/ke^{53}"、量词、中性指示词"kiɪʔ^{55}"、泛用定语标记"goʔ^{12}"。这些关系化标记可组成五类不同的关系结构:(1)RC+Ø+Head;(2)RC+[tiɪʔ^{55}/ke^{53}]+Head;(3)RC+量词+Head;(4)RC+[kiɪʔ^{55}]+Head;(5)RC+[goʔ^{12}]+Head。①

① 后文关于宁波话关系结构的例句除非特别说明,均引自杨巧灵(2017)。

4.2.5.1 零标记:RC+Ø+Head

适用于表示属性的关系从句,包括由述宾短语或述补短语构成的关系从句。

(60) a. 管 西瓜 +Ø+ 老头 当忙 寻 侬 过 嚁!
kũ^{35} ɕi^{22}ko^{44} Ø lɔ^{22}dœɣ^{44} tɔ̃^{44}mɔ̃^{44} ʑiŋ^{24} nəu^{213} kəu^{44} lɐi^{24}
管 西瓜 Ø 老头 刚才 找 你 过 了
管西瓜的老头刚才找过你。

b. 寻 勒 交关 辰光 +Ø+书 来 荡头 啦!
ʑiŋ^{24} lɐʔ^{213} tɕio^{44}kuɛ^{53}zɥøŋ^{22}kuɔ̃^{53} Ø sɥ^{53}le^{24} dɔ̃^{22}dœɣ^{21}la^{53}
找 了 很多 时间 Ø 书 在 这里 啦
找了很长时间的书原来在这里!

不能用于由主谓短语构成的关系从句。例如:

(61) *我 买 +Ø+ 书 到 嚁!
ŋo^{213}ma^{213} Ø sɥ^{53} tɔ^{44} lɐi^{24}
我 买 Ø 书 到 了
拟表达:我买的书到了!

“RC+Ø+Head”结构中可以插入数量短语。“数量短语+RC+Ø+Head”一般作宾语,不能作主语。“RC+Ø+数量短语+Head”一般作主语和宾语,表示特指。例如:

(62) a. *两个 搓 麻将 +Ø+搭子 来 阿里 啦?
liã^{12}goʔ^{12} tsʻo^{44} mo^{22}tɕiã^{44} Ø tɐʔ^{55}tsʅ^{44} le^{24} ɐʔ^{55}li^{21} la^{53}
两个 搓 麻将 Ø 伴 在 哪里 啦

两个搓麻将的伴在哪?

b. 搓 麻将 +Ø+两个 搭子 今末 莫 来。

ts'o^{44}mo^{22}tɕiã^{44}Ø liã^{12}goʔ^{12} tɐʔ^{55}tsɿ^{44}tɕ iɪʔ^{44} mɐʔ^{55}le^{24}

搓 麻将 Ø 两个 伴 今天 没 来

搓麻将的两个伴今天没来。

4.2.5.2 持续体标记充当关系化标记:RC+[tiɪʔ^{55}/ke^{53}]+Head

持续体标记充当关系化标记,适用于由主谓短语或光杆动词构成的关系从句,而且从句中不能含有体貌标记,比如,例(63)加入进行体标记“来”之后,句子就不成立了,这是因为“tiɪʔ^{55}/ke^{53}”的体貌意义仍然相当强烈,不能和其他体貌标记共现。

(63) 我 (*来) 煮 +tiɪʔ^{55}/ke^{53}+ 下饭 渠 顶 欢喜。

ŋo^{213}(*le^{24}) tsɿ^{35} tiɪʔ^{55}/ke^{53} ɦo^{22}vɛ^{44} dʑi^{213} tiŋ^{35} hũ^{44}ɕi^{44}

我 (*正在)煮 着 菜 他 最 喜欢

我煮的菜他最喜欢。

充当关系化标记的体貌标记不能用于由述宾短语、述补短语构成的关系从句,主要原因是“tiɪʔ^{55}/ke^{53}”保留了作为体貌标记时的句法位置,只能位于动词后面,不能位于宾语后面。由持续体标记充当关系化标记时,核心名词是可以省略的。例如:

(64) 阿拉 姆妈 (*来) 煮 +tiɪʔ^{55}/ke^{53}+ 交关 香。

ɐʔ^{44}lɐʔ^{55} m^{44}ma^{21} (*le^{24}) tsɿ^{35} tiɪʔ^{55}/ke^{53} tɕio^{44}kuɛ^{53} ɕiã^{53}

我 妈 (*正在)烧 着 很 香

我妈(*正在)烧的很香。

4.2.5.3 量词充当关系化标记:RC+量词+Head

量词充当关系化标记,适用于由主谓短语、述宾短语或述补短语构成的关系从句,表示定指。例如:

(65) a. 我 来 吃 只 蟹 交关 新鲜。
ŋo^{213}le^{24} tɕ‘yoʔ^{55} tsɐʔ^{55} ha^{35} tɕio^{44}kuɛ^{53} ɕiŋ^{22}ɕi^{53}
我 正在吃 只 螃蟹 很 新鲜
我正在吃的那只螃蟹很新鲜。

b. 来 洗 部 车 啥人家 啦?
le^{24} dʑiã^{213} bu^{213} ts‘o^{53} so^{55}ȵiŋ^{22}ko^{53} la^{53}
正在洗 辆 车 谁家 啦
正在洗的那辆车是谁家的?

如果去掉进行体标记“来”,句子就都不成立了,原因在于例(66)中画线部分会被优先理解为主谓宾结构。

(66) *我 吃 只 蟹 交关 新鲜。
ŋo^{213}tɕ‘yoʔ^{55} tsɐʔ^{55} ha^{35} tɕio^{44}kuɛ^{53} ɕiŋ^{22}ɕi^{53}
我 吃 只 螃蟹 很 新鲜
拟表达:我吃的那只螃蟹很新鲜。

由量词充当关系化标记时,核心名词是可以省略的。例如:

(67) a. 渠 拨 我 件 交关 好看。
dʑi^{213} pɐʔ^{55} ŋo^{213} tɕi^{53} tɕio^{44}kuɛ^{53} hɔ^{44}k‘i^{44}
他 给 我 件 很 好看
他给我的那件很好看。

b. 咬 人 只 拨 人家 打 死 嚅!
ŋɔ^{12} ȵiŋ^{22} tsɐʔ^{55} pɐʔ^{55} ȵiŋ^{22}ko^{53} da^{44} ɕi^{44} lɐi^{24}
咬 人 只 被 别人 打 死 了
咬人的那只被别人打死了!

4.2.5.4 中性指示词充当关系化标记:RC+[kiɪʔ^{55}]+Head

中性指示词“kiɪʔ^{55}”充当关系化标记适用于由主谓短语、述宾短语或述补短语构成的关系从句,表示定指。这类关系从句中必须含有体标记。如果去掉体标记,句子就无法成立。例如:

(68) 渠 *(来) 唱 kiɪʔ^{55} 歌 我 也 会 唱。
dʑi^{213} le^{24} ts‘ɔ̃^{44} kiɪʔ^{55} kəu^{44} ŋo^{213} ɦa^{213} ɦuɐi^{213} ts‘ɔ̃^{44}
他 正在 唱 这 歌 我 也 会 唱
他在唱的这首歌我也会唱。

4.2.5.5 泛用定语标记“goʔ^{12}”充当关系化标记:RC+[goʔ^{12}]+Head

泛用定语标记“goʔ^{12}”充当关系化标记适用于由主谓短语构成的关系从句。例如:

(69) 我 吃 勒 两 只 老王 拨 渠 goʔ^{12} 苹果。
ŋo^{213} tɕ‘yoʔ^{55} lɐʔ^{213} liã^{12} tsɐʔ^{55} lɔ^{12}ɦuɔ̃^{22} pɐʔ^{55}dʑi^{213}goʔ^{12} biŋ^{22}kəu^{53}
我 吃 了 两 只 老王 给 他 的 苹果
我吃了老王给他的两个苹果。

4.2.5.6 宁波话关系结构的句法分析

宁波话关系从句标记的类型和使用情况可以归结为例(70)。

(70) a. 持续体标记[tiɪʔ⁵⁵/ke⁵³]较为稳定,只用于不带体标记的主谓短语或光杆动词构成的关系结构。

b. 量词不能用于含有数量成分的关系结构,可用于无核关系结构。

c. 中性指示词"kiɪʔ⁵⁵"不用于含有数量成分的关系结构,不用于无核关系结构。

d. 零标记的使用较为受限,用于带宾语或补语的有核关系结构。

e. 泛用定语标记"goʔ¹²"主要用于带体标记的含有数量成分的关系结构。

杨巧灵(2017)将宁波话关系从句标记的类型和使用情况归纳为下表:

结构和例句		有核关系结构		无核关系结构
		关系结构中不包含数量短语	关系结构中包含数量短语	
主谓/光杆动词[他养X狗]	+体标记	量词、kiɪʔ⁵⁵	goʔ¹²	量词
	-体标记	tiɪʔ⁵⁵/ke⁵³	tiɪʔ⁵⁵/ke⁵³	tiɪʔ⁵⁵/ke⁵³
主谓宾[他给我X书]		量词、kiɪʔ⁵⁵	goʔ¹²	量词
述宾[咬人X狗]		Ø、量词、kiɪʔ⁵⁵	Ø	量词
述补[洗好X衣服]		Ø、量词、kiɪʔ⁵⁵	Ø	量词

下面我们以例(71)为例,针对含有不同关系化标记的关系结构,分析其内部句法关系。

(71) a. 我(*来)煮+tiɪʔ⁵⁵/ke⁵³+下饭渠顶欢喜。我煮的菜他最喜欢。

b. 我*(来)吃+只+蟹交关新鲜。我正在吃的那只螃蟹很新鲜。

c. 渠*(来)唱+kiɪʔ⁵⁵+歌我也会唱。他在唱的这首歌我也会唱。

d. 管西瓜+Ø+老头当忙寻侬过嚅！管西瓜的老头刚才找过你。
e. 渠捞勒两只我来吃+goʔ[12]+蟹。他拿走了我正在吃的两只螃蟹。

（71a）中的关系化标记“tiɪʔ[55]/ke[53]”是由持续体标记演变而来的，所以其句法位置只能紧贴于动词之后，并且排斥关系从句中出现体貌标记。此类关系化标记类似于蒙古语中的形动词词尾，都是从具有时体特征的语法成分演变为从句标记的。我们可以用例（72）这样的内名物化过程来分析此类结构的内部句法关系。

（72）
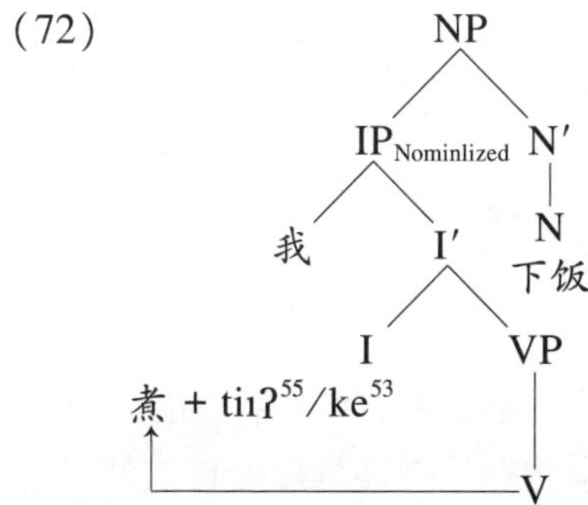

（71b）中的关系化标记是由量词充当的。我们可以采用外名物化的分析方法来分析此类结构的内部句法关系。

（73）
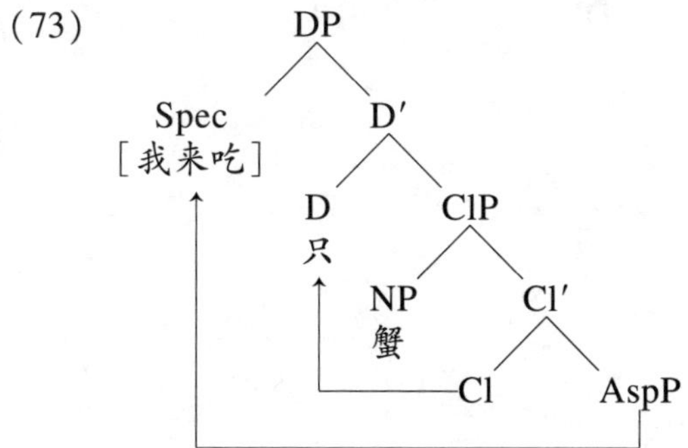

(71c)中的关系化标记是由中性指示词充当的。我们可以采用外名物化的分析方法来分析此类结构的内部句法关系。在这种情况下,我们可以认为,是一个零形式的量词起到了名物化的作用。该“空量词”会移动并嫁接到D的位置,如例(74)所示。

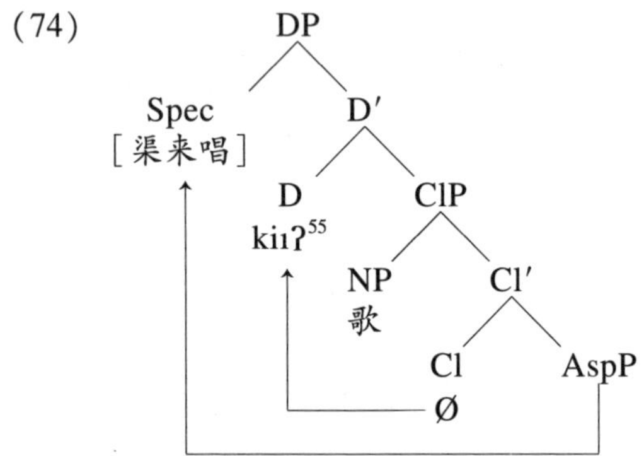

(71d)中的关系化标记是零形式的,用于带宾语或补语的有核关系从句。该零形式的关系化标记同样可以处理成外名物化标记。“管西瓜+Ø+老头”仍然具有个体意义和定指意义,表达的是“管西瓜的那个老头”,说明D和Cl虽然没有语音形式,但具有可解释的意义特征。

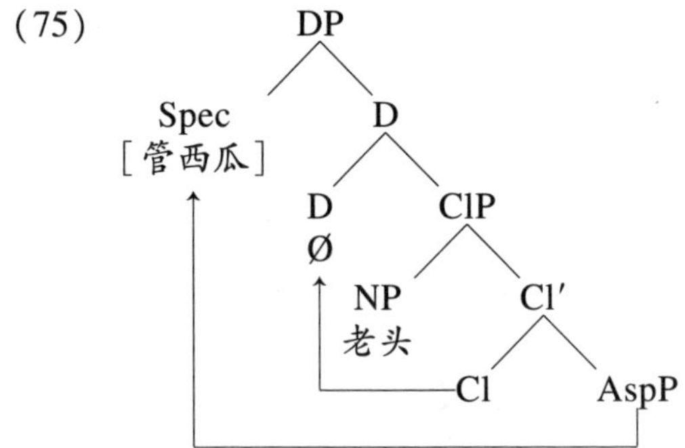

(71e)中的关系化标记是泛用定语标记,这是宁波话中使用最少的关系化标记,只在其他四种关系化标记都无法使用时才会使用。(71e)中包含数量成分"两只",所以无法使用量词和中性指示词作关系化标记。由于使用了体标记"来",因此,也无法使用持续体标记作为关系化标记。关系从句的动词后没有带宾语或补语,也无法使用零形式关系化标记。在这种情况下,只能使用泛用定语标记"goʔ¹²"作为关系化标记。该关系化标记起名物化的作用,将"我来吃"转化为体词性结构,如例(76)所示。

(76)
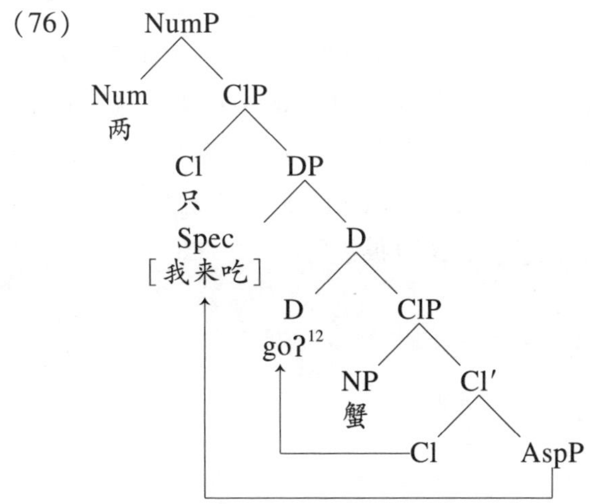

基于以上的讨论,我们发现与其他吴语方言相比,宁波方言在名词性结构方面存在以下四个特点:(1)宁波方言的"量+名"结构不能单独出现在主语位置表定指,一般只能作宾语表示不定指,这说明宁波方言的量词并没有类冠词的功能。(2)宁波方言中,量词作关系化标记时,核心名词是可以省略的。(3)宁波方言的中性指示词"该[kiɪʔ⁵⁵]"和持续体标记"tiɪʔ⁵⁵/ke⁵³"可以用作关系化标记。(4)泛用定语标记"goʔ^{12}"是宁波话中使用频率最低的关系化标记,只有在其他四种关系化标记都无法使用时才会被使用。

4.3 小结

汉藏语中普遍存在名物化标记和关系化标记同形现象,这说明汉藏语中名物化结构和关系结构之间存在某种内在的联系。汉藏语中的关系结构往往建立在名物化结构的基础之上,这充分体现了名物化结构在东亚语言中的重要作用。由专门的名物化标记引导关系从句,在汉藏语中非常普遍。例如汉语普通话中的"的"、广州话中的"嘅"、宁波话中的"goʔ^{12}"、腊罗彝语中的"a^{31}pa^{31}""a^{55}po^{33}"和"a^{55}"以及湘西苗语中的"mɔ^{53}"和"nɔŋ^{42}"。由量词作名物化标记引导关系从句的现象,在凉山彝语、湘西苗语以及汉语粤、吴、闽等方言中也很常见。

第五章　结　　语

本书的研究是建立在生成语言学的原则与参数理论之上的。目的是在汉藏语语言比较的过程中,揭示名词性结构在不同语言中的语义生成机制以及句法实现方式,进而挖掘这些现象所具有的普通语言学价值。与名词性结构相关的句法和语义问题众多,本书只对其语义指称和内部句法关系进行了讨论,还有很多相关问题值得我们继续研究。

5.1　汉藏语名词性结构的语义指称与内部句法关系

名词性结构的语义研究往往围绕指称意义展开,而句法研究往往围绕名词性结构的简单形式和复杂形式展开。汉藏语名词性结构研究也不例外。语义指称的表达方式、简单形式的内部语序、复杂形式的句法构造是汉藏语名词性结构研究中的基本问题。

5.1.1　汉藏语名词性结构的语义指称

目前对汉藏语名词性结构的语义指称讨论得比较充分的是汉语普通话及粤、吴等方言,对民族语名词性结构语义指称的深入讨论还不多见。以往文献对语义指称的讨论一般都是围绕四对概念展开:有指和无指、个体指和类指、定指和不定指、特指和非特指。这些概念之间的关系如下图所示:

(1)

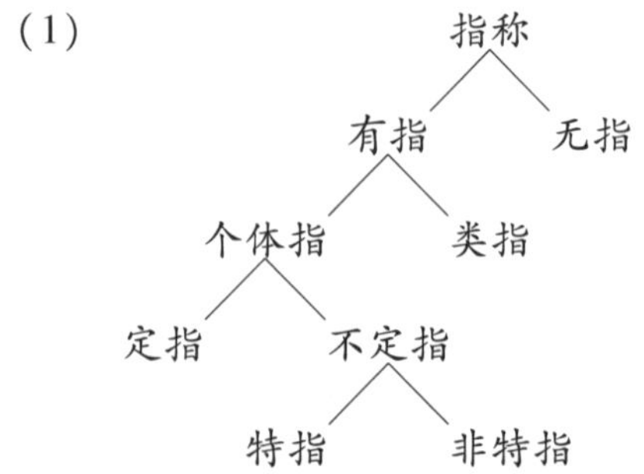

从下表所列出的具体例句，我们可以清晰地观察到英语、汉语普通话和粤方言在表达这些指称意义时所采取的一些不同策略。

<table>
<tr><th colspan="4"></th><th>英 语</th><th>汉语普通话</th><th>粤方言</th></tr>
<tr><td colspan="4">无 指</td><td>John is a teacher.</td><td>他是老师。</td><td>佢係老师。</td></tr>
<tr><td rowspan="4">有指</td><td rowspan="3">个体指</td><td colspan="2">定指</td><td>The teacher left.
That teacher left.</td><td>老师走了。
那个老师走了。</td><td>個老师走咗。
嗰個老师走咗。</td></tr>
<tr><td rowspan="2">不定指</td><td>特指</td><td>He likes a teacher.</td><td>他喜欢一个老师。
他喜欢某(一)个老师。</td><td>佢中意一个老师。</td></tr>
<tr><td>非特指</td><td>He wants to buy an apple.
He wants to buy some apples.</td><td>他想买个苹果。
他想买(些)苹果。</td><td>佢想买只苹果。
佢想买(啲)苹果。</td></tr>
<tr><td colspan="3">类指</td><td>Snakes are dangerous.
The snake is dangerous.
A snake is dangerous.</td><td>蛇是危险的动物。
蛇类是危险的动物。</td><td>蛇係危险的动物。</td></tr>
</table>

5.1.2 汉藏语名词性结构的内部句法关系

汉藏语名词性结构分为简单形式和复杂形式。简单形式由名词、量词、数词和指示词构成。由名词、数词、量词组合而成的结构是不定指短语的主要表现形式。内部语序分为三种："数+量+名""名+量+数"和"名+数+量"，如下表第三列所示。由名词、数词、量词、指示词组合而成的结构是定指短语的主要表现形式。指示词的语序分为两种：在湘西苗语中，指示词出现在名词性结构的右边缘位置；在汉语普通话和乳源勉语中，指示词出现在名词性结构的左边缘位置。[①]而在凉山彝语和腊罗彝语中，指示词出现在名词和数量词之间，说明这些语言的指示词不具有中心词的属性。景颇语的指示词可以同时出现在名词之前和名词之后，说明景颇语的指示词既可以充当中心词，也可以充当名词的修饰语。不同语言中定指短语的内部语序如下表第五列所示。

语言	组合			
	数词(Num)、量词(Cl)	数词(Num)、量词(Cl)、名词(N)	指示词(Dem)、名词(N)	指示词(Dem)、数词(Num)、量词(Cl)、名词(N)
汉语普通话	Num+Cl	Num+Cl+N	无法组合	Dem+Num+Cl+N
景颇语	Cl+Num	N+Cl+Num	1. Dem_{sg}+N 2. N+$Dem_{sg/pl}$ 3. Dem_{sg}+N+$Dem_{sg/pl}$	1. Dem_{sg}+N+Cl+Num 2. N+Cl+Num+Dem_{sg} 3. N+Cl+Dem_{pl}
凉山彝语	Num+Cl	N+Num+Cl	无法组合	N+Dem+Num+Cl
腊罗彝语	Num+Cl	无法组合	无法组合	N+Dem+Num+Cl
湘西苗语	Num+Cl	Num+Cl+N	无法组合	Num+Cl+N+Dem
乳源勉语	Num+Cl	Num+Cl+N	无法组合	Dem+Num+Cl+N

---

① 我们说指示词不能和名词组合，是说指示词不能和可数名词自由组合。注意，汉语普通话中的“zhei”和“nei”分别是“这个”和“那个”的合音形式，是可以和可数名词自由组合的。另外，汉藏语有些语言中的指示词可以和不可数名词进行组合，不过具体情况还有待进一步考察。

汉藏语名词性结构的复杂形式,指的是包含了定语从句的关系结构。我们发现汉藏语中的关系结构往往是在名物化结构的基础上形成的。汉语普通话中的名物化标记“的”可附着在一个小句之后,将小句转化为具有指称意义的名物化结构。核心名词的功能是用来限制名物化结构所指涉的对象的属性。按照这样的分析,核心名词不再是被修饰的对象,而是充当修饰限制语。对关系结构的这种分析与以往的分析不同,它是基于“的”的名物化功能的一种分析方法。虽然凉山彝语、腊罗彝语、湘西苗语、广州方言、宁波方言的关系结构所使用的名物化标记各不相同,名物化手段也存在诸多差异,但其句法都构建在名物化过程的基础之上。我们可以认为在这些语言中,名物化过程是关系结构形成的前提。

5.2 汉藏语名词性结构研究中的其他相关问题

在研究以上几个基本问题的时候,我们发现汉藏语名词性结构至少还有以下三个方面的问题值得深入研究:数量词的跨语言分析、度量短语的跨语言分析、领属结构的跨语言分析。这些问题目前学界讨论得还不是很充分,具有较强的理论意义,但不容易在短时间内调查清楚。笔者在本书的最后提出这些问题,以待作为今后继续研究的方向。

5.2.1 数量词的跨语言对比分析

很多自然语言中的名词需要经过范畴化才能充当论元。壮语中的类别词往往起到范畴化的作用。从语义上看,类别词和数量词类似,但从句法表现来看,类别词和数量词不同。

(2) a. tu^{2} ma^{1} nei^{4}
$\text{Cl}_{\text{动物}}$ 狗 这
这只狗(字面意义:这只犬类动物)
b. sa:m^{1} tu^{2} ma^{1}
三 $\text{Cl}_{\text{动物}}$ 狗
三只狗(字面意义:三只犬类动物)

例(2)中的类别词"tu^{2}"的主要功能是归类,即把所有的"狗"全部归为动物中的犬类。除此之外,类别词"tu^{2}"兼有数量词的功能,如(2b)所示。也就是说,壮语的类别词既需要和数词组合成数量结构,又需要和名词组合成"类别词+名"结构。壮语的类别词具有句法上的"双重性"。这种双重性在湘西苗语中可以看得非常清楚,例如:

(3) a. vɛ^{22} njɤ^{33} i^{42} ɔ^{42} ŋɤ^{22} tɔ^{214}-kwɯ^{42}.
我 买 了 一 只 $\text{前缀}_{\text{分类词}}$-狗
我买了只狗。
b. vɛ^{22} njɤ^{33} i^{42} ɔ^{42} ŋɤ^{22} kwɯ^{42}.
我 买 了 一 只 狗
我买了只狗。
c. * vɛ^{22} njɤ^{33} i^{42} ɔ^{42} tɔ^{214}-kwɯ^{42}.
我 买 了 一 $\text{前缀}_{\text{分类词}}$-狗
拟表达:我买了只狗。

湘西苗语中的"tɔ^{214}"为分类词缀,"tɔ^{214}"的功能和壮语中的类别词"tu^{2}"相似,也是归类,把"狗"归为一类动物。(3a)说明湘西苗语中的分类词缀不具有"双重性","tɔ^{214}"只和名词组合,和数词

“ɔ^{42}”组合需要额外的量词“ŋɤ^{22}”。另外,(3a)中的分类词缀“tɔ^{214}”可以省略,名词“kwɯ^{42}”可以直接和数量词进行组合,如(3b)所示,但是(3a)中的量词“ŋɤ^{22}”是不能省略的,如(3c)所示。湘西苗语中的分类词缀和壮语的类别词在语义上存在共性,都具有类指标记的功能,但是在语法表现上,存在显著差异:壮语的类别词具有句法上的“双重性”,但湘西苗语的分类词缀无法直接和数词组合。从跨语言对比的角度看,汉语普通话中只有数量词,壮语只有类别词,而湘西苗语处在两者中间,既有数量词系统,也有分类词缀。这样的类型学差异是否会带来一系列的句法语义差异?这是值得我们深入研究的一个问题。

5.2.2 度量短语的跨语言对比分析

汉藏语的量词研究目前大部分停留在词汇句法层面,从语义角度进行的跨语言对比研究还比较少。这或是因为语义调查对于非母语者来说比较难,调查者需要熟悉形式语义学的基本理论与方法,还需要找到对细微的语义差别比较敏感的发音人。本书对度量短语的研究也只是局限在汉语普通话中。基于汉语普通话材料得出的结论是否具有普通语言学的概括力,是需要跨语言的材料来检验的。我们发现腊罗彝语中的度量短语和汉语普通话一样,也具有“单调性解读”和“非单调性解读”的区别。例如:

(4) a. tɕhi^{55}tɕi^{55} dɛ^{55} ɕi^{33}kua^{33} dza^{31} ha^{55} ma^{55} da^{55}ɕi^{55}.
十斤 的 西瓜 吃 完 不 能
十斤西瓜怕是吃不完。

b. tɕhi^{55}tɕi^{55} dɛ^{55} ɕi^{33}kua^{33} tʂhʅ^{55} ʐo^{31} ma^{31} mi^{55} mu^{55}.
十斤 的 西瓜 那 种 不 好 示证
十斤的那种西瓜不好吃。

包含度量短语的名词性结构“tɕhi^{55}tɕi^{55}+dɛ^{55}+ɕi^{33}kua^{33}”（“十斤的西瓜”）在（4a）中具有单调性解读，在（4b）中具有非单调性解读。汉藏语其他语言中的度量短语是否也具有“单调性解读”和“非单调性解读”的区别？这些语言中度量短语的使用有什么规律？受到哪些限制？从跨语言对比角度对这些问题进行深入研究无疑会加深我们对汉藏语名词性结构的认识，进而可以把这些现象背后的语言学价值挖掘出来。

5.2.3　领属结构的跨语言对比分析

名词性结构的复杂形式除了关系结构之外，还应该包括领属结构。领属关系可以分为广义的领属关系和狭义的领属关系。广义的领属关系指由领属结构表达的各式各样的领有、修饰和联系关系。狭义的领属关系可以理解为对事物的拥有关系、部分和整体的关系、亲属关系这三大核心领属关系。其中亲属关系、部分和整体的关系是由社会规则或生理属性决定的关系，是不可让渡的领属关系，而对事物的拥有关系是一种临时建立起来的领属关系，是可让渡的领属关系。前人研究发现汉藏语中许多语言的领属标记和关系标记使用的是同一个语素。基于这样的观察，不少研究者认为汉藏语领属结构和关系结构具有相同的句法生成机制。这种观点遇到了越来越多的挑战，因为大家发现汉藏语中也有许多语言的领属标记和关系标记不一样。例如在凉山彝语中，领有者和从属者可以直接组合成领属结构，中间不需要任何领属标记。基于这样的观察，也有不少研究者认为领属结构和关系结构具有各自独立的句法生成机制。要解决这个争论，我们需要从语言对比的角度调查更多的语言。

领属结构的语义同样值得研究。从英汉对比中，我们能发现一个非常有趣的问题。英语的领属结构存在最大化预设，例如，

“John’s two pens were lost”预设约翰只有两支钢笔;汉语中的情况与此不同,“约翰的两支钢笔不见了”并没有预设约翰只有两支钢笔。如果我们把“钢笔”换成关系名词“弟弟”,汉语的领属结构也会有最大化预设。例如,“我认识约翰的两个弟弟”预设约翰只有两个弟弟。为什么汉语中的亲属名词能导致领属结构产生最大化预设,而普通名词不能?汉藏语其他语言中的领属结构是否存在最大化预设?这些也是值得我们深入调查研究的问题。①

总体而言,名词性结构牵涉众多的语法范畴,例如名词的单复数标记、量词、数词、指示词、定指标记、不定指标记、领属标记、关系化标记、格标记、名物化标记等。形式上丰富多样,搭配汉藏语各语言不同的语序参数设置,这些都对名词性结构的句法分析提出了很大的挑战。形式语言学理论是以英语为主要参考语言建立起来的,运用到汉藏语时,往往会捉襟见肘。例如,汉藏语往往使用名物化标记来构成关系结构,并不使用疑问词这类关系化标记。这些都是运用形式句法理论分析汉藏语名词性结构时,必然会遇到的困难,不过换个角度看,这些困难能让我们从汉藏语的角度重新审视各类语法理论,并力争为汉藏语的各类语言现象寻找到最为科学合理的解释。实现这个目标的前提是,在对汉藏语进行对比研究时,我们需要不断思考这些语言现象背后到底隐藏着什么样的普通语言学价值。

---

① 关于汉语名词性结构,还有许多非常有趣的现象值得我们深入研究,例如:领有者提升结构(徐杰 1999, 2008)、领主属宾结构(沈阳 1995;刘鸿勇、彭国珍 2012)、量词浮游现象(沈阳 2001;吴庚堂 2013),等等。汉藏语其他语言中是否也存在类似现象?在句法和语义方面存在哪些共性和差异?这些问题同样值得我们深入研究。

参 考 文 献

白　鸽　2014　《“一量名”兼表定指与类指现象初探》,《语言教学与研究》第 4 期。

卜维美　赫如意　刘鸿勇　2019　《彝语和蒙古语关系从句的名物化分析》,《汉藏语学报》第 11 期。

卜维美　刘鸿勇　2020　《腊罗彝语的分裂式数量短语》,《中国语文》第 5 期。

蔡维天　2015　《“的”不的,非常“的”——论名词组内虚词与区域限制的连动关系》,《中国语文》第 4 期。

蔡维天　钟叡逸　2014　《模态性与主语有指性——普通话与客家话的对比分析》,《当代语言学》第 2 期。

曹　珊　2018　《广州话关系从句的类型学研究》,澳门大学硕士学位论文。

巢宗祺　1990　《广东连南油岭八排瑶语言概要》,华东师范大学出版社。

陈　康　巫达　1998　《彝语语法(诺苏话)》,中央民族大学出版社。

陈　平　1987　《释汉语中与名词性成分相关的四组概念》,《中国语文》第 2 期。

陈士林　1989　《凉山彝语的泛指和特指》,《民族语文》第 2 期。

陈伟蓉　2017　《福建惠安闽南方言的关系从句标记》,《方言》第 3 期。

陈玉洁 2007 《量名结构与量词的定指标记功能》,《中国语文》第 6 期。

陈宗利 温宾利 2007 《程度关系分句与引导词 that 的使用》,《外国语言文学》第 1 期。

陈宗利 温宾利 2013 《移位还是不移位——汉语关系结构生成方式探讨》,《现代外语》第 2 期。

戴庆厦 2012 《景颇语参考语法》,中国社会科学出版社。

戴庆厦 傅爱兰 2002 《藏缅语的形修名语序》,《中国语文》第 4 期。

戴庆厦 胡素华 1999 《凉山彝语结构助词 su^{33}》,《中国语言学的新拓展》,香港城市大学出版社。

戴庆厦 蒋 颖 2005 《萌芽期量词的类型学特征——景颇语量词的个案研究》,《汉藏语系量词研究》,民族出版社。

戴庆厦 闻 静 2011 《汉藏语的"的"字研究》,《汉语学报》第 4 期。

邓思颖 2003 《汉语方言语法的参数理论》,北京大学出版社。

邓思颖 2006 《以"的"为中心语的一些问题》,《当代语言学》第 3 期。

邓思颖 2008 《"形义错配"与名物化的参数分析》,《汉语学报》第 4 期。

邓思颖 2009 《"他的老师当得好"及汉语方言的名物化》,《语言科学》第 3 期。

邓思颖 2015 《粤语语法讲义》,商务印书馆。

邓思颖 2019 《形式汉语句法学》(第二版),上海教育出版社。

方　梅　2002　《指示词“这”和“那”在北京话中的语法化》，《中国语文》第4期。

高莲花　2013　《蒙古语形容词化短语》，《内蒙古民族大学学报》第5期。

顾　阳　1994　《论元结构理论介绍》，《国外语言学》第1期。

顾　阳　2009　《langai、mi与景颇语数名结构再析》，《语言科学》第3期。

顾　阳　巫　达　2005　《从景颇语和彝语的量词短语看名词短语的指涉特征》，《汉藏语系量词研究》，民族出版社。

贺川生　2015　《自然语言数词系统句法语义接口理论的最新研究进展》，《当代语言学》第2期。

贺川生　2017　《汉语形容词接受度量短语直接修饰的可能性》，《当代语言学》第1期。

何元建　王玲玲　2007　《论汉语中的名物化结构》，《汉语学习》第1期。

赫如意　2018　《类型学视角下的蒙古语名词性结构》，澳门大学硕士学位论文。

胡素华　2002　《彝语助词研究》，民族出版社。

黄成龙　2008　《羌语子句的关系化手段》，《民族语文》第4期。

黄正德　2007　《汉语动词的题元结构与其句法表现》，《语言科学》第4期。

黄正德　2008　《从“他的老师当得好”谈起》，《语言科学》第3期。

江蓝生　2000　《处所词的领格用法与结构助词“底”的由来》，《近代汉语探源》，商务印书馆。

李劲荣　2013　《汉语里的另一种类指成分》,《中国语文》第3期。

李旭平　2018　《吴语名词性短语的指称特点:以富阳话为例》,《中国语文》第1期。

李旭平　刘鸿勇　吴　芳　2016　《湘西苗语的大称和小称标记》,《中国语文》第4期。

李旭平　杨　锐　2019　《定中结构中度量短语的(非)单调性》,《外国语》第3期。

李艳惠　2008　《短语结构与语类标记:"的"是中心词?》,《当代语言学》第2期。

李艳惠　陆丙甫　2002　《数目短语》,《中国语文》第4期。

力提甫·托乎提　1995　《维吾尔语的关系从句》,《民族语文》第6期。

力提甫·托乎提　2006　《维吾尔语名词性语类的句法共性》,《民族语文》第4期。

刘丹青　2002　《汉语类指成分的语义属性和句法属性》,《中国语文》第5期。

刘丹青　2005　《汉语关系从句标记类型初探》,《中国语文》第1期。

刘丹青　2012　《名词性短语的类型学研究》,商务印书馆。

刘鸿勇　2016　《粤北乳源过山瑶勉语研究》,文化艺术出版社。

刘鸿勇　2020　《英汉名词性结构中度量短语的句法语义对比研究》,《外语教学与研究》第4期。

刘鸿勇　彭国珍　2012　《汉语中的"使动—被动"式领主属宾结构》,《广东外语外贸大学学报》第4期。

刘鸿勇　叶凤霞　2017　《汉语定语从句的名物化分析》,

《汉语“的”的研究》,北京大学出版社。

刘鸿勇 张庆文 顾 阳 2013 《反复体的语义特征及形态句法表现》,《外语教学与研究》第1期。

刘探宙 石定栩 2012 《烟台话中不带指示词或数词的量词结构》,《中国语文》第1期。

陆 烁 潘海华 2009 《汉语无定主语的语义允准分析》,《中国语文》第6期。

吕叔湘 1984 《论“底”、“地”之辨及“底”字的由来》,《汉语语法论文集》,商务印书馆。

毛宗武 2004 《瑶族勉语方言研究》,民族出版社。

牛保义 2012 《汉语名词“类指”义的认知假设》,《语言教学与研究》第4期。

彭小川 2006 《广州话含复数量意义的结构助词“啲”》,《方言》第2期。

清格尔泰 1991 《蒙古语语法》,内蒙古人民出版社。

沈 阳 1995 《数量词在名词短语移位结构中的作用与特点》,《世界汉语教学》第1期。

沈 阳 2001 《名词短语分裂移位与非直接论元句首成分》,《语言研究》第3期。

盛益民 2017 《汉语方言定指“量名”结构的类型差异与共性表现》,《当代语言学》第2期。

施其生 1996 《广州方言的“量+名”组合》,《方言》第2期。

石定栩 2008 《“的”和“的”字结构》,《当代语言学》第4期。

石定栩 2010 《限制性定语和描写性定语》,《外语教学与研究》第5期。

石定栩 2011 《名词和名词性成分》,北京大学出版社。

石汝杰 刘丹青 1985 《苏州方言量词的定指用法及其变调》,《语言研究》第1期。

石毓智 2002 《量词、指示代词和结构助词的关系》,《方言》第2期。

司富珍 2004 《中心语理论和汉语的DeP》,《当代语言学》第1期。

唐正大 2008 《关中永寿话的关系从句类型》,《方言》第3期。

汪昌松 靳 玮 2016 《句法—音系接口视阈下的容纳句研究》,《语言教学与研究》第6期。

王 力 1980 《汉语史稿》,中华书局。

温宾利 2001 《自然语言中的关系结构》,《外语教学与研究》第4期。

吴芙芸 2011 《试论Hawkins的领域最小化理论于汉语关系从句加工之意义及潜在问题》,《外国语》第1期。

吴庚堂 2013 《量词浮游的动因》,《当代语言学》第1期。

吴秀菊 2013 《勾良苗语前置和后置两种关系从句》,《汉藏语学报》第7期。

熊仲儒 2005 《以"的"为核心的DP结构》,《当代语言学》第2期。

徐 杰 1999 《"打碎了他四个杯子"与约束原则》,《中国语文》第3期。

徐 杰 2001 《普遍语法原则与汉语语法现象》,北京大学出版社。

徐 杰 2008 《领有名词的提升移位与多项名词性结构的切分方向》,《当代语言学》第3期。

许余龙 2012 《名词短语的可及性与关系化——一项类型

学视野下的英汉对比研究》,《外语教学与研究》第 5 期。

杨将领 2005 《藏缅语数量短语的演变机制》,《民族语文》第 3 期。

杨巧灵 2017 《宁波方言的名词性结构》,澳门大学硕士学位论文。

余金枝 2011 《湘西矮寨苗语参考语法》,中国社会科学出版社。

袁毓林 1995 《谓词隐含及其句法后果》,《中国语文》第 4 期。

张庆文 刘鸿勇 邓思颖 2013 《汉语动词复数的语义特征及表现形式》,《现代外语》第 3 期。

张庆文 邓思颖 2014 《共性与差异:粤方言名词短语研究》,《语言及语言学》第 5 期。

张志恒 2016 《汉语定语从句修饰专有名词的语义分析》,《现代语言学》第 4 期。

张志恒 李昊泽 2015 《普通话和粤语的内外修饰语》,《语言科学》第 5 期。

周国光 2005 《对“中心语理论和汉语的 DeP”一文的质疑》,《当代语言学》第 2 期。

周国光 2006 《括号悖论和“的 X”的语感》,《当代语言学》第 1 期。

周小兵 1997 《广州话量词的定指功能》,《方言》第 1 期。

朱德熙 1966 《关于〈说“的”〉》,《中国语文》第 1 期。

朱德熙 1982 《语法讲义》, 商务印书馆。

朱德熙 1983 《自指和转指》,《方言》第 1 期。

Abney, Steven Paul 1987 The English Noun Phrase and Its Sentential Aspect. Doctoral dissertation, MIT.

Anderson, Curt and Marcin Morzycki 2015 Degrees as kinds. *Natural Language and Linguistic Theory* 33:791—828.

Behrens, Leila 2005 Genericity from a cross-linguistics perspective. *Linguistics* 43:275—344.

Borer, Hagit 2005 *In Name Only*. Oxford: Oxford University Press.

Bruge, Laura 2002 The Positions of Demonstratives in the Extended Nominal Projection. In G. Cinque(ed.), *Functional Structures in DP and IP*, 54—90. Oxford: Oxford University Press.

Burton-Roberts, Noel 1977 Generic sentences and analyticity. *Studies in Language* 1:155—196.

Carlson, Greg 1977 Reference to Kinds in English. Doctoral dissertation, University of Massachusetts, Amherst. Published by Garland, New York.

Cheng, Lisa L.-S.(郑礼珊) and Rint Sybesma(司马翎) 1999 Bare and Not-So-Bare Nouns and the Structure of NP. *Linguistic Inquiry* 30:509—542.

Chierchia, Gennaro 1998 Reference to kinds across languages. *Natural Language Semantics* 6:339—405.

Cohen, Ariel 2001 On the generic use of indefinite singulars. *Journal of Semantics* 18:183—209.

Dayal, Veneeta Srivastav 2004 Number Marking and(in)definiteness in kind terms. *Linguistics and Philosophy* 27(4):393—450.

den Dikken, Marcel 2006 *Relators and Linkers: The Syntax of Predication, Predicate Inversion, and Copulas.* Cambridge, MA: MIT Press.

Diesing, Molly 1992 *Indefinites*. Cambridge, MA: MIT

Press.

Dryer, Matthew S　2008　Word order in Tibeto-Burman languages. *Linguistics of the Tibeto-Burman Area* 31:1—88.

Gerner, Matthias (马嘉思)　2013　*A grammar of Nuosu*. Berlin & Boston: De Gruyter Mouton.

Giusti, Giuliana　1997　The Categorial Status of Determiners. In L. Haegeman (ed.), *The New Comparative Syntax*, 95—123. Addison Wesley Longman.

Giusti, Giuliana　2002　The Functional Structure of Noun Phrases: A Bare Phrase Structure Approach. In G. Cinque (ed.), *Functional Structures in DP and IP*, 54—90. Oxford: Oxford University Press.

Groso, Alexander and Fred Landman　1998　Strange relatives of the third kind. *Natural Language Semantics* 6:125—170.

Hsiao, Su-Ying (萧素英)　2012　The Nominative/Genitive Alternation in Modern Inner Mongolian Relative Clauses: A Statistical Perspective. *Linguistic Research* 29:351—380.

Huang, Chenglong (黄成龙)　2008　Relativization in Qiang. *Language and Linguistics* 9:735—768.

Huang, C.-T. James (黄正德)　1982　Logical relations in Chinese and the theory of grammar. Doctoral dissertation, MIT.

Ionin, Tania and Ora Matushansky　2006　The Composition of Complex Cardinals. *Journal of Semantics* 23:315—360.

Kayne, Richard　1994　*The Antisymmetry of Syntax*. Cambridge, Mass: MIT Press.

Kearns, Kate　2011　Sematics, 2nd edition. Palgrave Macmillan.《语义学》(第二版,凯特·科恩著,陈丽萍译),四川大学出

版社。

Keenan, Edward L. and Bernard Comrie 1977 Noun phrase accessibility and universal grammar. *Linguistic Inquiry* 8 (1): 63—99.

Kim, Jong-Bok 2011 Floating Numeral Classifiers in Korean: A Thematic-Structure Perspective. The 18th International Conference on Head-Driven Phrase Structure Grammar. University of Washington at Seattle.

Krifka, Manfred 1995 Common nouns: A contrastive analysis of Chinese and English. In G. Carlson and F. Pelletier (eds.), *The generic book*, 398—411. Chicago: University of Chicago Press.

Krifka, Manfred 2004 Bare NPs: Kind-referring, indefinites, both or neither? In R. B. Young & Y. Zhou (eds.), *Proceedings of Semantics and Linguistic Theory (SALT) XIII, University of Washington, Seattle*, 1—24. Cornell: CLC Publications.

Krifka, M., F. J. Pelletier, Gregory N. Carlson, A. Meulen, G. Link, and G. Chierchia 1995 *Genericity: An introduction*. In G. Carlson and F. Pelletier (eds.), *The generic book*, 1—124. Chicago: University of Chicago Press.

LaPolla, Randy J.(罗仁地) 1994 Parallel grammaticalizations in Tibeto-Burman: Evidence of Sapir's drift. *Linguistics of Tibeto-Burman Area* 17(1):61—80.

LaPolla, Randy J. 2008 Nominalization in Rawang. *Linguistics of the Tibeto-Burman Area* 31(2):45—66.

Larson, Richard 1988 On the double object construction. *Linguistic Inquiry* 19:335—392.

Li, Yen-Hui Audrey(李艳惠) 1998 Argument determiner and number phrases. *Linguistic Inquiry* 29:693—702.

Li, Yen-Hui Audrey 1999 Plurality in a classifier language. *Journal of East Asian Linguistics* 8:75—99.

Li, Xuping(李旭平) 2013 *Number classifiers in Chinese: the syntax-semantics interface*. Mouton de Gruyter.

Li, Xuping 2017 A note on reference to kinds in Mandarin: the N-leikind compound. *Studies in Chinese Linguistics* 38:18—33.

Li, Xuping and Walter Bisang 2012 Classifiers in Sinitic Languages: From individuation to definiteness. *Lingua* 122(4): 335—355.

Lin, Jo-Wang(林若望) 2003 On restrictive and non-restrictive relative clauses in Mandarin Chinese. *Tsinghua Journal of Chinese Studies* 33:199—240.

Liu, Hongyong(刘鸿勇) 2006 The Structure of complex nominals: Classifiers, possessives and relatives. Doctoral dissertation, The Chinese University of Hong Kong.

Liu, Hongyong 2012 Lexicalization of Mensural Classifiers in Chinese. *Linguistics* 50:929—954.

Liu, Hongyong and Gu Yang(顾阳) 2009 Free and not-so-free demonstratives in Jingpo. *Journal of East Asian Linguistics* 18: 273—295.

Liu, Hongyong and Gu Yang 2011 Nominalization in Nuosu Yi. In Yap Foong Ha, Karen Grunow-Harsta, and Janick Wrona (eds.), *Nominalization in Asian Languages*, 313—343. Amsterdam/Philadelphia: John Benjamins.

Lobeck, Anne 1995 *Ellipsis: functional Heads, Licensing*

and Identification. New York：Oxford University Press.

Longobardi, Giuseppe 1994 Reference and Proper Names：a theory of N-movement in syntax and logical form. *Linguistic Inquiry* 25：609—666.

Matisoff, James（马提索夫） 1972 Lahu nominalization, relativization and genetivization. In John Kimball（ed.）, *Syntax and Semantics*, Vol.1, 237—257. New York：Seminar Press.

Matthews, Stephen（马诗帆） and Virginia Yip（叶彩燕） 2001 Aspects of contemporary Cantonese grammar：The structure and stratification of relative clauses. In Hilary Chappell（ed.）, *Sinitic Grammar：Synchronic and diachronic perspectives*, 266—281. Oxford：Oxford University Press.

Miyagawa, Shigeru and Koji Arikawa 2007 Locality in syntax and floating numeral quantifiers. *Linguistic Inquiry* 38：645—670.

Nakanishi, Kimiko 2007 Measurement in the nominal and verbal domains. *Linguistics and Philosophy* 2：235—276.

Ouhalla, Jamal（欧哈拉） 2004 Semitic Relatives. *Linguistic Inquiry* 35：288—300.

Potts, Christopher 2007 The expressive dimension. *Theoretical Linguistics* 33：165—198.

Rett, Jessica 2014 The polysemy of measurement. *Lingua* 143：242—266.

Rothstein, Susan 2017 *Semantics for Counting and Measuring*. Cambridge University Press.

Scontras, Gregory 2017 A new kind of degree. *Linguistics and Philosophy* 40：165—205.

Schwarzschild, Roger 2005 Measure phrase as modifiers of adjectives. *Recherches linguistiques de Vincennes* 34:207—228.

Schwarzschild, Roger 2006 The role of dimensions in the syntax of noun phrases. *Syntax* 9:67—110.

Shibatani, Masayoshi 2009 Elements of complex structures, where recursion is not: The case of relativization. In Talmy Givon & Masayoshi Shibatani (eds), *Syntactic Complexity: Diachrony, Acquisition, Neuro-cognition, Evolution*, 163—198. Amsterdam: John Benjamins.

Simpson, Andrew 2003 On the status of modifying de and the structure of the Chinese DP. In Sze-Wing Tang and Chen-Sheng Luther Liu (eds.), *On the formal way to Chinese languages*, 74—101. CSLI.

Simpson, Andrew 2005 Classifiers and DP structure in Southeast Asia. In G. Cinque and R. Kayne (eds.), *The Oxford Handbook of Comparative Syntax*, 806—838. Oxford: Oxford University Press.

Simpson, Andrew 2008 The grammaticalization of clausal nominalizers in Burmese. In Maria Jose Lopez-Couso & Elena Seoane (eds), in Collaboration with Teresa Fanego, *Rethinking Grammaticalization: New Perspectives*, 265—288. Amsterdam: John Benjamins.

Sportiche, Dominique 1988 A theory of floating quantifiers and its corollaries for constituent structure. *Linguistic Inquiry* 19: 425—449.

Szabolcsi, Anna 1994 The Noun Phrase. In Kiefer & Kiss (eds.), *The Syntactic Structure of Hungarian: Syntax and*

Semantics, vol. 27, 179—275. New York: Academic Press.

Tang, Chih-Chen Jane (汤志真) 1990 Chinese phrase structure and the extended X′-theory. Doctoral dissertation, Cornell University.

Travis, Lisa 1984 Parameters and effects of word order variation. Doctoral dissertation, MIT.

Tsai, Wei-Tien Dylan(蔡维天) 2001 On subject specificity and theory of syntax-semantics interface. *Journal of East Asian Linguistics* 10:129—168.

Wharton, Tim 2016 That bloody so-and-so has retired: Expressives revisited. *Lingua* 175:20—35.

Yang, Rong 2001 Common nouns, classifiers, and quantification in Chinese. Doctoral dissertation, Rutgers University.

Yap, Foong Ha(叶凤霞), Karen Grunow-Hårsta and Janick Wrona 2011 Nominalization strategies in Asian languages. In Yap Foong Ha, Karen Grunow-Harsta, and Janick Wrona(eds.), *Nominalization in Asian Languages*, 1—57. John Benjamins.

Zhang, Niina Ning(张宁) 2006 Representing Specificity by the Internal Order of Indefinites. *Linguistics* 44:1—21.

Zhang, Qingwen(张庆文), Cheng Zhenquan(成镇权), Tang Sze-wing(邓思颖) and Liu Hongyong 2015 Indefinite Article or Numeral one? —A Study of iʔ5 'one' in Shiposheng. *International Journal of Chinese Linguistics* 2:34—58.

附录　本书术语汉英对照表及索引

（按音序排列，数字为本书的页码）

B

C

D

F

G

H

J

K

L

M

P

Q

R

S

T

W

X

Y

Z

后　记

写完这本书的最后一个字,长久萦绕在心头的一个愿望终于实现了。这本专著集中体现了我目前的研究兴趣、研究范围、研究范式以及研究心得,算是我博士毕业至今,十多年研究的一个总结。

我对语言学的兴趣源于名词性结构。记得 1998 年在北京大学英文系刚上硕士研究生的时候,我修读了“句法学”这门课。老师在介绍限定词短语假设的时候,我联想到了汉语中的限定词。想到中学英语课上,老师教给我们的一条英汉对应规律:汉语“我的三个朋友”在英语中不能说成“my three friends”,而要说成“three friends of mine”。如果把“my”和“three”都看成限定词,为什么汉语的核心名词前允许出现两个限定词,而英语不能呢?现在看来,这个问题非常浅显,但这是我从语言学的角度对英汉语法现象提出的第一个问题,当时兴奋不已。那种发现问题后的兴奋,那种百思不得其解挠心挠肺的困惑,那种废寝忘食也要找到答案的决心,都让我很着迷。在北大求学七年,学到的具体的语言学知识我都没有太深印象了,但我对自己的这个“语言学第一问”仍记忆犹新。感谢北大在我心中播下的这颗语言学种子。

这个小问题后来成为我硕士论文的研究题目,并指引着我 2003 年到香港中文大学攻读语言学博士学位。我博士论文的题目是《复杂名词性结构的句法:量词结构、领属结构和关系结构》,仍是围绕名词性结构。短短三年的时间,我硬是把自己从一个英语专业的硕士生变成一个以汉语语法和藏缅语语法为研究对象的语言学博士。其间,需要学习的内容实在太多,一方面要系统学习生成句法理论,另一方面要独自在四川凉山州做田野调查。苦与累、兴奋与失落、欢笑与泪水,最终汇聚成一篇博士论文。现在想来,在那么短的时间内完成一篇博士论文,真是一件不可思议的事情,没敢奢望博士论文的质量能有多高。读博期间的一大遗憾是,我没有找到系统学习形式语义学的机会。名词性结构研究中至关重要的广义量词理论,那个时候也只是通过读文献,模模糊糊有了印象。量词提升则是后来在研究程度结构的时候才逐渐明白的。兜兜转转若干年后,我才意识到,如果没有扎实的形式语义学基础,根本没办法深入研究名词性结构。由于欠缺这部分知识储备,我博士论文的理论部分存在比较大的缺陷,真正有价值的部分反倒是田野调查获得的关于凉山彝语量词的用法和名物化结构的描写,正是这部分内容给了我继续深入研究汉藏语名词性结构的信心和勇气,这也集中体现在本书的章节安排上。

至今仍清晰地记得2006年8月博士论文答辩时,校外评审专家对我说的"博士论文算是学术生涯的起点"。我牢记这句话,至今不敢有丝毫懈怠。博士毕业至今十多年来,我一直在努力弥补知识上的欠缺,积极思考如何继续修改并完善博士论文的内容,"在圈好的土地上建新房子"。在华南师范大学英文系工作期间,我利用业余时间先后调查了湘西苗语和乳源勉语中的名词性结构;在澳门大学工作期间,我调查了吴方言(宁波话)、粤方言(广州话)和腊罗彝语中的名词性结构。如今,"新房子"总算盖好了。由于目前本人学识尚有不足,有些问题仍未能充分展开讨论,即使展开讨论的那些问题,有的也难免挂一漏万,唯寄将来能有继续补充修正的机会。

博士毕业已十余年,读博期间的求学经历决定了我现在的研究方向和学术理想。在此,我要特别感谢我的导师顾阳教授。“桃李不言,下自成蹊”,感谢老师的精心培养以及一直以来的关心爱护。顾老师对学术的热忱,对学生的关爱,是我今后学习的榜样。我还要感谢徐杰老师对我的指导和帮助。徐老师对后辈的鼓励和提携,给了我莫大的动力和信心。在本书的写作过程中,还得到下列师友的帮助,在此深表谢意:卜维美、曹珊、邓骏捷、耿国锋、郭洁、赫如意、黄成龙、黄瓒辉、李睿、李旭平、李晓、王铭宇、吴芳、杨巧灵、张力。在本书的出版过程中,得到上海教育出版社编辑部十分专业的帮助。在此谨对上海教育出版社责任编辑廖宏艳表达我诚挚的谢意,对其专业态度表示崇高的敬意。

本书体例上,有两点需在此说明:第一,外文人名的翻译方面,对于有通行中文译名的外国学者,我们在行文中采用其通行译名;而没有通行译名的,则不予翻译。华人学者用英文发表的文献,援引时采用其中文姓名,个别华人学者的中文姓名无从查考,行文中则不予翻译。第二,民族语语料方面,在援引文献中我们发现,其拼写体例存在拼音文字和国际音标两种,为了保持语料的原貌,我们不进行统一的转写处理。

本书所涉的研究获得了教育部人文社会科学研究青年基金项目“汉藏语名词性结构的对比研究”资助(项目批准号:13YJC740054),特此致谢!

刘鸿勇

2020 年 2 月 5 日

图书在版编目（CIP）数据

汉藏语名词性结构的对比研究 / 刘鸿勇著.— 上海:上海教育出版社,2020.9
ISBN 978-7-5720-0085-0

Ⅰ. ①汉… Ⅱ. ①刘… Ⅲ. ①汉藏语系－名词－句法结构－研究
Ⅳ. ①H4

中国版本图书馆CIP数据核字(2020)第160537号

责任编辑 廖宏艳
封面设计 周　吉

汉藏语名词性结构的对比研究
刘鸿勇　著

出版发行 上海教育出版社有限公司
官　　网 www.seph.com.cn
地　　址 上海市永福路123号
邮　　编 200031
印　　刷 上海昌鑫龙印务有限公司
开　　本 890 × 1240　1/32　印张 9
字　　数 217 千字
版　　次 2020年9月第1版
印　　次 2020年9月第1次印刷
书　　号 ISBN 978-7-5720-0085-0/H·0005
定　　价 66.00 元